경전

최 재 선 수필집

경 전

수필과비평사

| 작가의 말 |

여섯째 수필집을 출산하며

  2014년 월간 창조문예를 통해 수필가로 등단한 지 여덟 해에 이르렀다. 이 세월 동안, 여섯 권에 이르는 수필집을 냈다. 시집 6권과 시조집 1권에 이르기까지. 글쟁이로서 적당하게 살지 않은 것 같다. 글을 꾀꾀로 쓰지않고 치열하게 쓰면서 살았다. 올 4월 시조집 『몸시』에 잇대어 낸 작품집이다. 내 삶에서 글쓰기와 보행을 빼면, 심장과 혈류의 강이 멈춘 것과 같다.

  학교 현장에서 글쓰기 교육을 하면서 겪은 이야기가 많다. 교과 활동인 글쓰기 교과 외에 비교과 활동으로 글쓰기 특강이나 글쓰기 상담, 문학 동아리 활동을 지도하고 있다. 사람의 마음은 쉽게 독해할 수 없는 난해한 문장과 같다. 마음의 문을 여는 비밀번호를 알지 못하므로.

  글은 마음의 문이다. 글 속에 한 사람의 역사가 고스란히 깃들어 있다. 많은 학생이 쓴 글을 매주 낱낱이 첨삭한다. 저마다 안고 사는 삶의 아픔을 들여다 본다. 글쓰기 기술을 향상하는데 머물지 않고, 삶의 기술을 터득하도록 길을 안내한다. 가장 좋은 글쓰기는 날마다 숨 쉬듯이 쓰는 것이다. 내 강의를 듣는 학생은 주마다 제출하는 리포트뿐만 아니라, 에세이를 매일 써야 한다.

　서점에 글쓰기에 관한 이론서가 넘친다. 많은 대학에서 교양으로 글쓰기에 관해 교육하고 있다. 죄다 글쓰기 기술에 대해 밑줄을 굵게 긋고 있다. 글을 쓰는 궁극적인 목적이 보고서나 사업계획서를 잘 쓰라는 것이다. 자기소개서를 잘 써서 취업을 잘하라는 것이다. 인생에서 자서전이나 회고록 한 권쯤 남기라는 것이다. 이러한 글쓰기는 글을 잘 쓰는 기능인을 만들 뿐, 잘 사는 사람을 만들지 못한다.

　길섶에 핀 들꽃 한 송이를 눈여겨 볼 줄 모르는 사람은 다른 사람을 소중한 눈빛으로 바라볼 줄 모른다. 자신을 칭찬할 줄 모르는 사람은 다른 사람을 칭찬할 줄 모른다. 아프다고 말할 줄 모르는 사람은 다른 사람의 아픔에 대해 경청할 줄 모른다. 글을 쓰는 행위는 단순히 어휘를 조작하거나, 문장을 엮는 것이 아니다. 글은 마음을 담는 그릇이다.

 글을 쓰면서 사소한 것에 의미를 부여한다. 어느 것 하나, 허투루 여기지 않는다. 눈여겨 보고 귀여겨 듣는다. 아픔의 모서리를 동그랗게 만든다. 죽이고 싶도록 미운 사람을 용서한다. 절망의 늪을 건너 희망의 언덕으로 오른다. 나태해지려는 마음을 일으켜, 적어도 부지런을 피운다. 얽히고 설킨 관계의 매듭을 풀려고 몸부림친다.

 좋은 문장은 자신의 삶에서 스스로 건져 낸 것이다. 평생 그림 그리는 것을 업으로 삼는 사람은 문장 속에 그림이 들어있다. 삶이 사랑으로 넘치는 사람의 문장은 사랑의 흔적이 스며 있다. 매주 학생이 쓴 글을 첨삭하면서, 인생의 선생을 많이 만난다. 글쓰기 능력은 어쭙잖지만, 살아온 내력이 그토록 파란만장할 수 있을까. 나 혼자 겪었으리란 고통을 몇 배 더 겪을 수 있을까. 학생에 관한 이야기를 지겨울 정도로 실었다.

 학생의 이야기는 곧 내 이야기이다. 이번 학기에 강의한 〈수필 문학〉 시간에 모 학과 1학년 모 학생이 쓴 첫 리포트 가운데 일부이다. "수필 문학을 들으면서 글쓰기와 더욱 친해지고 싶다. 지금은 글을 잘 쓰지 못하지만, 성급하게 굴지 않으려고 한다. 글을 쓰는 것보다 어떻게 사는 것이 더 중요하다고 생각하기 때문이다. 이웃에게 힘과 용기를 주는 삶을 살면서, 글쓰기를 차근차근 즐겁게 배우고 싶다."

이 녀석은 글쓰기와 관련한 교과목을 세 과목이나 수강했다. 매주 제출하는 리포트는 물론이고, 하루도 빠트리지 않고 에세이를 썼다. 이전에 매사에 성실했다. 자신과의 관계뿐만 아니라, 다른 사람과의 관계를 잘 맺는다. 늘 긍정과 열정이 넘친다. 이것이 바로 글쓰기의 힘이다. 글을 써야 할 이유이다.

이러한 힘으로 여섯 번째 수필집을 세상에 내놓는다. 이러한 이유로 글을 여전히 쓰려고 한다.

2022년 가을, 고덕산 사붉은 노을 밑에서

| 목차 |

1부

12월의 나비 - 16

공감 - 20

관계 - 24

그 남자 - 28

경전 - 32

달빛에 귀를 맑게 씻다 - 36

돌아보니 다 쓸모였다 - 40

동화冬話 - 44

소제掃除 - 49

수선화의 인사법 - 53

어느 휴가 - 57

2부

아중호수 목교 흔들의자에 앉아 - 62

낮은 산 - 66

외밥 - 70

이름처럼 산다는 것 - 74

읽다 - 78

방콕에서 - 82

벚꽃이 벚꽃으로 읽히면서 - 86

보행 너머의 보행 - 90

사랑가 - 94

걷다 - 99

길 - 103

3부

선입견 - 108

자신과 가까워지기 - 112

커피를 끓이며 - 116

바람 되어 창평으로 - 120

반전 - 125

비밀번호 - 129

거미 - 133

상림숲에 빠지다 - 137

30분 - 141

그럭저럭 - 145

글 몸살 - 149

첩첩글중 - 153

4부

녀름의 여름 - 158

그래, 그랬구나 - 162

우중雨中 - 166

꾹 - 170

낙엽 소통疏通 - 174

눈여겨보는 것 - 178

힘 - 182

마음을 읽다 - 186

만남 - 190

선생과 스승 - 194

스승의 노래 - 198

5부

아픈 이의 부모 맘 - 204

안부 - 208

안부의 쓸모 - 213

약속 - 217

종강 - 221

첫마음 - 225

어머니의 입맛 - 229

꼬막 - 233

명의 - 234

소리 - 241

아프지 않으세요? - 245

6부

　화산의 짐꾼 - 252

　청명한 표정 - 256

　지금 바로 - 260

　하나님 말씀은 성경에만 살지 않는다 - 264

　요강에 핀 꽃 - 268

　예보 - 272

　홀로 있게 하소서 - 276

　흐르다 - 280

　잘 산다는 것 - 284

　지금, 이 자리 - 288

　■ 이 책에 나오는 낯익지 않은 어휘 - 292

1부

12월의 나비

 세월이 12월로 들어선 지 사나흘 지났다. 어제까지 바람 꼬리가 제법 날카로웠다. 오늘은 한낮 볕이 온화하다. 정원 한쪽에 조붓조붓 피어 있는 小菊이 된서리를 맞았다. 표정이 바짝 야위었다. 겨울 입구 어디쯤에서 날아왔을까. 흰 나비 한 마리가. 소국에 내려앉으려다 서둘러 자세를 나풋나풋 바꿔 다른 길로 접어들었다.
 애벌레 상태로 있는 나비는 고치를 뚫고 나와야 한다. 이렇게 해야 잘 날 수 있다. 바늘구멍 같은 틈을 스스로 빠져나오지 못하면 날갯짓을 건강하게 할 수 없다. 틈을 뚫고 나오느냐 못하느냐에 따라, 생사가 갈린다. 구멍을 빠져나와도 어떤 나비는 허공을 오래 비행하지 못한다. 날지 못하면 사망이다. 작은 틈은 나비가 반드시 이겨내야 할 고난이자 시련이다.

고은 시인이 쓴 「열매 몇 개」라는 시를 입안엣소리로 읽는다.

"지난 여름내/ 땡볕 불볕 놀아 밤에는 어둠 놀아/ 여기 새빨간 찔레 열매 몇 개 이룩함이여/ 옳거니! 새벽까지 / 시린 귀뚜라미 울음소리/ 들으며 여물었나니"

'새빨간 찔레 열매 몇 개'가 열리는 과정을 읊고 있다. '새빨간 찔레 열매'는 무더운 여름 '땡볕'이나 '불볕'을 견디며 달구어진다. 밤에는 캄캄한 '어둠' 속에서 해찰하지 않고, 더욱 성숙해진다. 땡볕이나 불볕 같은 고통의 늪을 당당히 건넜다. 어둠 같은 공포의 허방을 잘 벗어났다. 이리하여 마침내 찔레 열매로 태어났다. '새빨간' 색깔은 '땡볕'이나 '불볕'의 측근이자, '어둠'과 대립적인 긴장감을 자아낸다.

온기가 골고루 모여 살지 않은 12월. 신부같이 출현한 흰나비를 보며, 생명에 대한 경외감을 느낀다. 말라붙고 얼어붙은 꽃이 가진 자성과 제철을 잘못 타고난 나비가 지닌 자력이 신묘하다. 뾰쪽뾰쪽한 냉기를 혹독하게 견디며, 마침내 이룬 비행에 어떤 감탄을 붙일 수 있으랴. 기다란 어둠의 고치를 뚫고 화려하게 나는 날갯짓에 어떤 수식어를 덧입힐 수 있으랴.

밥에 돌이 섞여 있다 해도 쌀보다는 적게 들어있기 마련이다. 우리 삶의 밥그릇에도 쌀이 돌보다 더 많이 들어있다. 이것이 우리가 살아야 할 힘이자, 이유 가운데 하나이다. 세상에 이유 있는 고통은 있어도 이유 없는 고통은 없다. 우리는 삶의 곳간에 저마다 아픔의 밀가루를 쟁여놓고 산다. 이 밀가루를 꺼내 일상의 빵을 구워 먹는다. 이 빵의 힘으로 저마다 앓은 아픔을 지우며 산다. 오늘 슬퍼하지 않고, 내

일 슬퍼하려고 한다.

'오스카 와일드'가 "슬픔 속에 성시가 있다."라고 했던가. 끙끙 앓아 보지 않은 사람은 아픔의 모서리와 평수를 뼈저리게 정독하지 못한다. 아픔을 절실하게 겪은 사람이라야, 아픔을 절대적으로 독해한다. 다른 사람이 앓는 아픔의 지분을 나눠 가지려고 한다. 배곯아본 적 없는 자는 고통에 대해 무지하다. 쓰레기통을 뒤지는 거지를 눈빛 언어로 이해할 턱이 있겠는가.

시간은 길을 잘못 들거나, 해찰 부리며 오지 않는다. 벌써 12월이다. 아니 이제 12월이다. 얼마 전에 쓴 시 「12월」 전문이다.

벌써 12월이 왔다고/ 이미 12월이 됐다고/ 득돌같은 시간이라고/ 미리 주눅 들지 말자/ 어제 같은 올 한 해/ 아직 창창 남았느니/ 비비고 기댈 시간/ 아직 장장 남았느니// 채 못다 한 사랑/ 마침 곁에 두었나니/ 죽지 않은 외로움/ 여태껏 싱싱하나니/ 사랑하기엔 턱없다/ 기다리기엔 모자라다/ 꽁꽁 동여맨 핑계 풀어/ 느슨하게 가직해지자

올 한해도 주눅 들며 산 일이 많다. 집을 짓고 차를 산 지 10년이 넘었다. 집은 집대로 차는 차대로, 이따금 수리비를 몽땅몽땅 청구한다. 이 통에 야윈 지갑이 쓸쓸해지곤 한다. 지인 가운데 한 사람은 떼돈을 벌었다. 오래전 사둔 주식이 천정부지로 올랐다나. 친구 딸은 사법고시에 합격했다. 코로나 광기 틈에서도 몇 친구가 아들과 딸을 결혼시켰다. 서른 다 되어가는 큰아들은 전도사 딱지를 달고, 여자 친구

하나 못 만들고 있는데.

  올 한해도 사랑하는데, 분명히 인색했다. 가족을 찰지게 사랑하지 못했다. 같은 학교에서 일하는 동료에게 등 좀 돌렸다. 명색이 선생인 주제에 학생을 깊이 품지 못했다. 사랑할 시간이 턱없이 부족하다며, 까닭을 두루두루 댔다. 내가 상관할 일이 아니라며, 담을 높이 쌓느라 갈팡질팡했다. 느긋할 겨를 없이 서둘렀다. 이 통에 생각이나 행동이 팽팽하게 날이 섰다. 이런 게 나비효과를 불러일으켜, 쉽게 큰소리를 내거나 화를 부렸다.

  나만 이런 게 아니란 핑계 따위를 내세우지 말아야 했다. 처지나 환경을 탓하지 말아야 했다. 12월이 아직 창창 남았으니, 지금 주눅 들지 말자. 지갑은 쓸쓸할지언정, 날마다 詩의 곳간을 가득 채운 헛부자이므로. 12월이 아직 장장하게 남았으니, 오로지 사랑하자. 사랑해야 할 때 하지 않으면, 어느 세월엔가 후회막급에 이르고 말 터. 나는 지금 고치 속에 겹겹으로 갇혀있는 나비 애벌레일지 모른다. 나를 에워싼 허물을 벗고, 바늘구멍 같은 틈을 뚫고 나가야 한다. 그간 꽁꽁 동여매고 있던 아픔과 허물을 내려놓고, 詩의 허공을 훨훨 날아야 한다.

  마른 小菊 정수리에 12월의 한낮 볕이 오롯하게 모여 있다. 옴실옴실. 한 송이 국화가 되어 흰나비의 귀소歸巢를 느슨하게 기다린다.

2020. 12. 05.

공감

 강의할 때마다 흥이 난다. 나도 모르게, 생각하지 않았던 말이 나올 때가 있다. 발상도 그렇지만, 비유나 유추하는 게 예전에 전혀 하지 않은 것이다. 이때마다 스스로 사뭇 놀란다. 가을이 되면, 그냥 눈물이 난다고 한 시인이 뉘든가. 이런 고백은 특정한 부류에 속한 사람 가슴이나 적실 수 있다. 마음 상태나 형편에 따라, 감정이 전혀 움직이지 않는 사람이 많으니.
 우리 학교는 다른 학교와 달리, 20대와 60대까지 학생 연령대가 다양하다. 20대로 이루어진 학과 학생을 대상으로 강의하다 보면, 벽을 맞보는 것 같다. 대체로 감정이 잘 맞닿지 않는다. 더욱이 교양과목은 전공과목과 비교해 관심이나 집중도가 떨어진다. 이럴 때는 마치 두꺼운 벽을 보고 이야기하는 것 같다. 가물어 마른땅도 눈여겨보면, 서로 실금을 그으며 속을 속속들이 트건만.

20대와 60대가 함께 듣는 강의는 감정의 결이 좀 다르다. 강의를 시작하기 전, 내가 쓴 시나 수필을 낭송한다. 이것을 듣고 반응하는 사람이 많다. 눈물을 글썽이는 학생이 있는가 하면, 낭송하는 것을 녹음하는 학생도 있다. 당장 글을 쓰기 시작하겠다고 다짐하기도 한다. 누군가와 관계를 맺는 힘은 공감하는 능력이다. 누군가 누리는 기쁨에 대해 진심으로 즐거워하고, 누군가가 앓는 슬픔을 뼈저리게 아파해야 한다.

　오래전, 학교 예배 때 전교생을 대상으로 특강했다. '저의 삶, 저의 시'라는 제목을 붙여. 문학은 우리 삶을 예술적 형식을 빌려 문자로 덧입히는 것이다. 시 속에 자연스럽게 내가 겪은 고통이 배어들 수밖에 없다. 강의하는 도중에 많은 사람이 손수건을 꺼내 눈물을 훔쳤다. 예배 때 만날 설교만 들어왔던 터라, 모처럼 듣는 문학 특강이 저마다 가슴을 출렁이게 했을 터. 여러 사람이 설교를 듣는 것보다 좋았다고 문자를 보냈다.

　이와 달리, 한두 교수님은 대놓고 슬픈 것은 싫다고 했다. 설교를 듣는 것보다 좋았다고 말한 사람이나, 슬픈 것은 싫다고 한 교수님을 나는 이해한다. 우리가 살아가면서 겪는 고통은 저마다 빛깔이나 무게가 다르다. 자신이 직접 겪지 않은 고통에 대해 명료하게 이해할 수 없다. 나 역시 스물다섯 해째 앞을 전혀 보지 못하고, 말 한마디 하지 못하는 아들의 고통을 잘 알지 못한다. 다만 다른 사람과 비교하여 좀 더 이해하는 정도이다.

　아픈 것을 아프다고 끝내버리면, 혼잣말이나 넋두리가 된다. 이렇다 할지라도, 밖으로 내보내지 못한 억눌린 감정은 마음을 각지게 한다. 아픔을 통해 삶을 성찰하고, 상처를 꽃으로 피워내는 반전이 글쓰기의 저력이다. 대부분 사람은 다른 사람이 앓는 아픔에 대해, 두 번 이상 관심을 두지 않는다. 다른 사람이 하는 아픈 이야기를 귀여겨들으려면, 인내하고 공감해야 한다.

　우리는 누군가 누리는 기쁨에 대해 함께 즐거워할 시간이 없다. 아니, 그렇게 할 우리 마음의 평수가 좁다고 할까. 우리는 누군가 아파하는 통증을 들여다볼 시간이 없다. 아니, 그렇게 할 마음의 온도가 낮다. 며칠 전 한 지인이 희귀성 질환을 앓는 어린아이를 데리고 서울에 있는 병원에 갔다. 태어난 지 얼마 되지 않은 핏덩이를 안고, 서울대 병원과 삼성서울병원을 전전했던 사람으로서 가슴이 찢어졌다. 아픈 아들을 둔 아비 마음을 어느 정도 읽을 수 있으므로 더욱 그랬다. 나는 자녀를 통해 최악의 아픔을 몇 차례 겪었다. 위대한 위로는 거창한 말이 아니라, 진득이 바라보며 침묵하는 것이다.

"누군가의 아픔에 관해/ 위로해 줄 말은 어느 사전/ 어떤 시집에도 살지 않는다/ 완전한 문장으로 쓰든/ 문법적인 문장으로 쓰든/ 아픔의 속살을 만질 수 없다/ 살다가 이런 일이 있을 때/ 목적어와 서술어를 뺀 채/ 그 사람 이름만 몇 번 부른다/ 낮디 낮은 목소리로 한 번/ 아랫목 같은 소리로 두 번/ 촉촉하게 젖은 소리로 세 번"
　(「위대한 위로」 전문)

앓는 사람 마음은 꽁꽁 언 얼음 같기도 하고 과녁 같기도 하다. 어떤 문장으로도 마음의 문을 쉽게 열지 않는다. 어떤 말은 사소하게 여기지 않고 화살같이 받아들인다. 누군가를 위로한답시고 한 말이 아픔의 깊이에 따라 혹 붙이는 꼴이 된다. 때로는 기도하겠다는 말도 아프게 들린다. 나는 내가 앓는 아픔의 모서리를 보행과 글로써 갈고닦는다. 아픔이나 통증의 무게는 어차피 각자 감당해야 할 몫이다. 누군가에게 빌려줄 수도 없고, 빌려 쓸 수도 없다.

산책길에 올랐다. 초저녁 강바람이 억새밭에 길을 내며 간다. 지금 살아 숨 쉬고 있는 것이 눈물겹다. 내가 처한 현실을 소설의 한 장면으로 애써 욱여넣는다. 내가 앓는 아픔을 낯선 시어로 삼가 풀어쓴다. 이렇게 하다 보면, 보행의 가속이 붙는다.

지인의 서울길이 온종일 마음 위에 머릿돌을 올려놓은 것 같다. 가슴으로 데운 문자를 보냈다.

"교수님!"

2021. 10. 10.

관계

코로나 백신 접종 예약 시간에 맞춰 작업실 인근 병원에 들렀다. 차를 놓고 택시를 탔다. 간호사가 몇 가지를 건성으로 물었다. 문진표를 작성하고 서명했다. 하필이면, 말 많은 아스트라제네카라니. 내 킬 리 없지만, 애초부터 선택의 자유는 없었다. 의사가 주사를 맞은 뒤 일어날 수 있는 부작용에 관해 말했다. 콩케팥케. 주사 맞은 자리에 통증과 부기가 일어나거나 몸에 붉은 점이 생길 수 있다. 열이 나고 속이 메스껍거나 근육통이 일어날 수 있다. 피로하고 머리가 아플 수 있다. 게다가 호흡이 곤란하거나 만 명당 한 명꼴로 희귀 혈전증이 생길 수 있다.

주사를 맞고 20여 분 동안 병원에 머물다 작업실에 이르렀다. 일찍 찾아온 허기에 점심때 무엇을 먹을까 물음표를 붙였다. 모 교수님께서 점심을 사시겠다고 전화했다. 백신 주사를 맞으면 잘 먹어야 한다며. 소고기 육회와 구이로 위를 황홀하게 채웠다. 육회를 두 점째 먹었을 때, 속이 불쾌하게 메스꺼웠다. 다행히 메스꺼움이 지속하지 않고, 이내 사라졌다. 다른 교수님은 편하게 이야기할 수 있는 카페에서 커피를 사주셨다. 살면서 함께 밥을 편하게 먹을 사람이 있는 것은 외롭지 않을 일이다. 커피를 자연스럽게 마실 수 있는 사람이 있다는 것 역시.

입맛도 정이 떨어지면 집을 나간다. 이럴 때 서로 마주하면 간 맞은 게장 같은 이가 밥 친구이다. 하루 한 끼쯤 김치찌개 뚝배기에 숟가락을 참방참방 같이 적실 이가 밥 친구이다. 상추쌈 씹는 이齒를 밀봉하지 않고, 시푸르뎅뎅하게 다 누설할 이가 밥 친구이다. 밥때 닿기 전에 그리움이 지름길로 먼저 와 밥보다 먼저 솔솔 떠오르는 이가 밥 친구이다. 밥 이전에 쌀이었고, 쌀 이전에 벼였다. 벼처럼 결속해 등지지 않을 이가 밥 친구이다.

밥을 함께 먹는 것은 허기나 때우고 말자는 게 아니다. 누군가와 만남을 차지게 하자는 끈이다. "언제 밥 한번 먹자."라고 한 사람 있다면, 적어도 세상 개판으로 산 것 아니다. 날짜와 시간, 식당까지 정해 그런다면 이웃 하나 든든히 둔 것이다. 숟가락을 놓자마자 곧장 안녕할 일 없이, 커피 배腹 지그시 눌러 채울 사이라면. 마실수록 커피잔을 비우는 것이 아니라, 맘속에 향기가 고봉으로 그득 넘칠 사이라면. 밥 배腹의 별채로 커피 배腹가 있는 것, 사이처럼 존재할 분명한 까닭이다.

이튿날 주사를 맞은 팔이 무겁고 통증이 자랐다. 머리가 묵직하고 어지럽기도 했다. 어지러운 것은 평소에도 그랬으므로, 인과관계로 엮지 않았다. 입맛이 없어 라면을 끓였다. 결국 먹지 못했다. 즐겨 먹지 않은 피자를 모처럼 시켰다. 어제 잘 먹지 않았으면, 몸이 많이 힘들었을 게 뻔했다. 밥을 대접해주신 교수님과 커피를 사주신 교수님께서 별일 없느냐고 전화하셨다. 어느 지인은 많이 힘들면, 언제든지 전화하라고 했다. 말 한마디가 몸을 지탱하고, 안부 한 문장이 마음을 일으키는 힘일 때 있다.

〈인문고전 읽기〉 시간 끝 무렵에 『논어』를 강독한다. 『논어』를 통해 학생을 어떻게 대해야 할지 많이 배운다. 이번 학기에 내 강의를 듣는 학생 가운데, 삶의 여정이 꼬불꼬불한 이가 꽤 있다. 지금껏 살아오면서, 칭찬 한마디 듣지 못한 이가. 자신이 존재할 가치가 없는 것으로 신념한 이가. 학교에서 선생님은 물론 친구에게 집에서 부모나 형제자매에게 먼 섬같이 취급당한 이가. 〈인문고전 읽기〉 시간뿐만 아니라, 글쓰기와 관련한 수업을 학생과 묻고 대답하는 식으로 진행한다. 어느 한 사람 빠뜨리지 않고, 발표를 많이 하도록 한다.

이런 과정에서 대부분 학생은 자신을 적나라하게 들추어낸다. 상담사나 성직자에게 고해성사하듯이 삶의 일체를 보여준다. 미담이 될 수 없는 가족사나 좀체 지울 수 없는 아픔의 뿌리까지 서슴없이 끄집어낸다. 처음부터 이런 것은 아니다. 글쓰기를 통해 자신과 관계를 잘 회복했거나 맺은 뒤부터이다. 자신과 관계를 회복하거나 잘 맺으면, 자아 존중감이 높아진다. 이렇게 되면, 심리적으로 안정감을 찾는다. 자아 존중감이 높아지고, 심리적으로 안정감을 찾는다. 다른 사람과 관계가 당연히 도타워진다.

  사는 것은 누군가와 관계를 맺거나, 매듭을 푸는 것이다. 여러 학생이 주사를 맞고 나서, 몸이 어떠냐며 문자를 보냈다. 모 학생은 내 강의를 들으며, 돌아가신 아버지가 생각났다고 했다. 불편한 관계에 있는 사람에게 글을 쓰라는 과제를 통해, 어머니를 이해했다고 고백했다. 유월 하늘이 가을처럼 뜬금없이 높푸르다. 한껏 청명한 허공에 형형색색의 구름이 살갑게 살을 맞대고 있다.

  도당산 나무의 사이가 유달리 가직하다.

2021. 06. 18.

그 남자

그 남자를 발싸심하며, 찾아 나선다.

그 남자는 과연 어디에 있을까? 그는 머릿속에 든 것이 별로 없는 것 같은데, 강의실에서 꽤 잘난 척한다. 글은 이렇게 써야 하고, 삶은 저렇게 살아야 한다. 자기 딴에는 꽤 열심히 산다는 걸 이야기하고 싶은 것 같다. 자신이 쓴 글을 학생에게 즐겨 읽어준다. 대학에서 쓰는 교제 가운데, 제대로 쓴 글이 별로 없다며 열을 올리기도 한다. 내용까지 문제 삼은 것은 아니지만.

그는 부지런히 사는 것 같다. 해마다 시집이나 수필집을 낸다. 언제 그렇게 글을 쓰는지 모르겠다. 바람이 흘리고 간 말에 따르면, 하룻날도 빠뜨리지 않고 산책한다. 글감을 주로 산책하면서 얻는다. 간혹 산책길에서 생긴 일에 대해 구성지게 이야기해준다. 개를 만나 친구로 삼은 일, 지렁이를 집어 든 어린아이를 보고 동시를 쓴 일, 달맞이꽃을 짝사랑하다 「꽃의 처신」이란 시를 쓴 일, 저녁노을을 보고 사랑에 시붉게 빠진 일에 이르기까지.

그에게 달린 식솔이 많다. 그가 쓰는 일상어 가운데 핵을 이루는 어휘는 가장·노부모·아들·아비·장애인·주부 따위다. 간간이 시장 보는 이야기까지 시시콜콜하다. 이럴 때는 영락없이 주부이다. 대형 할인매장 생선코너에서 1+1 행사를 하는 시각까지 꿰뚫고 있다. 시장 본 내력이 꽤 오래된 것 같다. 노부모님 병원 모시고 다니는 일, 장애를 가진 아이에 대한 애틋함을 묵은 젓갈처럼 짭조름하게 꺼낸다. '부지런하다'와 '분주하다'는 결이 다르다. 그가 간간이 들려주는 말의 행간에, 혼자 감당해야 할 일이 수북하다.

때로는 정의롭지만, 용기 없는 기회주의자이기도 하다. 꽤 많은 식구가 딸린 가장이지만, 먹고사는 문제 앞에서 민첩하지 않다. 힘 있는 당사자 앞에서는 감정을 절제한다. 아무도 없는 고샅쯤에 이르러, 감정을 뾰쪽하게 표출한다. "어떤 사람은 의사소통이 안 되고, 어떤 사람은 무능의 극 표본이다."라며 비난을 즐긴다. 특히, "그런 사람이 목사냐?", "목사가 그렇게 하면 안 되지?" 따위 말을 잘 쓴다. 하나님께서 그 남자에게 "네가 그러면 쓰겠느냐?", "너 같은 사람이 선생이냐?"라고 말씀하시고 계시건만.

그는 강의를 시작하거나 마칠 때 가끔 기도한다. 그가 쓴 글에 하나님에 관한 이야기가 많다. 새벽에 일어나 기도하고 말씀을 묵상한다든가, 성경을 필사한다는 이야기도 있다. 그는 아픔의 옷을 벗지 못하고 지낸다. 하나님을 의지하면서 감사하는 마음으로 산다고 고백한다. 요즘 쓴 글에서는 이런 말을 찾기 어렵다. 하나님을 멀리하고 있거나, 시험에 빠진 것은 아닌지 짠하다.

그 남자가 가진 울음보는 매듭이 헐렁하다. 누군가 앓는 아픔의 전류에 감전되어, 울음보를 축축하게 풀어 젖힌다. 그가 쓴 글의 뿌리는 대부분 아픔과 맞닿아 있다. 그의 뜰에 있는 마음의 우물은 아무리 퍼내도 눈물이 마르지 않는다. 그는 천붕지척의 고통을 아직 겪지 않았지만, 참척의 고통을 두 번 경험했다. 이 고통을 가슴에 깊이 묻었지만, 기억의 표피를 뚫고 이따금 싹튼다. 아픔에 관한 기억은 예고 한마디 하지 않고, 마음을 밑바닥까지 쏘삭거린다. 푸르뎅뎅하게 서럽지만, 눈물을 몇 바가지 쏟고 나서 시를 쓴다.

슬픔은 눈물을 쏟되, 가물어 마르지 않는다. 슬픔은 겨울잠 든 동물처럼 잠자코 있다가 선잠 든 아이처럼 불쑥 깨어난다. 그가 만약 슬픔을 글로 걸러내지 않았다면, 죽음을 자주 떠올렸을 것이다. 그는 다른 사람이 앓는 슬픔을 쉽게 위로하려고 덤비지 않는다. 누군가 앓는 아픔을 직접 맛보지 않았다면, 그 아픔에 관해 누구든 적어도 무지하다. 아픔을 위로한답시고 이렇다저렇다 하면, 말이 자칫 상처를 덧입히는 화살이 된다.

생각한답시고 한 기도하라는 말도 이기적이고 무관심하게 들려 아플 수 있다. 하나님은 우리에게 언어로 축복해 주셨지만, 지그시 바라보는 눈빛도 선물로 주셨다. 누군가 아파서 휘청거릴 때, 말보다 그의 맘을 먼저 따시게 어루만져야 한다. 잠덧하는 아이를 재우는 것은 자장가보다 엄마의 그윽한 눈빛과 보드라운 손길이다. 그가 오늘 아침에 쓴 시 「따신 여름」을 페이스북에 올렸다. 그 남자 마음을 읽는다.

"제 명대로 살지 못한 백일홍 몸 받고/ 간밤 낙타 걸음으로 걷지 못한 지렁이/ 육필로 유서 쓰고 길바닥에 陽葬한다/ 밤새 달빛 싸고돌았을 달맞이꽃 낯빛 곱고/ 매미 울음 욱여넣는 도당산 숲 퍼런디/ 안골깨 사진관 코로나로 당분간 쉰단다/ 당분간 잠시 잠깐의 세월로 신앙하며/ 좋은 날 우리 생애 어느 모퉁이 돌아/ 결딴나지 않고 아침같이 어련히 올 터/ 살 궁리 때때로 헛물켜는 일일지라도/ 꿈 왜소하지 않게 뒤룩뒤룩 꿔야 할 것/ 건넛산 앞 낮달 하나 오도카니 떠 있다"

그 남자가 여기 있다. 그 남자가 바로 나다.

2021. 07. 26.

경전

  길 위에서 오로지 홀로 흐른다. 보행의 강은 적막하다. 밤 깊은 시각, 하루 일상 가운데 글 쓰는 것과 함께 빠뜨리지 않고 하는 게 보행이다. 물길을 따라 걷다 보면, 아중천의 복사뼈 근린에서 소양천이 연리지같이 몸을 보탠다. 사람 사는 마을과 멀어질수록, 어둠에 대한 공포심이 지워지고 평온함이 깃든다.
  삭발한 바람을 마른 억새가 허공을 벽 삼고, 가부좌를 틀며 맞는다. 말라서 더 빛난 게 있다. 우리 살다 보면, 아파서 마르고 차디찬 고통에 뼛속까지 시릴 때 있다. 아프고 힘들다고, 그저 그렇게 메말라 바람에 날릴 수 없다. 이렇게 하고 말기에는 우리의 타고난 이름이 부끄러우므로. 마른 억새같이 꼿꼿이 서서, 싱싱한 날을 기다려야 한다. 그냥 빼빼 마르고 말기에는 우리 생애가 너무 창창하므로.
  제 몸에 걸친 것을 다 내려놓고, 겨울나무는 마침내 나무 木 字가 된다. 명성은 열을 잃고 중심 하나를 얻을 때, 앙상하게 빛나 오롯해진다. 물러터지지 않고 속으로 단단해진다. 울울창창하게 화려했던 시절을 내세우지 않고, 침묵하며 자신을 들여다 본다. 겨울나무는 찬바람을 다스리고, 눈덩이를 덜어낼 줄 안다. 흔들린 몸을 이내 가지런히 추스르는 회복탄력성이 뛰어나다.

허공에 뜬 별 하나가 유별스럽다. 별 하나만으로 온밤이 고스란히 채워진다. 깊은 밤 해안에 등대가 여럿이면, 바닷길이 더 헷갈릴 수 있다. 많다고 풍성한 게 아니다. 어둠 속에 빛이 넘치면, 오히려 중심을 잡을 수 없다. 빛난다는 것은 두드러져 자랑하는 것이 아니다. 떠 있다는 것은 누군가를 위해 뜬눈으로 존재하는 것이다.

존재한다는 것은 단순히 자리를 차지하는 게 아니다. 누군가 등을 댈 배경이 되고 지그시 바라보는 풍경이 된다. 징검다리는 누군가에게 짓밟히면서도 어떤 자리에 있다. 그 자리에 누군가 꼭 있어야 한다고 확신하므로. 그 일을 자신이 해야 할 일이라고 신념함으로. 누군가를 짓밟는 것보다 자신이 밟히는 것이 더 낫다고 여기므로. 물살이 다가와 끊임없이 쓰다듬고 어루만져주므로.

강이 꽁꽁 얼어붙어 꼼짝하지 않는다. 얼음 위에 얹혀 있는 돌을 본다. 얼마나 얼었는지 떠보려고, 누군가 던졌으리라. 던진 자는 호기심의 근력으로 투석했을지라도, 강은 속으로 앓으며 내내 울고 있을지 모른다. 기억은 이기적이고 일방적인 버릇이 있다. 때린 자의 기억은 절판의 근린에서 희미해진다. 맞은 자의 기억은 잘라도, 살을 파고들며 자라는 손톱 같다. 제 안으로 파고드는 통증의 뿌리가 된다.

겨울 강은 돌이 바닥에 주저앉을 때까지, 무거운 비중을 차마 털어내지 못할 것이다. 발바닥에 물집이 잡혀도 뒷걸음치지 않고 흐를 것이다. 가동그라질지언정, 멎지 않을 것이다. 겨울 강의 아픔을 마구 넘기지 않고 읽는다. 겨울 강은 추위를 불평하지 않고 속으로 흐른다. 감사는 내 안에서 따스해지는 것이다. 곰곰이 들여다보면, 우리는 저마다 감사할 조건과 감사할 능력이 있다.

보행은 앞만 보고 걷는 것이 아니다. 길을 가다 멈추고 몇 번씩 뒤돌아봐야 한다. 안까지 깊숙이 들여다봐야 한다. 어둠 속에서 발자국은 잘 따라오는지. 이름을 애절하게 부르며, 함께 가자고 한 이는 없는지. 눈여겨 바라봐야 한다. 멀쩡하다고 신앙하며 붙잡고 있는 것 가운데, 통째 버리거나 솎아낼 것이 없는지. 잡동사니같이 버려야 할 울분이나 뾰쪽뾰쪽한 상처가 없는지.

보행은 겉만 훑지 않고, 속까지 톺아보는 것이다. 겨울 들녘은 겉만 황량할 뿐, 속은 생명력이 넘친다. 고라니 발자국을 손금같이 곳곳에 선명하게 새기고, 풀씨를 품고 한량없이 두터워지고 있다. 우리가 들어가 보지도 않고, 지레짐작한 것이 겨울 들녘뿐이랴. 풍문으로 떠도는 것은 귀여겨듣고, 발품을 팔아 다가가야 할 것은 그냥 지나치지 않았던가.

바람이 나누는 대화 속에는 군데군데 쉼표가 일정하게 자리한다. 상대가 건넨 말이 귓문을 열고, 들어올 때까지 기다린다. 말끝에 온점의 말뚝을 박기 전에, 새치기하지 않는다. 바람이 주고받는 말을 맘속에 속닥속닥 집어넣는다. 내 뜻과 다르다는 이유로, 서둘러 잘랐던 말을 떠올린다. 인내하지 못하고 끼어들어, 말길을 엉뚱한 곳으로 돌렸던 시절을 부화한다.

  십자가 그늘 밑에서, 무릎 꿇고 두 손 모아 하는 것만이 기도가 꼭 아니다. 우리의 기도가 만날 나에 대하여 해주시옵소서의 일방적 갈망 아니었던가. 바라고 원하옵나니의 멍에에 묶인 반복체 아니었던가. 길 위에 오로지 홀로 서서, 물같이 흐르며 깨닫는다. 질긴 아픔의 곁가지를 전지한다. 다시는 눈도 마주치지 않겠다고 다짐한 이름을 부드럽게 떠올린다. 사랑하지 못하고 용서하지 못한 것에 대해 통증을 느낀다.

  돌아갈 길이 기다랗게 또 남았다.

2022. 01. 01.

달빛에 귀를 맑게 씻다

　며칠, 비가 찔끔찔끔 내렸다. 모처럼 청명한 밤하늘에 뜬 달이 요요하다. 달빛이 나달거린다. 시원한 밤바람이 마치 가을의 이정표와 같다. 세월을 또 절감한다. 밤까지 요란하게 울어대던 매미 울음소리가 몇 풀 꺾였다. 일주일 안으로 사랑을 완성해야 하는 간절함이 구구절절하다. 자연은 계절이 지면 지는 대로, 새로이 피면 피는 대로 각단지게 황홀하건만.
　늦은 오후, 바람이 나에게 모 교수가 한 말을 건네주었다. 나에 대해 험담을 하더란다. 이런 말을 요번에만 들은 게 아니다. 서너 번이 넘는다. 그때마다 그냥 흘러 보냈다. 작년에 총장을 선출하기 전까지만 해도 모 교수와 각별하게 지냈다. 나에게 밥을 자주 사주셨고, 명절 때마다 부모님께 드리라며 이런저런 선물을 주셨다. 나 역시 부족하나마, 답례를 꼬박꼬박 했다. 무엇을 해달라고 부탁하면, 귀찮거나 힘들다고 내색하지 않았다.

 총장 선거 이후, 모 교수 태도가 달라졌다. 학교에서 만나면 인사를 데면데면하고, 밥자리를 아예 만들지 않았다. 주고받던 선물을 끊은 것은 물론, 안부마저 서로 묻지 않았다. 순전히 총장과 관련하여 생각을 달리 한다는 것, 이밖에 다른 까닭이 있을 리 없다. 모 교수뿐만이 아니다. 어떤 교수님은 인사조차 아예 받지 않았다. 이 교수님 역시 총장 선거 이전에는 모 교수처럼 밥과 선물을 잘 챙겨주셨다. 모 교수는 공개회의에서 내가 발언한 것에 대해 서운했던 모양이다. 인사를 받는 둥 만 둥 했다. 서로 사과하여 매듭을 잘 풀었다고 여겼건만.

 지난 5월 셋째 주, 학교에서 맡고 있던 작은 보직에 대해 총장님께 사표를 냈다. 보직을 맡은 짧은 기간에 보직 수당을 깎고, 다시 원상태로 환원하는 일이 있었다. 신임교수 충원과 관련하여 원장인 나는 삿갓구름이었다. 이성이 작동하지 않고 총장과 가까운 관계 여부에 따라 진영논리가 지배했다. 교양교육을 전공교육의 더부살이쯤으로 여기는 사고에 맞서, 흔들리지 않으려고 했다. 집안 형편이 보직을 맡을 상황이 아니었지만, 보직을 맡은 동안 최선을 다했다.

 아내에게 "학교에서는 어떻게 평가받고 있는지 모르지만, 가장으로서는 0점이다."라는 말까지 들었다. 연로하신 부모님을 모시고 병원에 제때 다녀오지 못했다. 늘 아픈 훈용이 역시. 나는 천성적으로 어떤 자리에 있는 것이 불편하다. 어떤 자리에 있으려면, 리더십이 있어야 한다. 리더십은 하루아침에 홍시처럼 툭 떨어지지 않는다. 몸담고 있는 교양교육원에 얼마 전까지, 폐과된 학과 교수님이 몇 분 계셨다. 저마다 개성이 강하고 주관이 확고하여 원장 일을 시작할 무렵 많이 애먹었다.

어떤 자리는 공적인 영역에 속한다. 사적인 영역에서는 정서적으로 가깝고 먼 사람이 있을 수 있다. 문제는 공적인 자리와 사적인 정서를 구별하지 못하는 것이다. 공무를 사적 관계에 묶여 하면 오류를 범하기 마련이다. 몇 해 전, 모 학과 학과장을 맡았다. 사흘 만에 학과 학생이 폐과한 것에 대해 천막을 치고 농성했다. 학과장으로서 문제를 해결하려고 동분서주했지만, 역부족이었다. 많은 교수님께서 여러 말씀을 해주셨다. "학생을 너무 믿지 마라. 이야기할 때 조심해라. 녹음할 수 있다." 그때는 이런 말씀이 귀에 전혀 들어오지 않았다.

총장님과 학생 대표가 어렵게 만났다. 실마리가 풀리기는커녕, 계속 꼬였다. 총장님은 학생을 다시 만나지 않겠다고 하셨다. 학생 대표와 끈질기게 대화하여 총장님을 뵙고, 문제를 해결하기로 했다. 나와 몇 관계자가 총장님을 뵙고, 학생 대표와 만날 일정을 조율하였다. 이때 총장님께서 학생을 신뢰할 수 없다며, 학생과 만나는 것을 꺼리셨다. 이때 내가 준비한 사직서를 총장님께 드렸다. 이것 때문에 학생과 총장님이 만나는 자리를 만들었다고 자신하지 않겠다. 다만, 나는 적어도 어떤 자리에 연연하지 않는다.

어떤 조직을 꾸려나갈 때, 돈이 넉넉해야 하는 것은 당연하다. 돈이 없으면 조직원이 힘들다. 리더는 조직을 효율적으로 꾸릴 수 없다. 조직을 꾸릴 때 돈보다 더 중요한 것이 사람이다. 돈 있는 곳에 사람이 모이기 마련이다. 리더는 사람을 불러 모으고, 사람을 효율적으로 써야 한다. 자신에게 하는 쓴소리일망정, 달게 들을 수 있는 귀를 가져야 한다. 나는 이런 능력이 없어 어떤 자리든 버겁고 두렵다.

바람이 전해준 말 가운데, 얼토당토않은 말이 자리와 관련된 것이다. 내가 교양교육원장 보직을 그만두려고 한 것은 누구 간을 슬쩍 보려고 한 것이 아니다. 누군가에게 관심을 끌려고, 어리광부린 게 아니다. 보직을 내려놓을 마음이 전혀 없었던 게 아니다. 언제 그만두는 게 좋을지 고민하고 있었다. 매 학기, 글쓰기 교과목을 강의하는 것만으로도 벅찼다. 이 일에 매진하겠다고 전임 총장님뿐만 아니라, 지금 총장님께도 일관되게 말씀드렸다. 거듭 말하지만, 자리는 나에게 짐이다.

바람이 전해준 말을 맘속에 담으면, 내 삶의 힘이 고갈된다. 나는 일복이 너무 많아 학교 일 말고도 힘써야 할 곳이 많다. 이런 말 따위에 흔들리면, 내 삶의 뿌리가 고사된다. 달빛이 여전히 요요하다. 달빛에 귀를 맑게 씻는다. 마음이 고슬고슬해질 때까지 달빛 의자에 앉아, 마음의 평수를 넓힌다. 달빛 파도에 종이배를 띄워 평화의 섬으로 노를 젓는다.

본숭만숭하지 않는 달빛에 귀를 맑게 씻으며.

2021. 08. 15.

돌아보니 다 쓸모였다

　세상에서 가장 빠른 새는 '눈 깜짝할 새'라는 말은 웃자고 하는 소리이다. 돌이켜 보면, 세상에서 가장 빠른 게 세월 아닐까. 같은 분량의 시간이 누구에게나 똑같이 왔다가 똑같이 가련만. 세월의 속도에 대해 느끼는 감정은 나이와 저마다 처한 환경에 따라 차이가 있다.
　누구나 자신이 살아온 과거의 시간이 있다. 이 시간 가운데, 그리워서 다시 기억하고 싶은 게 있을 터. 잠시도 떠올리고 싶지 않은 것도. 과거는 지금 어떻게 살아야 하고, 내일을 어떻게 맞이할 것인지에 대한 길잡이가 된다. 단순히 지나간 시간에 머물지 않고, 이르고 싶은 여행지와 같다.
　나는 지독한 수포자였다. 초등학교 다닐 때, 시골 학교에서 나름대로 공부 좀 한다는 축에 끼었다. 저학년 때는 그런대로 수학을 잘했다. 고학년이 되면서 수학이 칼벼랑같이 아득했다. 중학교 다닐 때,

평균 점수를 수학이 다 깎아 먹었다. 공부 좀 한다는 아이들이 모인 고등학교에 입학했다. 수학을 겁 없이 완전히 포기해버렸다. 수학 시간마다 맨 뒤에 앉아, 시나 소설을 줄곧 썼다.

이때, 우리나라에서 내로라하는 유명 시인이 쓴 시를 거의 다 외웠다. 수업받는 것에 비해, 문학 동아리 〈야석탑〉에 참여하여, 글을 발표한 것이 훨씬 즐거웠다. 학교 교지 『팔마』 편집 위원으로 활동했다. 1학년 때는 소설 「형제」와 2학년 때는 「용두천」을 발표했다. 학교 성적이 좋았을 리 없다. 소설을 읽은 많은 여학생이 학교로 편지를 보내는 바람에, 담임선생님한테 뺨깨나 맞았다.

공부 못하는 학생을 사람같이 취급하지 않았던 괴상한 시절이었다. 괴상함은 지금도 완전히 걷히지 않았건만. 그때 그 시절에 비하면, 지금은 학생 인권이라는 방패라도 있다. 그때는 선생님이 때리면, 학생은 까닭 없이 무조건 맞아야 했다. 나는 비록 수학을 포기했지만, 국어는 꽤 했다. 국어 선생님이 헷갈리는 문제를 명쾌하게 풀어내기도 했다. 고등학교 2학년 때 담임선생님이 국어를 담당하셨다. 백일장 대회에서 상을 탈 때마다, 앞으로 훌륭한 문인이 될 것이라고, 줄곧 격려해주셨다. 선생님의 격려가 글자살이를 즐겁게 했다.

교회는 고등학교 1학년 때, 친구가 권유하여 나갔다. 교회 주보를 철필로 긁어 등사판으로 밀어 찍던 시절이었다. 필체가 그런대로 예뻤던 내가 주보를 담당했다. 크리스마스 때, 내가 쓴 대본으로 교회에서 연극을 펼쳤다. 내가 당연히 남자 주인공을 했다. 맘속에 은근히 넣어둔 여학생을 여자 주인공으로 삼았다. 교회에 사람이 그렇게 많이 모인 것이 그날 처음이었다.

지금 전도사로 사역하는 큰아들도 초등학교 때부터 수학을 싫어했다. 수학에 관해서는 완벽하게 부전자전이다. 내가 겪은 경험에 따라, 아들에게 수학 공부를 강요하지 않았다. 수학 대신에 책을 많이 읽도록 했다. 고등학교는 대학입시를 최우선으로 삼지 않는 모 기독교 특성화 고등학교로 보냈다. 훗날, 아들이 수학을 공부하라고 강요하지 않은 것을 선물로 여겼다. 특성화 고등학교에 다닌 것을 내가 준 최고의 선물이라고 고백했다.

저녁노을을 등지고, 산책길에서 돌아오다 전화를 받았다. 끊임없이 연속되는 고통으로 인해, 힘겹게 사는 어느 지인이었다. 집안일은 집안일대로, 직장 일은 직장 일대로, 잘 풀리지 않고 얽히고설킨 상태란다. 사람과 관계는 꼬일 대로 꼬여, 사람한테 정나미가 떨어진단다. 형제도 각자 자기 것 먼저 챙기느라 어느 한 사람 맘에 들지 않는단다. 몸은 아프지 않은 곳 없고 속이 쓰려 잠을 제대로 잘 수 없단다.

걸으면서 전화를 받느라 내 목소리가 흔들린 모양이다. 운동하느냐고 물었다. 너는 그래도 날마다 운동하면서 몸을 제대로 다스리니 부럽다고 그랬다. 게다가 글을 계속 쓰면서 마음을 다스리니 얼마나 행복하냐고 부러워했다. 그렇다. 하룻날도 걷지 않고 글을 쓰지 않으면 숨이 막힌다. 좋지 않은 생각이 죽순처럼 자라 마음의 대숲이 흔들리고 아프다.

나 자신을 다른 사람과 비교하지 않으려고 애쓴다. 다만, 어제의 내 삶과 오늘의 내 삶을 비교할 뿐. 다른 사람과 비교하는 순간, 내 마음은 지옥이 된다. 다른 사람은 아무 일 없는데, 하나님은 왜 딸을 둘이나 데려가셨을까? 그것도 부족하여, 평생 아픈 아들을 주셨을까? 왜 부자가 되지 못했을까? 할 일을 그렇게 많이 퍼부어 주셨을까?

  돌아보니 감히 다 쓸모였다. 똑같은 모양과 색깔을 띠고 피어난 꽃이 깔축없는 사연인 이유가 있었다.

"꽃은 다른 꽃과/ 자신을 견주지 않고// 자신의 어제와 오늘을/ 단지 비교할 뿐// 모양과 빛깔 같은 게/ 모여 피어도 예쁠 뿐// 저마다 다른 생각/ 손가락질하지 않고."
(「비교」 전문)

2021. 09. 23.

동화冬話

올겨울 들어 이곳 전라도에 눈다운 눈이 제법 내렸다. 하필 세밑에 맞춰. 기온까지 곤두박질하여, 허공엔 새 한 마리 걷지 않는다. 빈 나무는 미동조차 하지 않고, 눈을 뒤집어쓰고 있다. 나무 木 字 형상이 선명하다. 자연의 섭리대로라면, 겨울은 쉼과 안식을 표상한다. 겨울의 혹한을 고통으로 두루 맞이하며 사는 사람이 있다.

오래전, KBS방송이 방영한 다큐멘터리 〈학교 가는 길, 차다(chaddar)〉가 떠오른다. 잔스카 강은 히말라야산맥을 양편에 거느리고 흐른다. 잔스카는 겨울이면 어김없이 얼어붙는다. '차다'는 '얼음담요'를 뜻한다. '얼음'과 '담요'가 역설적으로 인연을 맺은 조어이다. '차다'는 겨우내내 마을과 바깥세상을 잇는 유일한 통로 역할을 한다.

이곳 사람은 가난을 대대로 물려받고 산다. 이들이 대를 이어 궁핍한 것은 게으름과 전혀 무관하다. 뼈 빠지게 일해 봤자 겨우 입에 풀

칠할 수밖에 없다. 순전히 척박한 환경 때문이다. 여름은 4개월 정도이고 8개월이 겨울이다. 아이들은 책 볼 겨를이 없다. 집안일에 손을 보태느라. 이들이 절박하게 꾸는 꿈이 있다. 인도 최북단 불모의 산악 지대 한가운데 자리한 라다크 중심 도시 레에 가서 공부하는 것.

 자신처럼 살면 미래가 뻔할 아이를 위해, 부모 역시 자녀를 학교에 보내려고 한다. 학교를 누구나 보낼 형편이 못 된다. 학비와 생활비가 만만찮다. 겨울 혹한에 갇혀 살므로, 살림이 불어날 리 없다. 이들이 봄 같은 삶을 살려면, 오로지 배우는 길밖에 없다. 그렇지 않으면, 평생 오지 마을에 갇혀 염소나 길러야 한다. 평생 가난을 벗을 수 없다. 가난을 대물림하지 않겠다는 절박함이 '학교 가는 길'에 고스란히 드러난다. 얼음길 차다(chaddar)는 한 해 단 한 번, 통행을 허락한다. 아이들은 아버지 손을 잡거나, 등에 업혀 1주일 내내 행진한다.

 차다(chaddar)는 호락호락하지 않다. 우리말 발음대로 적나라하게 차다. 그냥 찬 정도가 아니라, 목숨을 걸고 걸어야 할 정도로 위태하다. 얼음이 녹은 곳에서는 바지를 벗고 맨살로 걷는다. 때로는 눈 덮인 바윗길을 올라야 한다. 이 길을 가다 실제로 죽은 사람도 있다. 동상 걸리는 것은 기본이다. 아이를 학교에 데려다주고, 아버지는 이 길을 따라 귀가해야 한다. 걸어 나갔던 시간과 거리만큼 걸어서. 1년 후에나 부모와 아이가 만날 수 있다. 얼음길을 오가는 고통 못지않게, 어린아이를 객지에 보낸 부모 마음은 얼음길보다 시리다.

 10살인 켄렙은 의사가 되는 게 꿈이다. 같은 또래 돌카는 엔지니어를 꿈꾼다. 켄렙을 학교로 들여보낸 아버지가 한 말이다. 차라리 절규에 가깝다. "우리가 오는 길이 얼마나 춥고 힘했니? 힘들게 온 것 생각하면 어떻게 해야겠니?" "열심히 공부해라."라는 말보다 뼈저리다. 허기지게 먹고산 가난과 목숨 걸고 얼음길을 뚫은 아이들에게, 이 말만큼 절박한 게 있으랴. 이 이야기는 童話가 아니라, 뼈 시리게 차디 찬 冬話이다. 삶이 겨울같이 꽁꽁 얼어붙어, 좀처럼 해동될 기미가 보이지 않는 겨울 이야기이다.

세밑을 지나, 새해 첫날부터 기온이 뚝 떨어지고 눈이 내린다. 지난 한 해, 코로나는 전혀 예기치 못한 추위였다. 모일 會 字가 사라지고, 흩어질 離 字가 대세가 되었다. 사람 사이에 주고받는 눈빛 문장이 古語가 되었다. 이제 사람을 먼 풍경 보듯 떨어져서 원경으로 대해야 한다. 모이기에 힘쓴 교회는 코로나 전염 진원지가 되었다. 학교는 학생 없이 비대면으로 교육했다. 코로나 광기가 잠시 잦아들 무렵, 잠시 대면으로 한 강의는 마스크로 얼굴을 가리고 했다.

만남과 부대낌 속에서 체온을 느낀 게 아니라, 체온계로 일일이 몸의 온도를 찍는다. 삼가 사람 만나는 게 두렵고, 무서운 시대이다. 명절이 되어도 가족이 한자리에 모인 게 금기어처럼 되었다. 살다 보면, 사는 게 서운하고 까닭 없이 등 돌린 사람 때문에 어리둥절할 때가 있다. 이럴 때, 적막한 카페에 들러 순진한 커피 향에 뒷얘기라도 좀 묻어놓고 싶다. 마음을 떠받쳐줄 지붕이 사라진 셈이다.

이런 세상에서, 하루 벌어 하루 먹는 사람 삶은 더 곤궁해졌다. 사람이 뜸한 상가는 꽁꽁 언 얼음과 같다. 월세를 감당하지 못해 '임대문의' 푯말을 내붙인 곳이 날로 늘고 있다. 한마디로 재난 상황이다. 정부와 지자체가 국민 생활을 안정시키려고, 긴급재난지원금을 두어 차례 줬다. 언 발에 오줌 싸듯이, 반짝 효과에 그치고 말았다.

　우리는 지금 너나 할 것 없이, 겨울을 혹독하게 맞고 있다. 잘 먹고 잘사는 특별한 사람 몇몇을 빼고, 얼음길 차다(chaddar)를 걷고 있다. 1주일 이상 무조건 걸어야 하는 길. 얼음이 꽁꽁 언 강추위를 틈타 가야 하는 길. 얼음이 설 언 곳은 맨몸으로 추위를 받아들이며, 건너는 길. 얼음길이 끊어진 곳에서는 눈 덮인 바윗길을 기어올라야 하는 길. 이 길은 한마디로 목숨을 내걸고 가야 한다.

　길은 누구에게나 마음을 열지 않는다. 뜻을 독하게 품은 사람에게만 마음을 연다. 공부하여 가난을 이기겠다고 맘먹은 '차' 마을 사람은 얼음길 추위와 허기의 문을 열었다. 이 문을 열어젖히고 나가지 않으면, 평생 가난의 멍에를 짊어져야 하므로.

　돈 없는 것만이 어찌 가난이겠는가. 몸이 건강하지 못한 것은 육체적 가난이다. 마음이 건강하지 못한 것은 심리적 가난이다. 살다 보면, 뜻하지 않게 몸살이 나고 마음살까지 앓는다. 의도하지 않게 사람 사이가 얽히고설킨다. 어제까지 친구처럼 친밀했는데, 오늘 느닷없이 모른 사람이 된다. 성숙하지 않은 아이를 맘속에 기르고 있는 사람이 많다. 이 아이를 감당하지 못하고, 주변에 있는 사람을 힘들게 한다.

　지난 세월을 돌아본다. 자꾸 그리워하지 못해, 삼가 죄스러운 일은 없었는지, 허방에 자주 빠져, 삼가 낯 뜨거운 일은 없었는지, 너그러이 보듬고 감싸지 못한 것은 없었는지. 우리가 여태 걸어온 길이 얼마나 춥고 험했는가. 얼음같이 차고 미끄러운 길 걸어온 것을 잊지 않았는가. 새해, 부디 얼음길을 앞서거니 뒤서거니, 서로 손 내밀고 걷는 '차' 마을 사람처럼 절실하게 걸었으면. 새날, 부디 冬話를 춥고 험하게 꾸미지 말았으면. 순하고 희망이 풍부한 童話로 탈고했으면.

눈 덮인 앞산이 핑 소리를 품고 몇 발 살몃 다가온다.

2021. 01. 01.

소제掃除

 봄은 늘 온 듯 만 듯, 발을 모호하게 들여놓는다. 며칠 사이에, 천변 벚꽃이 참고 있던 웃음을 일제히 터뜨렸다. 주말, 꽃그늘 밑으로 사람이 길을 길게 낸다. 온온해진 볕을 따라 마실을 다녀왔다. 작업실에 들어서자 다른 날과 달리 방이 유별나게 좁다.
 오래전, 방을 하나 얻어 작업실로 쓰고 있다. 작업실은 집에서 15분 거리에 있다. 학교도 이쯤에 있다. 처음에는 책상과 컴퓨터 커피를 끓여 먹을 커피포트가 세간의 전부였다. 다른 건 몰라도 끼니마다 식당 밥을 먹는 게 여간 고역이 아니었다. 전기밥솥을 들였다. 밥그릇을 비롯해 수저나 젓가락 따위의 주방기구가 따랐다. 밥 먹을 자리가 필요했다. 중고매장을 뒤져 작은 식탁까지 들였다.
 책을 읽거나 글을 쓰다 보면, 피곤이 지름길로 올 때가 있다. 이때 누워 쉬려고 이불과 베개를 가져왔다. 맨바닥에 눕는 게 불편하여 조카가 쓰던 침대를 잽싸게 낚아챘다. 결핍이 결핍을 불러 다다익선이라 했던가. 옷가지를 넣을 것이 필요했다. 간이 옷장을 허름하게 마련했다. 몇 해 지나자, 옷장을 지탱하는 막대가 끊어졌다. 할 수 없이 인조 목재로 만든 옷장을 들였다. 두어 달 전에는 지인이 자신이 쓰던 에어 프라이를 주었다. 에어 프라이에 고구마를 구워 먹었다. 삼겹살과 생선뿐만 아니라, 계란도 구웠다.

몇 권 되지 않았던 책이 시나브로 늘어, 책꽂이를 들였다. 누군가 이사하면서 두고 간 것이다. 인근에 사는 제자를 불러 옮겼다. 얼마 전에는 청소기가 생겼다. 손윗동서가 쓰던 걸 가져왔다. 세간이 하나하나 늘면서, 작업실은 살림집 모양새를 갖췄다. 전혀 뜻밖의 일이다. 나는 여태 한 번도 자취한 일이 없다. 이제는 혼자 끓여 먹고, 빨래하고 시장 보는 것이 전혀 낯설지 않다.

오후 기온이 20도를 웃돌았다. 베란다 창을 열려고 했더니, 베란다에 쓰레기가 가득했다. 주방 쪽 창틀에는 선인장과 아이비가 자란다. 물을 주려고 화분 가까이 갔다. 수북하게 쌓여 있던 상자가 와르르 무너져 내렸다. 상자를 한쪽으로 밀어젖혔다. 아이비 줄기가 창문 밑으로 줄기를 길게 뻗었다. 그간 쟁여둔 상자가 나와 아이비와의 거리를 벌린 것이다.

안 되겠다 싶어, 창문을 모두 열고 베란다를 먼저 치웠다. 보일러와 빨래 건조대를 겨우 앉힌 베란다는 이름만 그럴싸하다. 콧구멍과 사촌쯤 된다. 널브러진 과일 상자, 계란 포장지, 그물망에서 싹을 틔운 채 곯아버린 양파, 분량을 채우지 않은 분리 쓰레기봉투 따위를 꺼냈다. 작은 공간이지만, 치우고 나니 널찍하게 보였다.

  베란다보다 심란한 게 주방이었다. 크고 작은 상자를 하나씩 들어냈다. 지인에게 받은 건강보조 식품은 유통기한을 넘겼다. 언제 사다 먹었는지 모를 감자 상자에는 감자가 구슬같이 작게 말라비틀어졌다. 작년 추석 때 받았을 성싶은 배 상자에는 썩은 배가 두 개 있었다. 이 밖에 선물로 받은 양말과 꽃차 상자, 뜯지 않은 화장품 상자, 구급약을 담은 상자 따위로 즐비했다. 이런 줄도 모르고 얼마 전에 양말 몇 켤레와 구급약을 샀으니.

  내일은 어떤 일이 있어도 청소해야겠다고, 다짐만 여러 차례 했다. 내일이 오늘같이 막상 오면 '이번 주'로 다짐의 끈을 느슨하게 풀었다. '내일'이 '이번 주'가 되고, '이번 주'가 '다음에'가 되었다. 이 사이, 꽃이 서둘러 피고 봄이 왔다. 꽃을 보려는 마음을 준비하지 않으면, 꽃은 무심히 피고 진다. 봄을 맞이할 마음을 챙기지 않으면, 봄은 얼굴을 보이지 않고 그대로 가고 만다.

  『논어』 '리인 편'에 나오는 공자의 말씀이 떠오른다. "옛사람은 말을 함부로 하지 않았다. 행동이 따르지 못할 것을 부끄러워했기 때문이다.", "절제 있게 생활하면서 잘못되는 일은 드물다.", "군자는 말에 대해서는 모자라는 듯이 하고, 행동에 대해서는 민첩하려고 한다." 감히 '옛사람'이나 '군자'의 경지에 빗댈 수 있으랴만. 머뭇대며 말만 앞세웠던 날이 하루 이틀이 아니다.

  쓰레기와 빈 상자를 버리느라, 4층 계단을 몇 차례 오르내렸다. 다리가 풀리고 발목이 뻐근했다. 어떤 일이든 닥치고 나서, 몰아붙여

하면 탈이 나기 마련이건만. 깨달음은 후회를 앞세운 뒤, 소 걸음마로 온다.

청소기 전원을 꽂았다. 차마 버리지 못하고 쟁여뒀던 맘속의 먼지까지, 청소기로 빨려 들어갔다. 서운함 · 배신감 · 모멸감 · 자존심 상함 · 분노 따위. 물걸레질하는 내내 마음이 자꾸 맑아졌다. 청소를 마친 방 곳곳에 봄볕이 얼비친다. 비좁게 보였던 작업실이 어느새 널찍하다. 우리 마음의 창고도 쌓아두기만 하면, 자꾸 옹졸해지고 버릴 줄 모르면, 자꾸 옹색해지는 게 아닐까?

같은 말을 여러 번 해도 말귀가 짧은 모 학생이 또 전화했다. 벌써 네 번째다. 내일까지 내야 할 리포트 때문이다. 목소리를 부드럽게 하여, 또박또박 다시 설명해주었다.

"이제 알겠습니다."라고 말하는 목소리가 봄날, 봄볕 같다.

2022. 04. 09.

수선화의 인사법

언제부터인가, 등굣길이 숙제하지 않은 아이 발 같다. 이른 새벽부터 안개가 욱욱하다.

지난주, 코로나에 감염된 학생이 있어 학교를 한 주간 폐쇄하였다. 이번 주는 모든 강의를 비대면으로 한다. 오전 11시 모 대학 총장이 와서 '건강한 대학 만들기'라는 주제로 특강한다. 아침 일찍 집안일을 몇 개 하고, 시간에 맞춰 학교로 갔다. 운동장 한쪽에 핀 수선화가 누릇누릇 익힌 미소로 일제히 인사했다. 손편지라도 오려나.

안개로 인해 침침했던 마음이 일시에 누그러졌다. 요즘, 학교 분위기가 안개와 같다. 작년 말, 새 총장이 부임하였다. 생각을 달리한 사람 사이에 보이지 않게 긴장감이 생겼다. 심지어 만나도 본체만체하거나, 인사해도 받지 않은 사람도 있다. 사람을 만나는 것이 눈치 보인다. 이렇다 보니, 사람을 만나도 서먹서먹하다. 안부를 물어도 인사치레 정도로 하는 형편이다.

　특강에 참석하려던 참에, 모 교수님께서 전화하셨다. 안부를 늘 묻고 학교에서 힘든 일이 있을 때, 언덕이 되어준 분이다. 밥때와 커피를 잘 챙겨주셔서, 그나마 학교에 올 맛이 난다. 특강이 끝날 무렵, 손전화 문자 음이 길게 울렸다. 출판사에서 이번에 발간한 시집 『문안하라』를 배송하겠다고 했다. 시 「문안하라」를 비롯해 120편을 실었다.

　이 새벽 네 심장 뛰게 하시고/ 혈류의 강 흐르게 하신 주께 문안하라/ 밤새 잠들지 않고 하늘 한 모서리/ 봄꽃으로 피어있는 달에게 문안하라/ 눈다운 눈 일절 내리지 않은 땅/ 오후쯤 오리란 눈에게 미리 문안하라/ 발소리조차 내지 않고 덜컹 찾아와/ 여기저기 짓밟는 통증에게 문안하라/ 혼잣말로 다시는 보지 않겠노라/ 하염없이 결단한 이름에게 문안하라/ 밤새 수만 개 숨구멍 막히고 닫혀/ 활활 불타오르는 그리움에게 문안하라
　(「문안하라」 전문)

　『문안하라』는 완주문화재단 창작지원금을 받아 출간했다. 문학작품을 통해 지역 주민의 정서를 순화하고, 문학적 안목을 높이려고 참여했다. 지역에 있는 도서관과 관공서, 마을에 시집을 두루 돌리려고 한다. 수선화 인사를 받고, 오늘 좋은 일이 있겠다 싶었다. 시집이 온다고 하니, 기분이 뜬금없이 새가 된 것 같다. 수선화 인사법은 잔잔한 미소와 함께 다소곳이 고개 숙여 겸손하게 인사하는 것이다.

약속한 시각에 시집이 왔다. 표지 디자인과 편집할 것 없이 마음에 쏙 든다. 비대면 시대에 문안할 게 수두룩하다. 한 직장에 몸담고 있으면서도, 얼굴을 거의 보지 못하고 지내는 사람도 있다. 시집 몇십 권을 꺼내 속표지에 '문안합니다. 2021 봄, 저자 최재선'이라고 썼다. 직원 선생님은 사무실에 들러 직접 전하고, 교수님은 개인 우편함에 각각 넣었다.

책을 넣다 고민이 생겼다. 총장 선거 이후, 인사를 받지 않은 모 교수님에게 시집을 넣어줄 마음이 일어나지 않았다. 시에서는 "혼잣말로 다시는 보지 않겠노라 하염없이 결단한 이름에게 문안하라"라고 노래했건만. 예제서 주워들은 이야기대로라면, 그분은 시집을 내던지고도 남을 법했다. 수선화의 누릇누릇한 미소와 유연하게 숙인 각이 불쑥 떠올랐다. 끝내 우편함에 시집을 넣지 않았다.

어제 모 대학에 가서 글쓰기에 대해 특강했다. 글쓰기 기교를 잘 부리는 글쓰기 기술자에 머물지 말라. 자신과 삶을 바꾸는 혁신의 글쓰기 기술자가 되라고 했다. 정작 거의 날마다 글을 쓰면서도 나 자신뿐만 아니라, 삶을 바꾸지 못하고 있다. 〈자기 표현적 글쓰기〉 시간에는 '자신과 불편한 관계에 있는 사람과 관계를 회복하라'라는 주제로 수강생에게 글을 어김없이 쓰게 했다. 정작 나 자신은 불편한 사람과 관계를 회복하려고 힘쓰지 않았으면서.

살다 보면, 뜻밖에 어떤 일에 대해 선택해야 할 때가 있다. 속된 말로 힘 있는 사람에게 줄 서는 사람이 있는가 하면, 줄을 외면하는 사람도 있다. 각자 처한 형편과 소신이 따라, 선택을 달리할 수 있다. 사람 사는 곳엔 정情도 생기지만, 미움과 반목도 일어난다. 다른 생각과 선택을 진영논리로 재단하면, 분열과 갈등을 일으킨다.

인사해도 받지 않아, 서로 무시하고 지내는 교수님 우편함 앞에서 머뭇거렸다. 요즘 인사해도 잘 받지 않은 교수님 우편함 앞에서 한참 망설였다. 시집을 넣으며 문안할 것인지, 그냥 지나칠 것인지. 두 교수님 우편함에 시집을 끝내 넣지 못하고 돌아왔다. 처음에는 용기의 결핍에 대해 수치를 느끼다가, 이내 고개 숙이고 있던 자존심이 오도카니 일어났다.

연구실 창밖 풍경이 온통 화경花景이다. 꽃은 잘난 것이나 못난 것 없이 두루 花氣愛愛하다. 시구가 다시 떠오른다. "혼잣말로 다시는 보지 않겠노라 하염없이 결단한 이름에게 문안하라"

2021. 04. 01.

어느 휴가

 여름방학이 끝나고 개강한 지, 한 주가 흘렀다. 여전히 코로나가 잦아들 줄 모른다. 개강하자마자 비대면으로 강의한다. 어제, 같은 학과 모 교수님과 함께 신입생을 모집하려고, 전주에 있는 고등학교 몇 곳을 다녀왔다. 방학 때마다 맘먹고 고즈넉한 곳으로 가서, 며칠 쉬려고 생각했다. 생각을 움직이지 않고 가둬두면, 헛일로 끝나고 만다. 올해도 그랬다.
 오늘 백신을 2차로 접종하는 날이다. 예약 시간에 맞춰, 글방과 가까운 모래내시장 배꼽쯤에 있는 모 내과를 찾았다. 아스트라제네카에 대한 잡음이 줄곧 끊이지 않는다. 이런 말을 귀담아들으면, 겹겹이 힘들어진다. 마음을 편히 먹고 왼쪽 옷소매를 올렸다. 의사가 이틀 동안 무리하지 말고 쉬라고 했다. 주사를 맞고 나서, 모래내시장을 한 바퀴 돌았다. 시장은 물이 멎지 않고 흐르는 강과 같다. 사람이 오가고, 사람 사이에 흥정이 흐른다.

 새콤달콤한 것이 뜬금없이 당겼다. 길바닥에서 과일을 파는 할머니한테 자두를 샀다. 밭에서 직접 기른 것을 새벽에 딴 것이라며, 출처에 대해 각주를 다셨다. 게다가 싱싱하고 맛있다는 말을 반복법으로 펼치셨다. 수줍게 익은 홍로까지 더불어 샀다. 또 오라는 말을 덤으로 얹어주셨다. 튀김 닭에다 삼겹살도 개염이 났지만, 발을 단단하게 동여맸다.

 자두를 씻었다. 단내가 날갯짓하며 날았다. 끝이 봉긋하고 앙증맞아 한입에 넣는 게 내키지 않았다. 눈을 감고 깨물었다. 새콤달콤한 맛이 혀끝에 맞닿은 뒤 온몸으로 포근히 스며들었다. 미각은 예민하고 품이 넓지만, 나이 들면 감각이 무뎌지고 맛의 각이 줄기 마련. 요즘, 어머니께서 해주신 찬이 부쩍 짜거나 싱겁다. 고구마순 김치는 물깨나 쓰게 짜고, 가지나물은 너무 싱거워 맛이 맹하다. 당최 무슨 맛인지 모르겠다. 어머니에게 세월이란 몹쓸 놈이 눌러살고 있다.

 홍로를 깎았다. 사과 한 알을 만드는데, 사람 손이 백 번 정도 간다고 한다. 오래전, 충주를 지나 영월로 넘어간 적이 있다. 가지에 주렁주렁 매달린 사과가 꽃보다 아름다웠다. 오랫동안 지워지지 않는 풍경으로 내내 남았다. 이 풍경을 몇 그루 오롯이 복사하고 싶었다. 전원에 집 지을 땅을 마련했을 때, 사과나무를 몇 그루 서둘러 심었다. 꽃이 빨갛게 피어 설렜다. 두근거림은 오래가지 않았다. 사과가 몇 개 열릴라치면, 크기도 전에 시커멓게 멍이 들었다. 풍경을 추억 속에 넣어두고, 병치레가 잦은 사과나무는 장례를 치렀다.

음악을 켰다. 쇼팽이 만든 피아노곡 69-1 '이별의 왈츠'가 감미롭게 흘렀다. 쇼팽은 9살 아래인 마리아 보젠스카를 사랑했다. 음표 있는 시가 노래이고 음표 없는 노래가 시다. 시만큼 아름다운 연서가 있으랴. 사랑은 하는 족족 이루어지지 않는다. 이룰 수 없는 사랑을 노래한 연서는 애달프고 우울하다. 누군가를 향해 걷는 첫 마음이 그 사람 언저리에 닿지 않을 수도 있다. 명작을 만드는 힘은 대개 사랑이다. 완성한 사랑보다 미완의 사랑이 명작을 많이 출산한다. 결핍은 우리를 절박하게 하고, 부재는 우리를 간절하게 만든다.

전화 소리에 눈을 떴다. 한동안 달게 곯아떨어졌던 모양이다. 수강신청과 관련하여 모 학생이 전화했다. 귀에 익숙하지 않은 이름이었다. 아니나 다를까. 올해 모 학과 3학년에 편입했다고 그랬다. 〈글쓰기 전략〉을 영상으로 들었는데, 너무 어려워 잘 따라갈지 모르겠다는 것이다. 학점을 잘 받을 수 있느냐고 물어 "심는 대로 거둘 것이다."라고 말해버렸다. 녀석이 "우리 아빠가 고추 농사를 지었는데, 병이 들어 망했다."라고 하여 같이 웃었다. 이름이 머릿속 깊이 박혔다. 강의실에서 보면 이름 몇 번 나긋하게 불러줘야겠다.

주사 맞은 팔에다 머리까지 묵직했다. 주워들은 대로 약을 한 알 삼켰다. 시장통을 돌 때는 먹고 싶은 게 한 짐이었건만. 점심때가 되었는데도 입맛이 별로 없다. 시장이 반찬이라는 말은 좀체 닳을 줄 모르고, 싱싱하게 아직 살아있다. 커피를 끓였다. 커피향기가 먼 산에서 날아온 새처럼 코끝에 내려앉았다. 때로는 미각보다 후각이 진동걸음으로 온다. 어머니께서 무쳐주신 가지나물과 고춧잎나물에 밥을 비벼 몇 술 떴다. "아이! 맛으로 먹지 말고 약이라고 생각하며 먹어라." 어머니 말씀이 밥을 먹는 내내 탱탱하게 들렸다.

"아스트라제네카는 1차 접종 때보다 좀 수월합니다. 그래도 절대 무리하지 말고 이틀 정도 쉬어야 합니다." 여의사가 접종자를 한곳에 모아놓고, 지나가는 말처럼 했던 말이 다시 떠올랐다. 만날 일에 빠져 허우적거리며 사는 나에게, 아스트라제네카는 단순한 백신이 아니었다. 피로를 옆구리에 끼고 사는 나에게, 의사가 단호하게 내린 휴가명령이었다. 이 명령을 충실히 지키려고 생각을 비워냈다. 당장 방바닥에 널브러진 빨래를 애써 모른 체했다.

창밖 하늘이 높푸르다 못해 눈이 시리다. 구름이 청명하게 잇대어 있다. 바람이 구름을 이리저리 옮긴다. 나 자신을 채근하지 않고, 잠시 잠깐 그대로 두기로 했다.

구름같이, 바람같이.

2021. 09. 04.

2부

아중호수 목교 흔들의자에 앉아

 하늘이 높푸르다. 높푸름은 눈부시다 못해 눈물겹다. 살다 보면, 맥없이 울컥해지는 날이 있다. 이런 때, 역마살이 도진다. 그랬다. 길 위에 서 있을 때 시가 다가왔고, 바람같이 흐를 때 글 매듭이 풀렸다. 문학 동아리 강의를 마치고 글방으로 가는 길, 아중호수 물빛이 손을 한사코 끌었다.
 물빛은 하늘빛의 측근이다. 물빛의 손길이 이끄는 대로 생각을 맡겼다. 봄 냄새 풍기는 이름을 딴 카페 주차장에 차를 댔다. 호수가 내려다뵈는 카페에 들를까 하다, 목교를 따라 호수로 내려갔다. 사람이 별로 없어 더욱 한갓지다. 목교를 걸으면 물 위를 걷는 기분이다. 며칠 전, 후붓하게 내린 비를 호수가 그득 안고 있다. 호수는 물의 주식을 대부분 가진 부호이다.
 오후 4시와 5시 사이, 호수 한쪽은 산그림자를 끼고, 다른 쪽은 햇볕을 널찍하게 깔고 있다. 몇 개 있는 흔들의자마다 산그림자가 차지하고 있다. 산그림자 무릎에 살며시 앉았다. 발을 구르자 침묵하고 있던 의자의 중심이 흔들렸다. 흔들림에 기대자, 뜻밖에 마음이 평평하고 말랑말랑해졌다. 할머니 등이 흔들려야 잠들었던 아기 때가 깨단하게 떠올랐다.

멀리 있는 산이 눈앞으로 다가왔다. 스쳐 지날 때는 멀다고 여겼다. 물끄러미 바라보니 눈썹 근린에 와있다. 바쁘다는 핑계로 물끄러미 바라보지 못한 게 먼 산뿐이었겠나. 가진 게 별로 없다는 핑계로, 물끄러미 바라보지 못한 사람이 한둘이었겠나. 심지어, 나 자신마저 물끄러미 바라본 날이 몇 날 되지 않았으니. 나와 관계없는 사람처럼 스쳐 지난 일이 많았으니.

바람결 따라 물꽃을 우렷하게 피어낸다. 바람은 예고 없이 분다. 어떻게 손 쓸 겨를 없이 불쑥 찾아온다. 바람에 흔들리지 않으면, 꺾이거나 부러지고 만다. 물이 바람에 흔들리지 않으면, 무늬가 될 수 없다. 물결을 키운 양육자는 바람이다. 물의 무늬는 바람을 잘 받아들인 순응의 언어이다.

수초도 바람에 팔라당팔라당 흔들린다. 바람 부는 대로 흔들리면서도 풀풀 살아있다. 바람에 밟히고 차여도 물 몇 방울 털고 풀풀 일어선다. 숨 쉴 틈 없이 바람이 몰아쳐도 심호흡 두어 번 하고, 풀풀 푸르다. 바람에 흔들릴수록, 당당하고 풀풀 빛난다. 아프고 힘들다며 미리 포기하지 않고, 풀풀 싱싱하다. 수초의 몸짓은 고난을 이긴 승리의 언어이다.

눈길을 준 곳에 물 버드나무가 작은 숲을 이루며 산다. 버드나무는 바람에 아주 예민하다. 바람이 살짝 스치기만 해도 가지가 통째 흔들린 탓에, 첫 이름을 부들나무라고 했다나. 비는 혼자 오지 않는다. 바람이 먼저 비 올 길을 내면, 그 길을 따라서 온다. 버드나무는 비 올 바람을 가장 먼저 알아차린다.

말하지 못하는 나무도 비가 오기 전, 비 몸살을 쿵쿵 앓는다. 마음 깊은 곳에 있는 문신 같은 슬픔을 꺼내, 바람에 지우고 싶을 때 있다. 물속에 서 있느라, 다리에 쥐가 난다. 몸을 뒤집어, 물구나무서기를 해서라도 허공에 기대고 싶어한다. 차라리 바람에 흔들려서라도, 우울을 털어내고자 한다. 나무가 바람에 흔들리는 것은 삶의 중심을 잃는 것이 아니다. 삶의 중심을 측량하는 것이다.

살다 보면, 바람은 안개와 같다. 안갯속에 갇혀본 사람은 안다. 발을 내디딜 만큼만 시계를 허락한다는 사실을. 이미 와 버린 길과 앞으로 나아가야 할 길의 거리가 동성동본이란 것을. 절망 같은 안갯속에서도 아침은 뛰어오고, 꽃은 기지개를 켜며 일어난다. 산은 어제와 같은 자리에 있다. 강은 어제와 같이 물길을 따라 흐른다. 바람이 멎고 나면 고요해지고, 안개가 걷히면 청명해진다.

우리 생애, 바람 잠든 날이 몇 날쯤이었겠나. 안개 끼지 않는 날이 며칠쯤이었겠나. 바람에 흔들리지 않고, 안개에 갇히지 않는 날이 몇 날쯤이었겠나. 장맛비에 무너져 내린 토담처럼 당장 절망할 것 같았건만, 풀잎처럼 다시 일어선 날이 많았다. 안개의 감옥에 갇혀, 무기수로 살 것 같았건만, 청명하게 자유스러운 날이 더 많았다. 우리 흔들리는 가운데, 다시 일어섰다. 갇힌 틈에서 해방의 날개를 펼치며 살아왔다.

  첫눈도 바람에 흔들리며 풍성하게 내린다. 장작에 붙은 불도 흔들리며 활활 탄다. 연인에게 첫사랑을 고백하는 목소리도 흔들린다. 가문 땅을 적시는 빗방울도 흔들리며 내린다. 손을 가만히 두면 신체 가운데 일부일 뿐. 흔들어야 반가운 인사가 된다. 고개를 그대로 두지 않고, 위아래로 흔들면 공감의 언어가 된다. 키에 있는 참깨는 흔들어야 알곡과 가라지를 구별할 수 있다.

  누구나 살아가는 길이 꽃길일 수 없다. 누구든 삶의 곡선로에서 아파하고, 흔들리기 마련이다. 삶은 흔들림과 동거하며 화목해지는 것이다. 세상에 요지부동한 것은 하나 없다. 우리가 가진 것이 그렇고, 우리가 지금 있는 자리가 그렇다. 제아무리 예쁜 꽃도 꽃다운 나이에 피었다, 꽃다운 나이에 지고 만다. 세상에 발 딛고 사는 것치고, 흔들림에 기대어 살지 않는 것 하나 없다.

  아중호수 목교 흔들의자에 앉아, 바람의 몸짓으로 흔들린다. 이내 물결의 무늬로 물든다. 강보에 싸인 아이처럼 잔즐거리며 눈썹의 처마가 자꾸 내려앉는다. 출처를 알 수 없는 평화가 뒤끝 그립게 사늑하게 쌓이면서.

2021. 09. 18.

낮은 산

　작업실로 쓰고 있는 원룸 주인이 바뀐 지 두 달째이다. 오늘 아침 월세를 통장에 넣었다. 잠시 후 문자가 단댓바람으로 왔다. "감사합니다. 좋은 일만 있기 바랍니다." 방을 빌려 쓰는 사람이 방세를 제날짜에 내는 것은 당연한 일이련만, 기분이 찬란해졌다.
　얼마 전, 완주문화재단에서 받은 창작지원금으로 시집 『문안하라』를 발간했다. 애당초 맘먹은 대로, 완주군 관내 지역주민센터와 도서관에 두루 돌렸다. 1,000권이 훌쩍 넘는다. 모 지역 면장님께서 전화하셨다. 좋은 책을 우리 지역 주민에게 나눠주셔서 감사하다고.
　이 지역에 나눠준 시집에 관한 기사를 두 신문사가 오늘 실었다. 아마 면장님께서 보도 자료를 주신 것 같다. 산이 낮으면 메아리가 살지 않는다. 메아리가 없는 산은 대하기 볼썽사나운 사람 같다. 측근으로 다가가기 뜨악하다. 한 달에 여러 권에 이르는 작품집이 품에 안긴다. 한국문인협회에서 발간하는 『월간문학』과 『한국문학인』, 연재수필을 쓰는 『에세이문예』와 여러 문인이 보내준 작품집에 이르기까지.

문인 가운데, 친분이 도타운 사람이 있는가 하면, 이름만 귀에 익은 사람도 있다. 작품집을 받고 곧바로 인사를 건넬 때도 있지만, 메아리가 살지 않은 산처럼 묵묵부답으로 일관한 적이 많다. 작품집 한 권을 출산하기까지, 작가는 모진 고통과 환희를 함께 겪는다. 평균 수명이 가장 긴 사람이 성직자이고, 최고로 짧은 사람이 작가라고 한다. 글 쓰는 일이 건강에 득이 되지 않다는 것을 알리는 지표이다.

이 사실을 알면서도, 작가는 글 쓰는 일을 게을리하지 않는다. 다른 직업은 현직과 전직을 엄연히 구별한다. 작가는 나이에 상관없이 글을 쓰는 동안 현역이다. 새벽 뒷산을 오르며 얻은 문장이다. "이미 걸어온 길은 등 뒤에서 배경이 되었고, 앞을 보며 가는 길은 눈 속에 안겨 풍경이 된다는 것을." 배경과 풍경은 내 글을 잉태하는 자궁이다.

오늘 하룻날만 해도 여러 사람 목소리를 들었다. 하나님 말씀을 새벽마다 배달해주시는 목사님, 리포트 쓰는 것에 관해 스무고개를 넘는 수수께끼처럼 묻는 학생들, 학교 교무처 직원 선생님이 보낸 행정적인 일 따위에 이르기까지. 어떤 것은 제때 답하지만, 미루거나 그냥 지나칠 때도 있다. 빚처럼 밀린 ○ 목사님 톡을 열었다.

"시대에 더 저항할 수 없어서, 포기할 때조차도 하나님은 은혜를 베푸신다. 내가 포기했다고 끝난 것이 아니다. 오늘, 고난주간 특별 새벽기도회 섬기느라, 수고한 모든 교역자를 위로하려고 한다. 위로받으신 성도님들 커피 한 잔 날려주세요."
"목사님! 커피, 쏘겠습니다."
"ㅋㅋ 공소시효가 끝났습니다. 감사합니다. 지금은 모임 중"
"그럼 오늘 모임 중 커피로 품목 변경합니다."

○ 목사님 말씀은 은혜의 힘이 넘친다. 누구보다 아픔을 격하게 겪으셨고, 지금도 아픔과 동거하고 계신다. 이런 가운데, 유머를 늘 달곰하게 거느리며 삶의 강을 유연하게 거슬러 오르신다. 목사님의 삶은 고난이 접속어같이 엮여 있다. 접속어를 걷어내면, 고난보다 감사가 낙낙하게 넘친다. 목사님의 사역은 그리스도 향기가 난다. 몇 해 전, 우리 학교 사경회 강사로 오신 게 인연이 되어 만났다. 오랜 친구처럼 살갑고 온기가 있다.

여섯 식구 가장인 내 삶은 모노드라마 배우와 같다. 이 일에 이골이 나 이제 힘들다는 감각조차 무뎌진 지 오래다. 살다 보니, 견디게 되었고, 견디다 보니 살아졌다. 글을 쓰며 견뎠고, 견디며 글을 썼다. 이런 가운데, 낮은 산처럼 엎디어 귀를 넓게 열지 못하고 살 때가 많다. 이런저런 소리를 그냥 흘려보냈거나, 제때 메아리를 울리지 못했다. 이게 누군가에게는 상처가 되었을 것.

속이 답답한 날은 숲으로 간다. 나무는 온몸이 귀다. 사람보다 나무가 훨씬 속이 깊숙할 때 있다. 세상 살며 자란 상처를 꺾어놓을 데 없을 때, 숲속 나무에게로 가 주섬주섬 꺼내놓는다. 우물 같은 맘속으로 싸목싸목 집어넣는다. 말을 들어줄 이 부재하여, 상처가 물러터질 때 있다. 이런 날, 나무한테로 가서 부쩍 자란 상처를 꺼낸다. 온몸을 귀처럼 세운 나무가 아픔을 밑까지 들어준다. 제 몸으로 상처를 싸매고 바람처럼 대신 울어준다.

"오늘 과제는 무엇인가요?"

장애를 가진 ○○이가 문자를 두 번이나 보냈다. ○○에게 나는 툿나무가 되지 못하고, 부끄럽게 낮은 산이 되고 말았다. ○○에게만 그랬을까.

2021. 04. 10.

외밥

 더위가 예사롭지 않다. 작업실에서 하려고 마음먹은 일을 집중할 수 없다. 학교로 갔다. 방학인 데다, 학교가 산중에 있어 적막하다. 요 며칠 동안, 모 문학 공모전에 응모하려고 동화를 짓고 있다. 나는 도전하기를 즐기는 축에 속한다. 이번 방학 때, 시조집을 발간하려고 한다. 몇 해에 걸쳐 써온 시조를 골라 가편집을 마쳤다. 시조집을 발간하기 전에, 모 중앙지 시조 백일장에 응모하여 「몸詩」가 뽑혔다. 내년에는 그동안 써놓은 동시를 정리하여 동시집을 내려고 한다. 동화는 그림동화에 이어 두 번째 도전하고 있다. 여기에 감정에 관한 강의를 듣고 있다.
 지난주, 모 교수님과 함께 입시 때문에 고교를 방문했다. 점심때 고깃집에 들렀다. 교수님을 생각한답시고, 고기를 여유 있게 시켰다. 뜻밖에 교수님께서 고기를 많이 드시지 않았다. 게다가 콜라는 아예 입에 대지도 않으셨다. 연유를 조심스레 물었다. 요즘 살을 빼고 있다고 하셨다. 이날 이후, 곧바로 살 빼는 계획을 세우고 실천하고 있다. 아침과 저녁에 삶은 계란 하나와 삶은 감자 두 개를 먹는다. 『논어』 「공야장」 편에서 계문자가 공자에게 "자신은 무슨 일을 할 때 세 번 생각한다."라고 자랑한다. 이에 공자가 "두 번이면 된다."라고 말한다. 행동을 민첩하게 하라는 말이다.

글쓰기 강의를 할 때마다, 수강생에게 되새김질하듯이 강조하는 것이 있다. 글쓰기는 삶이다. 당장 글을 매일 쓰라. 잘 살아야 좋은 글을 쓴다. 머리로 쓴 글은 논리적이지만, 사람 냄새가 별로 나지 않는다. 가슴으로 쓴 글은 정서를 그럴듯하게 자극하지만, 신파조에 너무 빠질 수 있다. 삶으로 빚은 글은 진실하고, 철학이 깃들어 있어 맛깔스럽다. 대충 살면서, 머리와 가슴만으로 글을 쓰려는 생각을 버려야 한다. 그런데 어쩌랴. 당장 매일 쓰는 것을 세 번 아니라, 여러 번 생각만 하는 사람이 수두룩하니.

흔히 혼자 먹는 밥을 '혼밥'이라 일컫는다. '혼밥'보다 '외밥'이 우리말로 때깔이 더 난다. '외'는 일부 명사 앞에 붙여, "짝이 없이 혼자인"이라는 뜻을 나타낸다. '외'를 한정적으로 쓸 수밖에 없다 할지라도, '혼밥'보다 훨씬 의미가 적확하게 가슴에 와닿는다. '혼밥'은 '혼자 먹는 밥' 가운데 앞뒤 음절을 빌려 만들었다. 이런 조어법은 디지털 시대를 사는 언중의 언어 의식을 드러낸다. 언어를 편리성만 따져 쓰면, 언어가 지닌 깊은 속살을 보기 어렵다. 게다가 깊은 맛은 더욱.

밥은 만남의 매개체이다. 누군가에게 밥을 먹자고 한 것은 한 끼를 때우자는 것이 아니다. 밥을 먹으면서, 정분을 쌓자는 것이다. 행여, 맺힌 매듭을 술술 풀자는 것이다. 더 잘해보자는 것이다. 그냥 고맙고, 그저 감사하다는 것이다. 더욱이 집밥을 마련하여 집으로 부르면, 최고로 예우하는 것이다. 누군가에게 밥을 먹자고 할 때, 언제 한번 먹자고 해서는 안 된다. 시간과 장소를 명료하게 정해 약속해야 한다. 밥은 쌀이 아니라, 단단한 신뢰이다.

살다 보면, 입맛도 정이 떨어져 집을 나갈 때가 있다. 이럴 때, 마주 앉아 밥 먹을 사람이 있다면, 세상 허투루 산 것 아니다. 간이 맞은 게장 같은 사람이 있다면, 외로워할 자격이 없다. 김치찌개 뚝배기에 숟가락을 서로 참방참방 적실 사람이 있어도 그렇다. 상추쌈 듬성듬성 낀 치아를 부끄러워하지 않고, 푸르뎅뎅하게 그대로 누설하는 사이도 마찬가지이다. 밥 이전에 쌀이었고, 쌀 이전에 나락이었다. 나락처럼 결속해 등지지 않을 이가 밥 친구이다. 밥은 끼니가 아니라, 찰진 결속이다.

오늘 점심때, 외밥을 먹었다. 밥 친구와 모여 밥을 먹을 때는 뭉쳐 먹는 밥맛이 있다. 익숙한 화제를 찬으로 더해 게걸스럽게 먹으면 쫄깃쫄깃하다. 이런 분위기와 달리, 외밥을 먹는 것도 나름대로 맛깔이 있다. 이 시간에 생각을 꽤 많이 한다. 새는 벌레보다 생각을 더 많이 먹고 산다. 어디로 가야 할지, 어떻게 길을 내야 할지. 곰곰이 곰삭힌 생각을 허공에 매단다.

외밥을 먹으며, 쌀눈에 깃든 사연을 읽는다. 뚝배기에 있는 버섯탕의 체온을 감지한다. 맥을 잃은 동화 물줄기를 수선하고, 아침에 쓴 글에서 그릇 쓴 글자를 수색한다. 시킨 음식을 내놓기 전, 미리 차린 찬의 행간을 엿보며 혀가 싱글벙글할 맛을 가늠한다. 이렇게 하다 보면, 식탁 하나를 홀로 턱 차지한 미안함이 **뻔뻔**해진다.

  외밥을 먹은 후, 연구실에서 외커피를 마신다. 밥 배腹의 별채로 우리는 저마다 커피 배腹를 갖고 있다. 숟가락을 놓자마자 곧장 안녕할 일 없애고, 커피 배腹를 지그시 눌러 채울 사이라면. 커피 친구이다. 이런 사람이 있다면, 역시 외로워할 자격이 없다. 사람 만나는 것이 자유스럽지 않고, 눈치 보이는 시절이다. 코로나 광기가 잦아들기는 커녕, 오히려 기승을 부리고 있다. 게다가, 숨이 턱턱 막히는 폭염까지. 이런 시절, 밥 친구와 커피 친구는 맘속에 사는 詩와 같은 존재이다.

  날씨가 무덥다 못해 폭폭 찐다. 오늘은 왠지 외밥을 먹고, 외커피를 마시기에 좋은 날이다. 외밥이 유독 차지고, 외커피 맛이 유독 깊다. 대개 외로울 때 철이 들고, 혼자일 때 생각이 깊어진다.

  용광로 천장 같은 허공 깊이, 새 한 마리가 외로 날고 있다.

2021. 07. 22.

이름처럼 산다는 것

　오래전, 절친한 후배가 첫 아이를 낳았다. 이름을 지어달라고 부탁했다. 딸아이였다. 석가를 신봉한 불자인지라, 불교 냄새가 풍길 것을 조건으로 달았다. 구체적으로 연꽃 '蓮' 字를 넣었으면 좋겠다고 했다. 연못 '池'가 떠올랐다. '지연'이라고 지었다. 후배는 평범하지만 무난할 것 같다며, 딸 이름을 이대로 받아들였다. 이름 때문은 결코 아니지만, 지금 출가하여 잘살고 있다.
　우리 주변에 오랫동안 써온 이름이 마음에 들지 않아, 이름을 바꾼 사람이 많다. 이름으로 인해 놀림당한 사람도 있다. 일이 잘 풀리지 않은 것을 이름 탓으로 여긴 사람도 있다. 심지어 이름 획수나 자모 숫자를 가지고 운명을 점치기도 한다. 모든 소리에 작용하는 음파 기운이 운세에 영향을 미친다나. 사주와 부합하게 이름을 지어야 한다는 것이다.

전통사회에서는 항렬을 중요하게 여겼다. 아들 이름을 항렬에 따라 각별하게 지었다. 형제자매는 같은 항렬로 같은 항렬자를 썼다. 아이가 많은 집에서는 이름을 부르기 쉽게 지었다. 아들은 일동이·이동이·삼동이·오동이 같이. 딸은 갑순이·을순이·병순이처럼.

연예인은 예명을 즐겨 쓰고, 작가는 필명을 지어 쓴다. 예명은 연예인이 연애 활동을 하면서, 원래 이름 대신 쓰는 이름이다. 본명이 연예인으로서 너무 평범하거나, 활동하는 분야와 어울리지 않을 때 주로 쓴다. 사업하면서 자신에 관한 정보를 노출하는 것을 꺼리거나, 다른 사람과 이름이 중복될 때 예명을 쓴다. 이 밖에 남성이 여성 이름으로 짓기도 하고, 여성이 남성 이름으로 짓기도 한다. 필명도 이와 같은 연유로 대부분 쓴다.

예명이나 필명은 아호 범주에 속한다. 아호는 인격이 높은 문인이나 학자, 예술가가 본명 대신에 쓴 것이다. 별호라고도 한다. 호는 사람이 지닌 품격에 따라 멋과 운치를 더한다. 호는 주로 바위(巖)·달(月)·강(江)·구름(雲)·해(日)·돌(石)·골짜기(溪)·산(山)·정자(亭)·집(堂)과 같이 자연물을 많이 썼다. 김시습은 '매월당(梅月堂)', 이황은 '퇴계(退溪)', 송시열은 '우암(尤庵)', 정약용은 '다산(茶山)', 박지원은 '연암(燕巖)'이라는 호를 썼다.

전통사회에서는 아호를 사대부 남성만 썼다. 여성은 출가하면 본관과 성씨만 남기고 이름을 쓰지 못했다. 요즘은 게나 고동이나 할 것 없이 많은 사람이 아호를 쓰려고 한다. 아호는 특정한 계층에 속한 사람이나 신분을 가진 사람만이 쓰는 것은 아니다. 남녀노소를 구별하지 않고, 누구나 지어 쓸 수 있다. 빈부나 직업, 아호 숫자에 대해 특별히 제한하지 않는다. 많은 사람이 두서너 개 정도 아호를 썼다. 추사(秋史) 김정희는 호를 100여 개 정도 써서, '백호당(百號堂)'이라고 불렀다.

이름을 깊이 들여다보면, 부정적인 어휘를 쓴 사례가 거의 없다. 무병장수 · 출세 · 영광 · 정직 · 믿음 · 강건함 · 정의 · 거룩 · 순수 · 가르침과 같은 의미를 대부분 담고 있다. 내 이름은 한학을 깊이 공부하신 할아버지께서 지어주셨다. 할아버지는 내가 다섯 살 되던 해부터 한글과 한자를 가르쳐주셨다. 내 성씨와 이름은 "선생의 자리에서 최선을 다해라." 정도로 풀어쓸 수 있다. 다른 의미로는 "높은 자리에 먼저 있어라."쯤 된다.

어렸을 때, 나는 외가에 가는 것을 좋아했다. 외가에 가면 방마다 책으로 넘쳤다. 외할머니 베개를 가슴께 깔고 엎드려 시간 가는 줄 몰랐다. 책의 우물에 거의 빠졌으므로. 동시집과 동화책을 손때가 묻도록 읽었다. 위인전과 역사책, 심지어는 초등학교와 중학교에 다니는 형과 누나가 보는 국어 교과서를 죄다 훑었다. 이때부터 나는 선생과 글 쓰는 것을 꿈꾸었다.

내 이름만 보고 나를 여자로 오해하는 사람이 가끔 있다. 시집과 수필집을 여러 권 냈지만, 나는 필명을 여태 쓰지 않았다. 아예 필명이 없다. 내 이름에 담긴 뜻이 마음에 넉넉히 든다. 울림소리로 되어 있어 다른 사람이 부를 때, 자연스럽고 편하다. 해가 갈수록 가르치는 일이 버겁고, 꾀가 슬슬 생긴다. 내가 소명이라고 여긴 것을 학생은 이른바 꼰대라고 귀찮아할지 모른다. 내가 열성을 쏟는다고 여긴 것을 그들은 융통성 없이 고리타분하다고 여길지 모른다.

　설령 그렇다고 할지라도, 아직은 나름대로 가르치는 일에 힘을 쏟고 있다. 학생을 선생으로 여기고, 배우는 것을 게을리하지 않고 있다. 나이를 먹을수록 이름을 불러주는 사람이 차츰 줄어든다. 부모님은 나를 '큰아가'라고 부르시고, 아내는 '찬용이 아빠'라고 부른다. 학생은 '교수님'이라 부르고, 문우는 '시인'이나 '작가'라고 부른다.

　나는 필명이나 아호를 쓸 일 없이 본래 이름이 가장 마음에 끌린다. 창작의 아궁이에 불이 꺼지지 않게 하려고, 하룻날도 건너뛰지 않고 불을 지핀다. 선생의 자리뿐만 아니라, 창작의 자리에서 늘 최선을 다하려고 한다. 혼불을 태우는 이름으로.

"미안해. 이름에 걸맞게 살지 못해서. 고마워. 울퉁불퉁한 길, 잘 견디며 예까지 와 줘서. 사랑해. 아직 철들 줄 모르고 만날 詩 몸살 앓아서."

2021. 08. 28.

읽다

오늘 강의가 없어, 곧바로 일어나지 않았다. 계속 뭉그적거렸다. 그제 산책길에서 찍은 꽃 사진을 글과 함께 페이스북에 올렸다. 이 글을 읽고 부산에 계신 모 목사님께서 꽃 이름을 물으셨다. "이게 무슨 꽃인교?" 잘 모르겠다는 내 답글에, 순천에 계신 모 목사님께서 답을 붙이셨다. "미국 미역취입니다. 습지에 주로 삽니다." 이 대화를 하나님께서 읽으시면, 참 흐뭇하실 것 같다. 화목하게 나누는 말은 사랑이 되고 해법이 된다.

가을이 얼굴을 가리고 제 모습을 아직 보여주지 않는다. 이 통에 추위가 잽싸게 끼어들었다. 나이가 들면서, 몸이 날씨에 예민하게 반응한다. 폭우가 쏟아져도 장화를 신고 나선다. 폭설이 와도 빠트리지 않는 산책을 어제는 맘먹고 쉬었다. 불쑥 찾아온 추위에 몸이 보행을 거부했다. 이것을 보상하려고, 어제와 달리 온온해진 볕을 따라 길을 나섰다.

　저녁때 주로 걷던 소양천을 등 뒤에 눌러 앉히고 아중호수로 향했다. 볕 맑은 날 보니, 며칠 사이에 가로수 색깔이 현란하다. 같은 대상일지라도, 스치며 읽는 것과 머물며 읽는 것은 확연히 다르다. 스치는 것은 속력을 높이는 것이고, 머물며 보는 것은 속도를 낮추는 것이다. 스칠 때 읽지 못한 것이 많고, 머물 때 비로소 많은 것을 읽는다. 머물러 읽을 때 비로소 꽃인 게 많다.

　돌 틈에 핀 멈둘레꽃이 홀씨를 한 다발 가득 안고 있다. 예까지 여태 바람 한 점 이르지 않은 모양이다. 차 몇 대가 경적을 울리며, 경주하듯이 질주한다. 속력에 갇히면, 누구든 속력을 감지하지 못한다. 속력에 대한 무감각증은 더 높은 속력의 욕망을 낳는다. 저렇게 속도를 높여 운전하며, 멈출 줄 모르고 살아왔다니. 따라잡을 사람도 떨칠 사람도 없는 길, 발걸음을 노량거리며 풍경을 읽는다.

　음식점이 이마를 맞대고 있는 건물에 '임대'라고 붙인 곳이 많다. 이전보다 더 늘었다. 등 굽은 할머니가 폐지를 가득 실은 유모차를 어렵고 끌고 가신다. 모 편의점 앞에 맥주 캔과 담배꽁초가 즐비하다. 눈에 잘 띄지 않은 공터마다, 이런저런 쓰레기로 가득하다. 야윈 길고양이 한 마리가 절박한 속도로 달아난다. 쓰레기 더미에서 먹을 걸 정신없이 찾다가.

　먹고살기 힘들고 코로나로 인해 인정이 가물어지는 시절. 우리 삶의 풍경이 우울한 것만은 아니다. 몇 해 전, 우리 학교 사경회를 인도한 서울 다드림교회 김병년 목사님께서 페북에 글을 올리셨다. 아프가니스탄에 있는 선교사 몇 가정을 탈출시키는 비용으로, 1억 가까운 돈이 필요하다고. 며칠 만에 많은 사람이 참여하여 이 돈을 마련했다. 내 강의를 듣는 몇 사람은 어렵게 공부하는 학생에게 소리 없이 도움을 주고 있다. 누군가에게 커피 한 잔 값은 어느 누군가의 한 끼 밥일 수 있다. 많거나 적은 것이 문제가 아니다. 주는 마음과 받는 마음이 한결같이 아름답다.

호수에 물이 모여 산다. 모여 사는 것은 구순하다 못해 마침내 아름답다. 물은 서로 헐뜯거나 흉보지 않는다. 흠이란 흠을 있는 대로 뒤져, 깔아뭉개려 하지 않는다. 늘 감싸고 덮어줄 뿐. 다른 이보다 잘 났다고 우쭐하거나, 다른 이보다 못났다고 열등하게 여기지 않는다. 먼저 갈 테니 나중에 오라거나, 뒤에 갈 테니 먼저 가라고 하지 않는다. 늘 동행할 뿐. 헛생각을 들이지 않고, 유일하게 엮인다. 서로를 옹호하며 마음에 닿아 따스해진다. 뒤에서 수군거리지 않고 맞대며 화기애애할 뿐.

호수의 물을 혼자 읽는다. 물의 활자는 둥근 맑은체이다. 돋보기를 쓰지 않아도 잘 보인다. 물이 쓴 문장은 막히고 얽힌 곳이 없다. 그냥 솔솔 읽힌다. 읽힌다는 것은 누군가 내 안에 들어왔다는 것. 누군가의 생각으로 내가 젖었다는 것. 사랑은 부드러운 각으로 서로에게 기울다, 끝내 물드는 것이다. 우리는 혼자 있을 때 성숙하고, 누군가를 사랑할 때 더 성장한다.

우리 삶은 거대한 분량의 책이다. 우리가 맞는 하루하루는 삶의 한 쪽과 같다. 인생이라는 책을 누구나 지금 당장 다 읽을 수 없다. 갈

볕 맑은 날, 삶의 책을 잠시 덮어두고, 호수의 물을 오래 읽어도 괜찮다. 19세기 영국 정치인이자 시인인 토마스 베이빙턴 매콜리가 그랬던가. "천천히 소화하는 책 한 페이지가 서둘러 읽은 책 한 권보다 낫다."라고. 세상일이 돈이면 다 될 것 같지만, 돈 없이 할 수 있는 것이 뜻밖에 많다.

  가을을 읽고 풍경을 읽고 사람을 읽는다. 꽃을 읽고 우울을 읽고 희망을 읽는다. 호수의 물빛과 하늘과 땅 사이를 독해한다.

2021. 10. 23.

방콕에서

    개천절이 주일과 겹치면서, 월요일인 오늘이 대체 휴일이 되었다. 가직한 곳이나마, 바람이라도 좀 쐬고 싶다. 오후에 아버지 이를 뽑으려고, 치과에 예약한 상태라 글방에 눌러있다. 천안 모 교회 사모로 사역하는 초등학교 친구가 있다. 몇 해 전, 친구가 나를 교회로 초대했다. '저의 삶, 저의 시'라는 주제로 강의했다.
    교회가 시내에 있지 않고 바깥쯤에 있다. 교회 마당이 꽤 널찍하고, 나무가 많아 풍경이 나긋하다. 친구가 전화했다. 자연을 대상으로 쓴 시를 한 편 보내 달라고. 시를 나무판에 새겨 교회 마당 곳곳에 걸어두려고 한단다. 그것도 성시가 아니라, 자연을 소재로 한 시를. 시를 좋아하는 사모 친구가 있다는 게 오롯하게 자랑스럽다.
    열두 해 전, 전원에 집을 짓고 귀촌했다. 마을 곳곳에 농자재를 쌓아두거나, 고장난 농기구를 그대로 놔뒀다. 마을 풍경이 칙칙할 수밖에. 마을길은 담배꽁초와 쓰레기가 넘쳤다. 마침, 군청에서 마을 가꾸기 사업을 힘써 추진하였다. 마을 주민을 설득하여 군에서 사업비를 받아 화단을 만들고, 마을 생태계를 보전하는 일을 시작했다. 이런 힘을 바탕으로, 문패 대신 집마다 시패詩牌를 만들어 걸려고 했다.

50여 호가 모여 살므로, 마을을 한 바퀴 돌면 시를 50편 읽는 셈이 된다. 마을 부담금과 군비를 각각 반씩 투자하는 사업이다. 마을 사람 대부분이 돈이 들어간다는 이유로 반대하였다. 이런 경험을 한 터라, 친구가 교회에서 이 일을 하겠다는 말을 듣고, 아낌없이 돕고 싶은 마음이 생겼다. 오래전 쓴「꽃의 자리」라는 시를 보냈다.

"꽃은 아무 데나 몸 풀지 않는다// 누군가의 주어로/ 누군가의 목적어로/ 누군가의 서술어로/ 누군가의 보어로// 있어야 할 자리를 비로소 빚는다."

어떤 작가가 빚은 작품은 자신뿐만 아니라, 당대에 대한 기록이자 역사이기도 하다. 나는 상상의 여행을 즐겨한다. 오늘은 '빈센트 반 고흐'가 사랑한 마을 '아를'로 떠난다. '아를'은 로마 시대 유적인 원형 경기장이 있을 정도로, 프랑스의 로마라고 일컫는다. 모 매체를 진행하는 사람이 "아를의 믿을 수 없이 푸른 하늘과 유황빛 태양이 사람을 취하게 한다."라고 했다. 아마 우리나라 한가을 하늘이나 태양과 사촌쯤 되지 않을 성싶다. 마치 오늘과 같은 하늘빛에다 햇볕까지.

고흐가 그린 그림 가운데 '아를 병원의 정원'이 있다. 고흐는 고갱과 더불어 프랑스 미술 후기 인상주의를 대표하는 화가이다. 고흐는 고갱 때문에 자기 귀를 잘랐다. 여기에 대해 여러 설이 파다하다. 술집 여주인과 관련한 풍문이 가장 많이 떠돈다. 두 사람이 술집 여주인을 보고 그림을 그렸다. 고흐는 고고하게 그렸고 고갱은 술집 작부로 묘사했다. 자신이 사랑한 여인을 술집 작부로 표현한 고갱에게 분노하여, 고흐는 자기 귀를 자르고 만다. 이런! 자해적 사랑싸움이라니.

분노는 공격적 반응으로 흔히 좌절감에서 비롯한다. 좌절을 안겨준 대상을 향해 표출한 격앙된 감정 축에 속한다. 그림을 열심히 그려도 팔리지 않았으니, 끼니가 얼마나 성급하게 왔을까. 게다가 평소 앓던 간질과 우울증이 분노를 얼마나 절정에 이르게 했을까. 이 일을 계기로 고흐는 '아를 병원'에 입원한다. 고갱은 아를에 대한 기억을 버리고, 미련 없이 떠난다. 병원에 입원한 상황에서 늘 바라본 곳이 정원이었을 터. 갇혀 지내는 사람이 유일하게 바깥나들이를 할 수 있는 것은 상상의 날개를 다는 것뿐.

몸이 절망적인 상황에 이르러도 예술혼은 반짝이는 법. 반짝거리는 예술혼이 무너진 몸을 지탱하는 저력이다. 고흐가 병원에 입원하여 그림 그리는 것을 포기했다고 치자. 우리는 '아들 병원의 정원'을 끝내 보지 못했을 것이다. 모든 것을 갖춘 환경에서 위대한 작품이 나오지 않는다. 부재와 결핍, 절망의 상황이 명작을 많이 출산한다.

'장 도미니크 보비'는 프랑스 〈엘르〉 편집장으로 일했다. 뇌졸중으로 쓰러졌다. 온몸이 콘크리트처럼 굳어져 아무것도 할 수 없었다. 단지 움직일 수 있는 것은 왼쪽 눈꺼풀이 유일했을 뿐. 눈꺼풀을 움직이는 횟수를 대필자와 약속하여 쓴 책이 『잠수종과 나비』이다. 이 책을 쓰면서, 그는 눈꺼풀을 20만 번 정도 움직였다. 원고를 탈고하는 데 15개월 이상 걸렸다. 책을 출간하고 열여드레 만에 심장마비로 세상을 떴다.

우리는 자의나 타의로 어떤 공간에 갇힐 때가 있다. 이곳이 폐쇄의 공간일 수 있고, 해방의 공간일 수 있다. 신영복이 오래전 쓴, 『감옥으로부터 사색』에서 '감옥'은 폐쇄와 해방이 공존한다. 아무것도 할 수 없는 현실에서, 사색과 상상의 영역을 더 확장한다. 별것 아니라고 사소하게 여긴 것에 대해, 소중함을 절박하게 깨닫는다. 이른 아침, 감방 벽에 걸린 손수건 한 장쯤 되는 햇볕이 그리움이었음을, 평안이었음을, 희망이었음을.

청명한 하늘과 볕 좋은 가을 한날, 글방에 잠시 박혀 아를에 다녀왔다. 아무것도 할 수 없으리란 형편에서, 아무것 이상을 한 몇 사람을 뵈었다. 점심 몇 술 뜨고 나자, 아버지 치과 예약 시간이 바투 다가오고 있다.

2021. 10. 04.

벚꽃이 벚꽃으로 읽히면서

　밤 산책길, 천변 주위를 비행하는 물새의 고도가 야트막하다. 서두르지 않아도 될성부른 고속열차 쇠 걸음의 여운이 다른 날과 달리 소란스럽다. 달무리가 명료하다. 이런 날 아버지는 밤새 "아이고! 허리야."를 선창하시고, 어머니는 "쿵쿵"을 후렴구처럼 날리실 터.
　양수를 한참 터뜨리기 시작한 아중천변, 벚꽃 그림자마다 사람이 넘친다. 봄 한철, 개화의 절정을 놓치지 않으려는 기세로, 풍경을 사진에 담느라 부산하다. 여태 살아온 내력으로 보면, 벚꽃이 흥청망청 피고 난 뒤, 꽃샘바람이 어김없이 찾아왔다. 이 바람에 벚꽃이 꽃비로 사붓사붓 내렸다. 잇대어 대본에 있는 지문을 따라, 연기하듯 비가 초근하게 왔다.
　겨울잠에 깊이 빠졌던 장화를 오랜만에 꺼낸다. 어젯밤, 청명한 산책길에 오늘은 비가 즐빗이 내린다. 뜬금없이 부는 바람이 방정맞다 못해 난폭하기 그지없다. 녀석은 유순한 모음 밑에, 거센소리와 된소리를 번갈아 집어넣는다. 이내 행방불명이다. 어제와 달리 사람이 거의 없다. 인적이 끊겨 생긴 적막이 유년 시절 어머니 품처럼 포근하다.

꽃도 나름 혈기왕성한 청춘의 시절이 있다. 향방을 알 수 없는 모진 비바람에 흔들리면서도 꽃잎을 단단히 붙잡고 있다. 벚꽃이 벗꽃으로 부담 없이 읽힌다. 꽃같이 피어나는 벗을 몇 떠올린다. 스물다섯 해 전, 작은딸은 산소호흡기로 숨길을 간신히 잇다, 되돌아올 수 없는 길을 떠났다. 나를 대신해 이 땅 어딘가 묻어주고, 지금껏 쉬쉬하며 입을 봉한 벗이 떠오른다.

친구는 예순 길에 시인을 꿈꾸고 있다. 그가 쓴 시는 때가 묻지 않아 동시와 같다. 어쭙잖게 기교를 부리지 않고 말을 비틀지 않는다. 버스 종점에서 잠시 쉬면서, 전화 받는다는 친구에게 한마디 건넸다. 시 쓰는 방향을 바꿔 삶을 우려내는 글을 써보라고. 시 속에 삶의 무늬를 새기지 않으면, 독자가 공감하기 어렵다. 내 말을 가슴에 새기겠다는 친구 말이 진지하다.

벚꽃이 뛰어다니는 비바람에 통째 흔들린다. 꽃멀미가 난다. 진안 모래재 너머에 사는 친구는 명이나물을 기른다. 모 신문사 편집국장으로 일하던 시절, 아내와 두 아들을 미국으로 보내고 기러기처럼 살았다. 열다섯 이상 차이 난 아내가 오래전, 암으로 세상을 황망히 떴다. 친구는 맘을 다스리고, 운장산 밑으로 귀향했다. 고개만 하나 넘으면 얼굴을 볼 수 있는데도 자주 못 보고 산다.

며칠 전, 나물을 수확할 때니 한 번 다녀가라 했다. 혼자 지내면서도 외로운 티를 내지 않는다. 마음자리가 마치 운장산의 바위와 같다. 주위에서 말년에 곁 그림자라도 해줄 여자를 만나라는 말을 많이 하건만. 파리 쫓듯이 손사래를 치고 만다. 개울에서 물고기를 잡아 매운탕을 해 먹고, 산을 오르내리며 산 공기 마시는 맛에 솔솔 빠져 지낸다.

비바람이 잠시 숨을 죽인다. 벚꽃이 여전히 벗꽃으로 읽힌다. 광주에 사는 친구는 술을 대여섯 잔쯤 마셔야 술술 수업했다. 딸을 판사와 교수로 만들어놓고, 술 때문에 일찍 퇴직했다. 어느 날, 소문 없이 고혈압이 찾아왔고, 당뇨도 잇대어 왔다. 결단코 절연할 수 없는 술로 인해, 번번이 췌장염을 앓아 병원을 무시로 드나든다. 나이 먹고 몸이 자주 앓자, 제자가 죄다 떠났다. 아내 잔소리만 늘었다. 게다가 병원에서 먹지 말라고 한 음식이 많아, 먹고 싶은 것이 더 생겼다. 우울할 수밖에.

친구가 하는 말은 늘 단문이다. 시 쓴답시고 속 끓이지 말라. 돈 안 되는 것 세상이 몰라준다. 먹고 싶은 것 있으면 실컷 먹어라. 입고 싶은 것 있으면 맘껏 입어라. 아웅다웅 살지 말고 대충대충 살아라. 부모님 살아계실 때, 고기반찬 한 번 더 해드려라. 몸 잘 챙겨라. 몸이 자유더라. 밤늦게 비 맞고 돌아다니지 마라.

벚꽃이 벚꽃으로 읽히면서, 떠오른 친구가 이뿐이랴. 좋은 친구는 마음이 잘 통해야 한다. 마음속에 시상처럼 떠올라 늘 그리워해야 한다. 이런 친구를 나는 감히 시친詩親이라고 부른다. 시와 같은 친구는 문자언어나 음성언어를 쓰지 않아도 된다. 눈빛 언어만으로도 마음을 읽을 수 있다. 시친詩親은 무슨 말을 해도 논리적으로 오류를 따지지 않는다. 상황론을 내세워 핑곗거리를 만들지 않는다. 늘 든든한 배경이 되고, 속 환히 뚫어주는 풍경이 된다.

 이 땅에 외롭지 않은 사람 몇이나 되랴. 이 봄날 아프지 않은 사람 몇쯤 있으랴. 벚꽃이 자꾸 벗꽃으로 읽힌다 .
2021. 03. 28.

보행 너머의 보행

 이른 저녁, 또 길에 오릅니다. 밤 보행은 내게 단순히 바람을 쐬거나, 걷는 것 이상으로 의미가 있어요. 보행은 오래전, 건강의 밑천으로 시작했어요. 지금은 감정을 정화하고 글감을 낚는 의례가 되었습니다. 그동안 1시간 30분쯤 걸었는데, 최근 2시간 이상으로 시간을 늘렸어요. 365일 가운데, 어림잡아 360일 이상 걸어요. 많은 사람이 참 대단하다고 그럽디다. 나는 그냥 숨 쉬는 것과 같은데요.
 글방 가까이에 아중천이 있습니다. 아중호수에서 발원한 물이 자작자작 흐르지요. 호수에 있는 물이 넉넉하면, 아중천 수량도 풍부해져요. 큰비가 내리면 아중천은 모처럼 물의 근력을 자랑하며, 당당히 흐릅니다. 도심을 가로질러요. 철새나 물오리가 심심찮게 먹잇감을 찾으러 오기도 해요. 게다가 수달이 저녁 찬을 마련하러 자주 옵니다.
 주택이 밀집해 있는 우아교에서 아중역 사이를 사람이 즐겨 걸어요. 계절에 따라 길섶에 여러 가지 꽃이 핍니다. 코로나가 오기 전에는 이름 붙여, 꽃길 따라 걷기와 같은 행사를 벌였어요. 길고양이가 여러 마리 살아요. 고양이에게 집을 만들어주고, 먹을거리를 갖다 주는 사람이 많습니다. 이런 사람 덕택에 이곳에 사는 길고양이의 걸음은 힘이 넘칩니다. 털은 허벅지게 반질반질하고요.

우아교에서 소양천 쪽으로 가면, 사람이 다니지 않습니다. 인가가 없을뿐더러, 들풀 냄새와 흙냄새가 바람 따라 줄곧 몰려옵니다. 얼마 전 생태하천 작업을 마친 터라, 하천이 깨끗하고 널찍해졌어요. 산책길을 다시 손본 덕에 걷기 편해졌고요. 이 방향으로 걸을 때는 외딴 농장에 있는 개, '니오' 간식을 준비합니다. '니오'는 막대 소시지를 좋아해요. 녀석을 산책길에서 만난 지 꽤 되었어요. 내 보행의 동행자랍니다.

아중천은 소양천 품에 안겨 세를 불린 뒤, 용진 쪽으로 빠집니다. 아중천은 소양천의 지류인 셈입니다. 이곳부터 용진 쪽으로 자전거 전용도로입니다. 말이 자전거 전용도로이지, 사람이 더 많이 다닙니다. 지금까지 내 보행 경로에 관해 장황하게 이야기했네요. 나는 보행하면서 주로 나 자신과 대화를 많이 나눕니다. 나를 나로 여길 때도 있지만, 관계가 얽히고설킨 사람으로 생각하기도 해요.

살다 보면요, 엉뚱한 일로 누군가와 관계가 틀어집디다. 이런 경험 다 해보셨지요? 어떤 일에 대해 생각이 다르다는 이유로 등 돌리는 사람이 많아요. 앞에서는 웃고 친근한 척하면서, 뒤에서는 손가락질하고 욕하는 사람도 있고요. 아예 인사도 받지 않고, 외면해버리는 사람도 있어요. 원수질 일이 전혀 없는데, 자신과 생각을 달리 한다는 거죠. 까닭치고 너무 옹졸하지 않나요?

　이 사람으로 인해 두어 달 힘들었습니다. 밤길을 걸으면서, 그 사람과 얘기를 많이 나눴어요. 물론 직접 만나 대화하려고 했지만, 거절당했어요. 한때, 육두문자를 혼잣말로 일필휘지하기도 하고, 옴씸으며 저주까지 퍼부었어요. 가슴이 답답해지면서 호흡까지 곤란해지는 거예요. 이렇게 하고 나자, 내 영혼이 지저분해지면서 글이 뾰쪽뾰쪽해졌습니다. 보행의 속도를 높이고 거리를 늘렸어요. 그 사람을 기억의 집에서 내보낼 요량으로요. 이렇게 하기를 여럿 날, 마침내 마음이 평평해지면서 글샘이 솟습니다.

　살다 보면요, 우리 풀어야 할 매듭이 꽤 많습니다. 내 보행의 속력과 거리는 그날 마음의 환경이나 문제의 보따리와 비례해요. 속상할 일이나 풀어야 할 것이 있으면, 보행 속도를 낮추어 멀리 걷습니다. 한 발자국씩 내디딜 때마다, 들숨과 날숨을 깊고 길게 내쉽니다. 이렇게 하면, 마음이 잔잔해지면서 머리가 맑아져요. 삶에 관한 문제는 머릿속에 쌓아둔 지식으로 다 풀 수 없습니다. 지식이 어쭙잖아서 그럴까요. 산책하면서 색다르게 떠오르는 창의적인 생각이 묘안일 때가 있어요.

　길에 진리가 있습니다. 도로는 단순히 이동하는 동선이지만, 길은 동선 너머에 있는 지혜와 창의의 보고예요. 연암 박지원은 길보다 수레를 먼저 만들면, 길이 저절로 난다고 생각했어요. 나는 길에서 글감을 주로 얻습니다. 길에 있는 어느 것 하나, 지나치지 않고 눈길을 줍니다. 우리는 다른 사람이 무슨 말을 하면, 귀여겨듣는데 익숙하지 않은 편이에요. 잔소리라고 여기거나 자신과 관계없는 말이라고 생각하기 십상이죠.

자연은 다릅니다. 징검다리·물억새·수초·풀벌레·들꽃·돌멩이·돌 틈에 빼꼼하게 솟은 이름 모를 풀잎 따위는 온몸이 귀입디다. 무슨 말을 하든지, 자세를 일절 흩트리지 않고, 경청하며 공감해줍디다. 일방적으로 듣는데 머물지 않고, 나에게 각자의 언어로 말을 건넵디다. 이들과 나눈 대화가 창작의 불씨가 됩디다. 징검다리를 건너면서 쓴, 「존재의 이유 – 징검다리」라는 시를 소개할까요.

"나 없으면 누군가/ 이 물 건너지 못하므로// 누군가는 꼭 해야 하므로/ 그게 내 일이라 믿으므로// 짓밟혀 쓰리고 아려도/ 밟은 것보다 행복하므로// 물살 한결같이 다가와 쓰다듬고 어루만져 주므로"

오늘도 꽤 멀리 왔습니다. 길 위에 달빛이 수북해요. 맘속에 아직 남아 있는 울분과 누군가에 대한 미움을 꺼내 달빛에 말립니다. 억새를 흔드는 바람 따라, 베토벤의 〈월광 소나타〉가 흐르는 것 같습니다. 베토벤과 줄리에타의 슬픈 사랑 이야기도 애잔하게 떠오르고요.

온 길만큼 되돌아가는 길, 평화가 낙낙하게 쌓이겠지요.

2021. 09. 19.

사랑가

아침저녁, 온도가 낮과 딴판이다. 단 며칠 사이에 빚어진 일이다. 계절은 한 치 오차 없이 제 길로 왔다가 제 길로 간다. 먼 숲과 가까운 나무에서 목 놓아 울던 매미 울음소리가 귀에 띄게 고요해졌다. 여름 한 철, 불볕 같은 열정으로 노래한 그들의 사랑은 차지게 다 이루어졌을까.

강의실에서 20대 젊은 학생을 꼭 집어 뜬금없이 묻는 말이 있다. "누군가를 미치게 사랑해 본 적이 있느냐?"라고. 귀찮을 정도로 자주. 대부분 학생이 누군가를 미치게 사랑하기는커녕, 사랑이라는 마을 근처에조차 가보지 않은 내색이 완연하다. 사랑이란 말만 들어도 가슴이 잉큼잉큼 뛰어야 하건만. 사랑하는 대상이 없는 사람은 가슴이 사막과 같다. 메마른 가슴에는 감정의 숲이 자랄 수 없다. 이런 학생에게 나는 주저하지 않고, '氷身'이라고 한다. 얼음처럼 차디찬 사람이라는 의미로.

 이루지 못한 사랑 때문에, 죽음을 선택한 일이 잦은 시절이 있었다. 친누나가 없는 나는 큰이모 큰딸을 친누나처럼 잘 따랐다. 누나는 다섯 살 아래인 남자와 서로 사랑에 빠졌다. 연상인 여자를 사랑하는 것을 금기같이 여기던 때. 누나는 결혼을 허락받으려고, 남자 집에 여러 차례 갔다. 이때마다 구박만 되게 맞고 돌아왔다. 가슴이 무너져 내린 누나는 집으로 돌아오는 길을 마다했다. 다시는 돌아올 수 없는 길을 스스로 가고 말았다.

 무등산이 눈을 두껍게 뒤집어쓴 겨울밤이었다. 유별난 추위에 하늘에 뜬 별도 입술이 퍼랬다. 누나는 집안으로 들어올 수 없었다. 객사한 사람은 제사도 지내지 말라는 옛말에 따라. 한 줌 재가 되어 대문 밖에서 밤을 새웠다. 이종형님은 이름만 대면 알 수 있는 저명한 시인이다. 형님이 누나 죽음에 대해 쓴 시 가운데 일부가 떠오른다. 그립고 울프게.

 "꽁꽁 언 전라도 땅/ 밤새 눈발 쏟아져 내리고/ 눈보다 하얀 재 되어/ 황망하게 돌아온 누이야!/ 그놈의 사랑이 무어라고/ 눈 위에 꽃같이 졌느냐?"

 창작활동을 하는 주요한 동기나 힘 가운데 하나가 사랑이다. 문학도 마찬가지이다. 수많은 시인이 사랑 때문에 속을 태우며 연정을 시로 노래했다. 사랑하는 대상은 다양하다. 이성과 나누는 사랑을 소재로 삼은 것이 가장 많다. 통영에 유치환 문학관이 있다. 몇 해 전, 청마를 뵈려고 문학관에 들렀다. 유치환 시인하면 그림자처럼 따라붙어 다니는 이름이 있다. 우리가 잘 알다시피, 유치환은 이영도에게 20여 년 동안 2,000통이 넘는 연서를 보냈다.

처음에는 유치환이 일방으로 한 짝사랑이었다. 누군가에게 닿지 않는 길을 내는 것이 짝사랑 아닐까. 그 길 위로 읽지 않을 편지를 속달로 보내는 것 아닐까. 유치환은 1967년 귀갓길에 교통사고로 세상을 떠났다. 이후, 주위 권유에 따라 이영도가 펴낸 책이 『사랑하였으므로 나는 행복하였네라』라는 편지글이다. 유치환이 보낸 편지 가운데, 200통을 간추려 실은 것이다.

"사랑하는 것은/ 사랑을 받느니보다 행복하나니라/ 오늘도 나는/ 에메랄드빛 하늘이 환히 내다뵈는/ 우체국 창문 앞에 와서 너에게 편지를 쓴다/ (중략) / 사랑하는 것은/ 사랑을 받느니보다 행복하나니라/ 오늘도 나는 너에게 편지를 쓰나니/ 그리운 이여! 그러면 안녕/ 설령 이것이 이 세상 마지막 인사가 될지라도/ 사랑하였으므로 나는 진정 행복하였네라"

(유치환 「행복」 가운데 일부)

몇 해 전, 한국문인협회에서 사랑을 소재로 한 시집 『한국 시인 사랑 詩』를 기획하여 발간했다. 참여를 원하는 시인을 대상으로, 사랑을 노래한 시를 모아 특집으로 펴냈다. 500명 넘는 시인이 참여했다.

공동으로 펴낸 시집이긴 하나, 500쪽이 넘는 분량이다. 지금까지 나온 시집 가운데, 가장 두꺼울 것이다. 내가 낸 시가 「묵방 너머에서 오는 봄」이다. 묵방은 내가 귀촌하여 사는 마을 안쪽 깊숙이 자리하고 있는 묵방산이다.

"한갓진 들판 뒤로 묵방 든든하다/ 가문 날에도 마르지 않았던 배짱 다 묵방을 쫄깃하게 믿는 구석 있었을 테니/ 누워 있지만 잠들지 않고 침묵하지만 말 닮고 있는 저 배짱 뒤엔 묵방보다 더 높은 것 분명 있을 터/ 뒤에 아무것 없고 고소하게 믿는 구석 하나 없는 믿음일 때 정자나무도 외롭기 마련/ 윗배경인 하늘마저 흐릿해 어두우면 손 촘촘하게 뻗어 저들끼리 숲으로 어우러지니// 내밀 가지도 없고 시쓸 힘밖에 없는 겨울/ 그리고 들판 같은 나에게 당신은 언제나 묵방 너머에서 오는 봄"

사랑은 시공과 환경을 바꾼다. 세월에 대해 무디어지고, 철듦과 무관하게 바보가 된다. 연서는 굳이 문법적인 문장으로 쓸 필요가 없다. 지금까지 연시를 모아 『내 맘 어딘가의 그대에게』와 『그대 강같이 흘러줄 이 있는가』라는 시집을 펴냈다. 며칠 전, 햇사과를 먹으며 「사과」라는 시를 출산했다.

"벌 한 번 문안하고/ 바람 좀 스쳤기로서니/ 매달린 힘 되었고// 땡볕에 골똘히 기대/ 지그시 견뎠기로서니/ 수줍게 무르붉나니// 오늘은 힘 살풋 풀어/ 그대 품 어느 모퉁이에/ 낙과로 기울고 싶나니"

이 시를 읽은 모 교수님이 '그대'가 누구냐고 물으셨다. '그대'가 누구인지를 밝히면 시겠는가. 그대는 독자가 지은 상상의 집에 산다. 내가 쓴 시에 대해 가장 인색한 독자가 아내이다. 아내는 세상적인 사랑만 노래하지 말고, 하나님을 사랑하는 시를 쓰라고 권면한다. 새벽마다 묵상하다 멈춘 이사야 말씀(42:10) 한 구절이 눈에 띈다.

"항해하는 자와 바다 가운데 있는 만물과 섬들과 거민들아! 여호와께 새 노래로 노래하며 땅끝에서부터 찬송하라."

2021. 09. 08.

걷다

폭설이 내린 이후, 혹한이 찾아왔다. 날이 슬그머니 풀리더니, 겨울비치고 제법 굵은 비가 오래 내렸다. 곳곳에 임의로 영역을 차지하고 있던 잔설이 이내 말끔히 지워졌다. 눈이 녹은 자리마다, 때 묻은 손을 비누칠하여 씻은 것 같다.

아침부터 울울창창하던 안개가 밤까지 그의 족속을 사육하고 있다. 안개가 일필휘지한 문장은 난해한 비문이다. 잠들지 않고 깨어있는 가로등이 난해한 문장을 해체한다. 산책길이 지천으로 안개로 가득하다. 거의 날마다 걷는다. 산책은 단순히 길 따라 보행하는 것이 아니다. 마음속에 난 心路를 찾아 떠나는 여행이다. 여행은 늘 설레고 새로운 세계와 대면하게 한다. 아중천 물길 따라 사람 사는 마을을 차츰 벗어나면, 들녘이 풍기는 흙냄새로 흥건하다. 겨울 들판은 밤마실 나온 안개와 어둠을 반갑게 맞아들인다. 목이라도 축이라며, 찻물 끓이는 폼으로 보드랍다. 반갑다 따위의 말인사 따위는 쓸모가 없다. 손가락에서 일심동체로 빠져나갈 때까지 오래 머물고 있을 뿐.

그물은 엉키면 풀어쓰는 게 고기를 잡는 것보다 더 힘들다. 어부는 바다에서 이 말을 온몸으로 배운다. 누군가를 생각한답시고 한 말이 자칫 그물처럼 뒤엉켜 애먹은 기억 한둘쯤 새기고 있으리. 이런 것을 일찍 깨우치기라도 한 것인지, 밤 겨울 들판은 말(言)을 말아두고 고요 적적하다. 이 고요 가운데, 근원을 알 수 없는 평화가 당도했다. 세상이 아무리 울퉁불퉁 뾰쪽해도 지금 하루를 선물이라고 치자. 적어도 하루 한 번쯤, 스스로 잘했다고 하자. 이만하면 괜찮다고.

적어도 하루 한 번쯤, 스스로 미안하다고 하자. 마음의 평수가 좁음에 대해. 용서하지 못함에 대해. 적어도 하루 한 번쯤, 사는 게 감사하다고 하자. 심장 눈 환히 뜨고 있음에. 혈관의 피 가물지 않음에. 신발 신고 걸을 수 있는 두 발 있음에. 묵혀두지 말고 잘 꺼내 써야, 마침내 빛나는 게 감사이다. 걷는 것에 감사하며, 걷고 또 걷는다. 사람 사는 마을이 아득해지는 아중천 복사뼈 인근에 이르렀다.

차마고도 순례자가 하는 기도는 세상에서 가장 낮은 자세이다. 지상에서 가장 험한 걸음이다. 그들은 오체투지로 기도하면서, 길 위에서 겪은 고행을 수행으로 여긴다. 길에서 심장이 식으면, 자신을 독수리에게 보시한다. 鳥葬으로 장례를 치른다. 210일 이상 걸려 성지 라싸에 도착해 십만 배에 이르게 기도한다. 바라는 게 돈 많은 부자가 되는 게 아니다. 오래오래 목숨 잇게 해달라는 것이 아니다. 지금까지 지은 죄를 먼지같이 털어내는 것이다. 옹졸한 마음을 널찍이 넓혀 달라는 것이다.

　사람이 몰려 사는 곳에 십자가가 오롯하다. 변방의 허공이나 눈길 머무는 곳마다 십자가가 풍성하다. 밤 산책길을 순례자의 길과 감히 빗댈 수 없지만, 순례자의 기도를 잠시 떠올린다. 만날 '주시옵소서' 체를 반복하며 받아내려고만 했던 기도를. 누군가를 위해 기도 몇 푼 해준답시고, 퇴내며 알아 달라고 했던 것 역시. 차마, 고도의 부끄러움이 쌓인다.

　산책은 어떤 대상에 대해 의미를 부여하는 과정이다. 세상에 사소한 것은 없다. 존재할 이유가 저마다 있다. 억새는 말라서 더 빛난다. 내 자리 네 자리 다투지 않고 화목하므로, 바람 앞에 서 있을 수 있다. 빼빼 메마르고 가벼워져, 바람 앞에 부디 낮았으므로 존재한다. 어디에 있든 활짝 피어 허물없으면, 이유 없이 그냥 꽃이다. 길을 걷다 잠시 숨 고르고 보면, 세상천지에 꽃 아닌 것 한 송이 없다. 가로등은 어둠 속에서 한 단어쯤, 꽃같이 깨어있어야 한다. 마치, 기록하지 않은 삶은 한 생애가 될 수 없는 것처럼.

　누군가를 그리워하기엔 하루가 너무 뭉툭하다. 그리하여 내일이 온다. 그리움 곁에 있으면, 시간의 옆구리가 말랑말랑하게 닳아진다. 담은 문같이 여기며 나가라는 것이다. 사다리처럼 생각하고, 오르라는 것이다. 길은 머물지 말고, 가라는 것이다. 가지만 말고, 쉬라는 것이다. 홀로 걷는 어둑한 길은 때로 허공과 같다. 이 허공에 졸지 않은 별빛으로, 혼자 오도카니 남았다. 이럴 때, 시상이 간지럽게 떠오른다. 그리움이 졸졸붓으로 꼭꼭 눌러쓴 엽서처럼 각별하게 온다.

길을 걷다 눈여겨보면, 풍경이 많다. 이 마을에 있는 불빛과 저 마을에 사는 불빛이 서로 먼저 다가간다. 웃는 낯으로 마침내 손을 내민다. 꽃을 기르는 비닐하우스에서 일렬횡대의 불빛이 쏟아진다. 막차를 놓친 새 떼가 발걸음을 부산하게 옮긴다. 불빛은 잘 돌아갈 수 있으리란 믿음을 불안하지 않게 숭숭 준다. 홀로였다는 것조차 잊고, 낙타 걸음으로 돌아온 길.

목이 배질배질 탄다.

2021. 01. 23.

길

 길에 올랐다. 바리바리 싼 짐 하나 없이 몸 하나만 달랑 가지고. 봄볕이 공정하게 따스하다. 볕을 등에 지고 생각이 끄는 대로 발걸음을 뗀다. 이번 주 글쓰기 수강생이 낸 리포트 첨삭하는 것을 마쳤다. 저울에 이런 기분을 올려놓으면, 눈금이 터지고 말리라.
 거의 날마다 걷다시피 한 소양천을 외면했다. 아중호수 쪽으로 발길이 향한다. 맘은 이렇게 진득하지 못하고 변덕스럽다. 얼마 전까지 노랗던 민들레꽃 꽃잎이 대부분 지고, 결속된 홀씨가 아슬아슬하다. "쉿! 바람 불라." 사소하게 여긴 것 속에 애틋한 사연이 속속 깃들어 있다. 아중역 인근에 있는 건물에 '임대문의' 푯말을 붙인 곳이 많다. 숙박업소 숙박비가 커피 몇 잔 값에 불과하다. 저마다 고단함의 속내가 보인다.
 아중호수 둑 밑, 벚나무 그늘 아래서 한 사내가 노래하고 있다. 오래된 팝송이다. 들어주는 사람은 물론 박수하는 사람 하나 없다. 세상엔 혼자면 안 되는 것이 많다. 젓가락질 소리·손뼉 치는 소리·엿장수 가위 소리·선물하기·전화하기·입맞춤하기 따위와 같은 것들. 낮은 미성으로 부르는 'Yesterday'가 애절하다. 홀로 친 손뼉이 뜻밖으로 커 내심 놀랐다.

아중호수 목교는 물 위에 떠 있다. 물 위를 사람이 걷는다. 물 위에서 보는 풍경이 죄다 각단지게 연둣빛이다. 누군가 만들어놓은 길 위에 함께 있지만, 저마다 다른 삶의 길을 걷는다. 눈빛 언어를 주고받는 사람이 있는가 하면, 등을 돌리는 사람도 있다. 혼자인 사람이 있고 여럿인 사람도 있다. 앞만 보고 걷는 이가 있는가 하면, 호수 물속으로 눈을 빠트린 이도 있다.

길의 최종 목적지는 마음이다. 살다 보면, 무거운 비중에 짓눌려 어깨가 처질 때 있다. 뜬금없이 당한 모멸감으로 인해 마음이 썩을 때도 있다. 풀리지 않는 매듭으로 인해 갈팡질팡하기도 한다. 도저히 묵과할 수 없는 일로 울분을 태우기도 한다. 길을 따라 바람처럼 흐르다 보면, 연연戀戀했던 게 그럴然 수 있다며 가벼워진다. 마침내 홀가분해진 마음속으로 하늘이 들어오고 산이 안긴다.

물오리 한 마리가 바람결에 맞춰 춤을 춘다. 춤추는 것처럼 고독한 일이 없다고 했던가. 우리는 태어날 때부터 춤꾼이었는지 모른다. 삶의 리듬에 맞춰 하염없이 몸을 놀려야 하는. 이렇다 하여, 단춤만 출 수 없잖은가. 시를 생각한다. 모 시인은 시를 쓰려고 덤비면, 시가 꼬인다고 했다. 그냥, 있는 그대로 바라봐야 시가 된다는 것이다.

"시집(屋)에 사는 언어만/ 詩로 알고 살았는데// ㅅ 字로 꺾인 어머니 허리/ ㄱ 字로 굽은 아버지 등// Ⅴ 字로 나는 새의 행렬/ 一 字로 걷는 지렁이// 立 字로 서 있는 숲의 나무/ 三 水邊으로 흐르는 강// 눈여겨보고 귀여겨들으니/ 죄다 몸으로 쓴 詩인걸"
(「몸詩」 전문)

길에 시가 있다. 걷는 동안, 선잠 깨듯 시상이 일어난다. 보이는 것 내면에 숨어있는 이면을 볼 수 있다. 나무가 살아온 삶의 내력인 나이테가 보이고, 아픔인 옹이가 보인다. 수양버들의 힘줄이 보이고, 물 빠진 곳에 누워있는 돌멩이의 갈비뼈가 보인다. 옆구리 찢어진 옷을 입은 바람의 속살이 보이고, 턱을 괸 물억새의 생각이 보인다. 동글게 말아 쥔 물결마다 빛나는 윤슬의 주제문도 볼 수 있다. 시詩는 보는 (see) 자의 몫이다. 지그시 바라봐야 드디어 詩가 된다.

글은 쓰는 게 아니라, 집처럼 짓는 것이다. 어떤 집을 지을 것인지, 잠 이루지 못하며 설레야 한다. 머릿속에서 수십 채 정도 집을 짓고, 부숴야 골격이 겨우 보인다. 이렇게 지은 집이라야, 풍파에 허물어지지 않고 견고하다. 집을 짓고 나면, 잘 돌봐야 한다. 금 간 곳은 없는지 살펴야 하고, 바람이 들락거리는 곳은 막아야 한다.

집은 사람을 품어야 하고, 사람 냄새를 풍겨야 한다. 사람을 품지 못한 집은 박제한 건물에 불과하다. 사람 냄새가 나지 않은 집은 뱃길이 닿지 않은 섬이다. 세상에 집을 짓는 목수는 많지만, 사람 냄새가 나는 집을 짓는 목수는 몇 되지 않는다. 어느 축에 속한지, 잠시 오던 길을 뒤 돌아본다.

  산이 있다. 물속 깊이 그림자를 늘어뜨리고 질펀히 누워있다. 잘생긴 나무와 못생긴 나무, 키 큰 나무와 키 작은 나무를 한아름 품고 있다. 나무가 잘 자라고 있다며 격려하고, 잘살고 있다며 손뼉 친다. 수면에 있던 새들이 젖은 몸을 허공에 털며 기립하여 박수한다.

  이 길을 정녕 어쩌랴.

2021. 04. 13.

3부

선입견

　요즘, 날씨가 가마솥더위라 부를 정도로 폭폭 찐다. 이런 날이 계속되니, 일기예보에 관심 두지 않고 산다. 글방을 나올 때 환기한답시고, 창문을 풍성히 열어놓았다. 아내는 집을 잠시 비울라치면, 2층 쪽창까지 에누리 없이 단속한다. 여름 날씨는 열길 물속보다 잘 알 수 없다는 것이다. 하늘이 맑다가도, 느닷없이 소나기가 불쑥 내린 것을 맘속에 걸어둔 말이다.
　오늘, 학과 교수님들과 모처럼 점심을 함께 먹었다. 두 교수님께서 8월 말 은퇴하신다. 이것을 기억하여 자리를 마련했다. 옥정호가 한눈에 내려다보이는 식당에서 메기 매운탕을 먹었다. 매운탕이 매콤할 것이라는 생각과 달리 맛이 깊고 달달했다. 땀이 연신 얼굴에 물길을 내며 쏟아졌다. 매워서 땀이 난 게 아니라, 맛이 있어서 땀구멍이 놀란 것 같았다. 이곳저곳에서 여태 먹어본 매운탕 가운데, 여운이 가장 오래 남았다.

오는 길, 카페 '옥쫭가든'에 들렀다. 오래전, '생활 사투리'라는 코너에 출연했던 개그맨 이 모씨가 운영하는 곳이다. 개그맨이 운영하는 카페이므로, 커피 맛이 우스꽝스럽지 않을까. '정'을 '쫭'으로 쓴 낯섦이 주는 끌림. 카페는 바람처럼 지나다가 바람처럼 커피를 마시고, 바람처럼 가면 될 성싶었다. 따뜻한 '아메리카노'가 보드라웠을 뿐. 웃을 일 하나 없이 나왔, 문득 시인이 운영하는 카페는 커피가 시시詩詩해야 하는지 혼잣말로 물었다.

모악산 밑에 소문난 빵집이 있다 하여 들렀다. 빵집에 빵만 있을 것이란 생각은 빗나간 화살이었다. "소문난 집에 먹을 것 없다."라는 말을 껴입힐 수 없었다. 지상에 있는 빵이란 빵을 다 모아둔 것 같았다. 점심때가 훌쩍 지났는데도, 2층으로 된 큰 매장에 사람으로 층층이다. 빵만 파는 게 아니라, 커피를 함께 팔았다. 대부분 사람이 빵과 커피를 함께 시켰다. 우리 세대는 끼니때 밥과 찬, 찌개나 탕을 곁들여 먹어야 힘쓴다고 믿어 왔다. 많은 사람이 점심을 빵과 커피로 대신했다.

2층 한쪽에 있는 화실에서 화가가 그린 그림을 전시했다. 화가가 작업하는 모습을 직접 볼 수 있어 좋았다. 혹 이런 것을 상술로 폄훼하는 사람이 있을 수 있겠다 싶다. 우리는 밥을 먹을 때 어떤 과정을 거쳐 쌀이 되었는지에 관해 관심이 없다. 어떤 작품을 감상할 때도 마찬가지이다. 빵과 커피, 그림이 어우러진 카페는 이전에 내가 지니고 있던 미학적 사고를 왜소하게 만들었다. 작가가 골방이나 외진 곳에서 은

둔자처럼 행세하며, 작품 활동하는 것은 옛일이 되고 있다.

　모 대학 교수님께서 전화하셨다. 매 학기 글쓰기 특강을 하는 대학이다. 다음 학기에도 글쓰기 특강을 부탁하셨다. 전화를 받기 전에는 다른 것을 부탁하리라고 생각했다. 우리 학교 학생을 가르치는 것만 해도 힘에 겹다. 매주 학생이 쓴 리포트를 첨삭하고 글쓰기 상담을 게을리하면 안 된다. 다음 학기에는 이런저런 사정 때문에 할 수 없다고 말씀드렸다. 전화를 끊고 나자, 죄송한 마음이 갈피를 잡지 못했다. 누군가 애써 부탁한 것을 쉽게 거절할 수 없는 천성이 발동했다. 관계를 건강하게 맺으려면, 때에 따라 거절할 줄 알아야 한다. 이런 경구는 고전에 여전히 살지만. 전화하여 다음 학기만 하겠다고 했다.

　차가 과속 방지턱을 넘을 때마다, 허리가 울렸다. 아침에 운동을 다녀와, 머리를 감다 허리가 삐꺽했다. 허리를 고질병처럼 앓는 터라, 나름대로 신경 쓰는데도 사달이 난다. 이럴 때는 조심하는 것이 헛물켜는 것 같아 허전하다. 연구실에 돌아와 소파에 잠시 누워있다 잠이 들었다. 갑자기 '후두둑' 소리가 복닥거리며, 아슴푸레하게 들렸다. 소리가 이내 더 거창해졌다. 나와 전혀 상관없는 일일 것이라고 귓문을 닫았다. 닫은 귓문 틈으로 '후두둑' 소리가 여전히 끼어들었다.

　창문이 흔들리며 고통스러워했다. 일어나려는 순간 허리가 통증의 존재를 기억했다. 그대로 다시 눕고 말았다. 밖이 어둑하여 시계를 보니 5시. 어림잡아 1시간 반 동안 세상 물정 모르고 잠에 빠졌다. 시간은 나이 들 줄 모르고 언제나 청춘이다. 제때 왔다가 제때 어김없이 간다. 시간은 길을 잘못 들지 않는다. 자신이 오고 가는 길을 한 치도 벗어나지 않는다. 자세를 가다듬고 겨우 일어났다. 창밖을 내다보니, 소나기가 왕창 쏟아졌다. 문을 있는 대로 열어둔 글방이 떠올랐지만, 이쪽에만 비가 왔으리란 생각만 품었다.

비는 커피포트에 커피 두어 잔 정도 되는 물 끓이는 시간만큼 내렸다. 귀가하려고 밖으로 나서자, 비 비린내가 코끝에 와닿았다. 요즘 비는 한 뼘 차이로 특정 지역을 택해 울울창창하게 내린다. 오늘은 비가 온 흔적이 글방까지 이어졌다. 문을 열자 방안에 곰실곰실 모여 있던 열기가 신발도 신지 않고 빠져나갔다. 건조대에 있는 빨래가 비를 맞아 눅눅해졌고, 열어둔 창을 넘어 빗물이 박혔다.

저녁을 몇 술 뜨고 산책을 나섰다. 한참 멎었던 비가 다시 내렸다. 허리가 아프고 비까지 내려 그냥 쉬고 싶기도 했다. 허리가 아프다고 마냥 누워있으면, 허리가 더 아팠다. 다른 날과 달리 천천히 걷고 보행 시간을 더 늘렸다. 신기하게도 걷는 동안 통증이 잠자코 있었다. 산책을 마치고「옥정호」라는 시상을 가다듬었다.

살다 보면, 매듭을 풀답시고 한 것이 되레 매듭이 될 때가 있다. 글도 마찬가지이다. 깊이 생각하고 쓴 글이 미로가 된다. 직감으로 푼 글이 신작로일 때가 있다. 쉽게 풀어쓰고 여러 차례 고쳤다.

"옥정호 물빛/ 구슬 같기로서니// 그대 바라보는/ 내 눈빛만 허것소// 내 마음 아직/ 잘 모르겠거든// 볕 탱탱한 날/ 슬몃 댕겨오구려"
(「옥정호」 전문)

2021. 07. 30.

자신과 가까워지기

 가을은 장황하게 오지 않고 간결하게 온다. 아침저녁으로 슬그머니 기온을 낮췄다가, 낮에는 부드러우면서도 강하게 햇볕을 내리쬔다. 퍼렇던 나뭇잎을 머리끝부터 무릎까지 여러 빛깔로 시나브로 물들이며. 누군가 불쑥 그립기도 하고 숨기고 있던 사연을 꺼낼 용기가 난다. 무엇보다 마실가기 좋고 걷기에 안성맞춤이다.
 산다는 것은 누군가와 관계를 맺는 과정이다.『논어』의 저변에 흐르는 사상은 한마디로 '인'仁이다. '인'은 이른바 '관계학'의 요체이다. 자녀와 부모 · 아랫사람과 윗사람 · 스승과 제자 · 자신과 타인 · 친구와 친구 · 자신과 자신의 관계에 이르기까지. 다양한 관계에 대해 가르치고 있다.
 교양 영역 글쓰기 교과목 가운데 〈자기 표현적 글쓰기〉가 있다. 15주 강의 가운데, 10주 이상 글을 쓴다. 5주씩 자신과의 관계, 타인과의 관계, 사회와의 관계에 관한 주제로. 이 과제 가운데, 대부분 학생이 자신에 대해 글 쓰는 것을 힘들어한다. 첫 번째 과제가 자신에게 편지글을 쓰는 것이다. 편지는 단순히 글을 쓰는 행위가 아니라, 문자 언어로 자신을 드러내는 행위이다.

글은 한 개인의 삶을 기록한 역사이다. 역사를 이해하려면, 그 사람이 처한 상황을 먼저 알아야 한다. 나아가 그 사람과 그 사람이 한 행동을 이해해야 한다. 글쓰기는 그저 어휘를 조합하여 문장을 만들고, 그저 문단을 조직하는 것으로 끝낼 일이 아니다. 자신을 성찰하고 발전 전략을 꾀해야 한다. 자신과 관련된 글을 쓰는 1인칭 글쓰기는 나를 드러낼 수밖에 없다.

나를 드러내는 것은 자신을 자랑하는 것이 아니라, 진솔하게 자신을 보여주는 것이다. 만날 힘들어 죽겠다고 울먹울먹하는 것이 아니라, 벽을 문으로 만들어 세상으로 떳떳이 나가는 것이다. 삶의 옹이를 아픔으로 굴복하지 않고, 꽃무늬로 새기는 것이다. 자아 정체성이 없는 사람은 언어활동인 말하기와 듣기, 읽기와 쓰기를 제대로 할 수 없다.

자존감과 자긍심이 없다. 이런 사람은 자신을 존중하는 자존감이 밑바닥이다. 자신을 긍정하고 지지하는 자긍심이 부족하다. 자존감이나 자긍심은 어떤 상황에서도 쉽게 상처받지 않는 저력이다. 자존감이나 자긍심은 자신을 객관적으로 바라보는 힘이다. 나아가 회복하는 탄력성이 높아 잠시 흔들렸다가도 곧 중심을 찾는다. 이런 힘을 기르려면, 자신이 살아온 삶을 진지하게 기록해야 한다.

글은 그냥 나오지 않는다. 우리 삶은 무게만 다를 뿐, 어느 뉘 가리지 않고 힘에 겹고 벅차다. 이러한 상황에서 겪는 자기 부정과 분노, 우울감이나 절망을 스스로 받아들여야 한다. 나아가 자기 삶에 의미를 줌으로써, 나름대로 삶을 창조해야 한다. 아인슈타인은 하루하루가 기적이 아닌 것처럼 살거나, 순간순간이 기적인 것처럼 살라고 했다. 살아온 게, 살고 있다는 게, 모두 기적이라는 것이다. 각자 걷고 있는 발자국이 글이다.

자신과 절친하게 만날 수 있는 곳이 길이다. 길에 있는 사소한 것을 눈여겨보면, 마음이 풍성해진다. 평범한 것을 귀에 담으면, 마음이 넉넉해진다. 길에서 만나는 것은 사람보다 주로 자연이다. 풀숲에 아기자기하게 모여 핀 풀꽃은 크고 눈에 띈 것만이 잘났다는 것을 부정한다. 바람의 향방대로 억새가 흔들린다. 삶은 부디 쓰러진 만큼 일어나, 바람에 또 흔들리는 것을 뜻한다고 말한다. 물과 바람은 멎지 않고 흘러야 한다. 새는 날아야 심장이 따스해지기 시작한다. 돌고 도는 세상 이치가 이렇다.

내 글의 우물은 대부분 보행에서 비롯한다. 나 자신을 가장 자크르하게 들여다볼 수 있는 곳이 길이다. 길은 마음의 거울이다. 나는 부족하고 흠이 많은 사람이다. 여섯 식구 가장이지만, 가장으로서 능력이 시원찮다. 학생을 가르치는 선생이지만, 선생으로서 자질도 그저 그렇다. 나름대로 맘속에 응어리진 감정이 많다. 이런 사실을 잘 알므로, 늘 배우려고 힘쓰고 있다. 이겨내려고 대충 살지 않는다.

길에서 나 안에 있는 나와 오래 이야기한다. 나 안에 있는 내가, 내가 앓는 아픔에게 속을 털어놓는다. 아픔이 무거워지지 않고 어느 순간 가벼워진다. "그래! 너만 아픈 게 아니야. 어차피 앓아야 할 걸 앓고 있는 거야." 때로는 나와 불편한 관계에 있는 사람과 이야기한다. 도저히 이해하지 못하고, 용서할 수 없는 사람이 있다. 이들도 길에서는 이해하고 용서할 수 있다. 이렇게 하지 않으면, 내 보행이 무거우므로. 내 삶의 비중이 무거워져 가슴이 막히므로. 게다가 글이 막혀 끙끙 앓을 수밖에 없으므로.

사람들은 이제 내 이름을 잘 불러주지 않는다. 두루마리같이 말아둔 내 이름을 꺼내 볕에 말린다.

2021. 09. 26.

커피를 끓이며

 잠이 요렇게 달짝지근할 수 있을까. 한숨만 더 자고 일어나야겠다고 다짐했건만, 모래로 지은 두꺼비집처럼 여러 차례 무너졌다. 글쓰기 수강생이 낸 리포트가 이제 끝물에 이르렀다. 주말에 특별히 잡은 일정이 없어, 오전 내내 그루잠에 깊이 파묻혔다. 아침 겸 점심을 단번에 해결하고 나자, 커피가 차지게 당겼다.
 원두를 꺼내 분쇄기에 넣고 갈았다. 손잡이를 돌리자, 원두가 잘게 부서지며 마침내 가루가 되었다. 잇대어, 커피 향이 날개를 그윽이 달고 작은 글방에 가득 날았다. 커피메이커에서 흘러내리는 커피 낯빛이 초콜릿 사촌쯤 된다. 분말로 깨어지고 나서야, 누군가의 위안이 될 수 있는 게 커피뿐이랴. 우리 마음도 자디잘게 부서져야, 누군가를 이해하고 받아들일 틈이 생긴다.
 커피는 낱낱이 부서지고 나서야, 비로소 향기가 된다. 향기는 어디든 길을 내고 모든 대상에게 다가간다. 상대가 누구냐에 따라, 줄을 긋거나 편을 가르지 않는다. 입구가 있는 곳이면, 어디든 찾아가 문을 두드린다. 친소親疎를 따지지 않고, 함께 섞여 어울린다. 먼 사이를 잡아당겨 가직하게 만들고, 텅 빈 사이를 넉넉하게 채운다. 우리는 가깝고 넉넉한 사이에 대해 자주 잊고 지낸다. 누군가에게 커피 한 잔 마시자고 한 것은 사이의 간극을 좁히자는 의미이다. 성긴 틈을 메워 더 돈독해지자는 것이다.

코로나 때문에 카페에 들러 눈빛을 서로 맞대고 커피 마시는 것이 녹록지 않은 시절이다. 호젓한 카페에서 홀로 생각을 가다듬으려는 게, 이제 바람으로 끝나고 만 시대이다. 사이는 관계의 간극이다. 세상살이 가운데, 십중팔구는 어떤 대상과 관계를 맺는 것이라 해도 지나치지 않다. 자신과 관계 맺기·다른 이와 관계 맺기·자연이나 우주와 관계 맺기·신과 관계 맺기에 이르기까지. 관계 맺기를 잘못하면 상처가 되고 탈이 난다.

자신과 관계를 잘못 맺으면, 자존감이 낮아진다. 늘 열등의 울타리에 갇혀 불평지수가 높아지고, 사는 맛이 간간하고 씁쓰름하다. 다른 사람과 관계를 잘못 맺으면, 사회성이 떨어진다. 먼바다 밖 섬처럼 아득하게 떠 말뚝처럼 홀로 박혀 산다. 자연이나 우주와 관계가 얽히면, 어떤 대상을 눈여겨볼 줄 모른다. 봄꽃이 피어도 눈이 회동그랗지 않는다. 첫눈이 내려도 가슴 설레지 않는다. 신과 관계를 잘못 맺으면, 자신을 오로지 신앙한다. 감사하기는커녕, 만날 불만의 늪을 허우적거리기 마련이다.

관계 맺기는 서로에게 물줄기처럼 흐르는 것이다. 낮아지거나 작아지지 않으면, 누군가에게 흐르는 물길이 될 수 없다. 끝내 분말처럼 잘게 부서져야 서로 젖어 든다. 오행에서 물(水)은 육체적 에너지이다. 물은 정체하면 썩어 생명이 될 수 없다. 내 생각만 옳다고 내세우고, 상대가 하는 이야기를 귀여겨듣지 않으면 관계가 어긋난다. 관계 맺기는 서로 경계를 허무는 것이다. 『성경』은 물론이고 『논어』나 『삼국지』는 관계 맺기에 관한 고전이다.

원두는 불에 적당히 그슬려야 향기를 낸다. 불기운을 성실하게 망라하여, 작작하게 타야 향기로 난다. 날로 된 상태로 향기를 내는 것은 별로 없다. 불(火)은 정신적 에너지이다. 이 에너지가 우리 사고와 마음을 익힌다. 고매한 인품을 가진 사람은 늘 향기가 난다. 말을 예쁘게 하고 상대를 잘 배려하는 사람은 좀체 사그라지지 않은 온기가 있다. 이 온기가 모진 세상의 한기를 따숩게 녹인다. 이 온기를 한꺼번에 소진하지 말고, 시나브로 타는 모닥불로 만들어야 한다.

잠자리에서 일어난 지 얼마 되지 않아, 머릿속이 흐릿하다. 커피잔에 커피를 따른다. 잠들었던 후각이 기지개를 켠다. 온몸에 있는 솜털이 기상 나팔소리에 일제히 기립하는 훈련병 같다. 커피 향이 혈관을 타고 흐른다. 끝내 혼연일체가 되어 마음이 일목요연하게 가지런해진다. 커피와 인연을 맺는 시간은 비록 짧지만, 고요의 절정이다. 이 고요 속에서, 詩想이 물 걸음으로 흘러와 몽실몽실 피어난다. 타다만 영혼을 겨우 들쑤셔, 풋시 몇 줄을 얼기설기 엮는다.

"케냐 국적의 원두를 간다/ 알알이 잘게 부서지다/ 마침내 가루 되고야 마는/ 분말로 깨지지 않고서는/ 누군가의 위안일 수 없다/ 낱낱이 작게 잘리다가/ 끝내 향기 되고야 마는/ 낮게 작아지지 않고서는/ 누군가에게 흐를 수 없다// 케냐 국적의 원두를 간다/ 불기운 성실히 망라하여/ 결국 까맣게 그을고 마는/ 작작하게 타지 않고서는/ 누군가에게 젖어 들 수 없다/ 고개 숙이는 법쯤 알아야/ 물속에 제 몸 담그고 마는/ 물 걸음으로 가지 않고서는/ 누군가에게 닿을 수 없다"(「커피를 끓이며」 전문)

기상대 예보는 내일쯤 눈이 온다고 했다. 예감이 맞으면 첫눈이다. 눈이 내리면, 한소끔 커피를 들크무레하게 끓이련다.

2020. 12. 12.

바람 되어 창평으로

 오늘 바람이 되기로 했다. 어디론가 가려면, 홀몸으로 바람같이 떠나야 한다. 이것저것 궁리하다 보면, 결국 주저앉기 일쑤이다. 요즘 세상 돌아가는 것이 삐거덕거린다. 사람한테서 사람 냄새가 나지 않고, 짐승 냄새가 물씬 난다. 처지를 뒤집어놓고 보면, 나 역시 도긴개긴이련만.
 어제 잠자리에 들기 전, 창평이 와락 떠올랐다. 여행은 단순히 먼 곳에서 몇 박 며칠 하는 것 아니다. 언제 어디로 가든, 시간과 공간에 의미를 불어넣는 것이다. 슬로시티 삼기 마을은 언제 들러도, 풍경이 늙지 않고 정정하다. 인위적인 것을 최대로 줄여 자연스럽다. 흙길과 돌담, 한옥이 잘 어우러져 있다. 고샅을 속속들이 걷다 보면, 옛 시절에 깊이 빠져 시간의 속살을 볼 수 있다.
 창평은 담양군에 속한 읍이다. 창평읍 청사는 '昌平縣廳'이란 옛 행정구역 이름을 예스럽게 달고 있다. 청사 넓은 뜰 한쪽에 일제 때 지은 2층 집이 풍상에 굴하지 않고 서 있다. 몇 해 전까지, 이 집에서 미소가 함박꽃 같은 여인이 차를 내어주었다. 여인과 다향은 온데간데없고, 땡볕만 심술궂게 굴러다닌다. 마루에 앉으니, 차를 마시고 담장 너머 풍경을 보고 썼던 시, 「풍경」이 옴폭 떠오른다.

"그대 생각/ 오래 머물면/ 어디든, // 시린 옆구리/ 만져주는/ 나긋한 풍경"

이곳 풍경 가운데, 절경은 담이다. 돌과 흙이 자리를 다투지 않고, 저마다 있는 자리에 안분지족한다. 흙은 흙대로 돌은 돌대로, 무늬로써 살아 숨 쉰다. 담은 너무 높지도 않고 낮지도 않아 집안이 보일락 말락 한다. 호기심을 연달 없이 자극한다. 이곳에 있는 담은 원천봉쇄로, 사람을 차단하지 않는다. 마음을 하염없이 설레게 하거나 궁금하게 만든다. 담장 너머에 누가 살고 있는지, 마루에는 무엇이 놓여있는지, 마당귀에는 무엇이 자라는지, 처마 밑에는 무엇을 걸어놨는지.
　담은 담끼리만 뜻을 모아 살지 않는다. 담쟁이가 오르는 사다리가 되거나, 수세미나 박을 받아내는 산파가 되기도 한다. 담의 복사뼈쯤에는 온갖 꽃이 양수를 터뜨리며, 새로운 생명을 출산한다. 게다가 담을 따라 낸 물길에 물이 맑게 흐른다. 물은 그냥 흐르지 않고, 담을 따라 돌돌 소리를 낸다. 억지를 부리지 않는 풍경 앞에서, 그저 척하려고 썼던 가면을 벗는다. 땡볕보다 낯이 더 뜨겁다.

날이 갈수록 빈집이 아쉽게 늘고 있다. 몇 해 전까지만 해도 멀쩡했던 집이 내려앉아 흉물스럽다. 지방자치단체에서 지정한 민속자료인 '고재선 가옥'은 빗장을 걸어, 안으로 들어갈 수 없다. 농작물은 사람 발소리를 들어야 잘 자라고, 집은 사람이 들락거리며 온기가 있어야 튼실하다. 한때, 여러 지방자치단체가 슬로시티 마을로 지정받으려고 애썼다. 지금은 오래된 유행가처럼 되고 말았다. 이렇게 하잔한 사연에도 아랑곳하지 않고, 삼기 마을은 언제 들러도 고향 같고 어머니 가슴 같다.

창평 장터에는 국밥집이 형제들처럼 나란히 자리하고 있다. 창평 장터 국밥은 뚝배기에 돼지 내장을 푸지게 넣어 팔팔 끓여 내놓는다. 다른 지역에서 먹은 국밥과 비교해 고기를 몇 배 더 많이 넣었다. 이곳 인심이 얼마나 듬뿍한지 국밥을 보면 알 수 있다. 밥을 먹으러 온 사람을 휘둘러보니, 남녀노소에다 10대에서 70대까지 까다롭지 않게 많다. 고급스러운 음식은 아니지만, 여러 사람이 즐겨 찾는 친근한 먹을거리이다.

식당에 있는 사람 대부분이 지역 사람인 듯 전라도 말을 썼다. 창평은 광주 근린에 있어 광주 말씨와 비슷하다. 전라도 태생인 나는 전라도 말이 이녁같이 좋다. 작업복 차림을 한 일행 네 사람이 자리에 앉아 국밥을 주문했다.

"수저가 어디 있다요?"
"눈 좀 크게 뜨고 보시오. 거기 안 있소."

"아따! 날씨 징허게 더운디. 좋게 말하제 성질을 내쁘요."
"성질낸 것이 아니라, 바빠서 말이 말같이 빨라서 그라지라."

이 말끝에, 국밥을 주문한 사람과 일하는 아주머니가 한바탕 웃음을 쏟아냈다. '말이 말같이 빠르다'라는 말로, 날 선 상황을 누그러뜨리는 해학이 돋보였다. 식당 바로 앞에 있는 카페 〈야그〉로 갔다. '야그'는 '이야기'를 뜻하는 전라도 말이다. 카페 이름과 달리, 그곳에서 이야기를 나누는 사람이 아무도 없었다. 커피를 잘게 씹어 깊숙이 삼켰다. 커피 한 잔을 모처럼 1시간 가까이 마셨다.

창평 슬로시티 마을에서 10여 분 길목에 '달빛 무월마을'이 있다. '무월'은 달이 없다는 '無月'이 아니라, 달을 어루만진다는 '撫月'이다. 이곳을 다녀올 때마다, 시가 솔솔 나왔다. 몇 해 전 겨울, 이곳에서 만난 낮달은 나에게 「무월에서 낮달을 만나듯」이란 시를 선사했다.

"산등성이 넘는 댓바람/ 돌담에 눈발같이 쌓이고/ 겨울 해 붉은 꽃으로/ 어쩔 수 없이 진 허공/ 그 길 따라오던 낮달/ 까치집 대문 두드린다// 산맥 몇 개쯤 거슬리고/ 돌담 몇 번쯤 넘어서야/ 당신 마음에 낮달처럼/ 휘영청 떠 있을 수 있으랴/ 무월에서 낮달을 만나듯/ 당신 눈빛 곱게 만나랴"

"마을 방문을 환영한다."라는 말 대신 "코로나로 마을 방문을 금지한다."라는 말이 자리하고 있다. 사람 그림자도 찾을 수 없다. 마을회

관 마루에 앉아 앞산 공제선을 바라보셨던 재식이 할아버지도 안 계신다. 몇 해 전 뵈었을 때, 아흔두 해를 사셨다고 하셨는데. 낮달의 흔적도 없다. 사람 발길을 막아서 그런지, 마을이 깊은 산중 같다. 풍경은 예전에 비해 많이 낡았다. 사소한 것조차 눈길을 주며 한 발 한 발 떼야 하건만, 차로 한 바퀴 핑 돌고 나왔다.

　예까지 올 때는 바람이었지만, 돌아갈 때는 연어가 된다. 상류에 이르러 알 낳는 게 꿈인 다른 연어와 달리, 건강한 알을 낳으려는 은빛 연어의 꿈을 표절한다. 내 삶에 솎아낼 것은 무엇인지, 같이 가자고 손짓하는 사람은 없는지, 신발 끈이 풀린 사람은 없는지. 왔던 길을 잠시, 뒤돌아본다.

　눈길 닿는 데마다, 배롱나무에 붉은 웃음이 걸터앉아 있다.

2021. 08. 06.

반전

 요즘, 특정한 지역에 소낙비가 집중하여 내리는 날이 잦다. 하늘을 보니, 먹구름이 군데군데 일가를 이루었다. 우산을 챙기는 게 귀찮았다. 비가 오지 않을 것이라고 애써 확신하며, 밤 산책길에 올랐다. 자신을 확신하는 뒤안길에는 이기와 자기 편리의 나무가 자란다.
 얼마 전, 장맛비가 온 뒤로 아중천 물이 불었다. 게다가 생태하천으로 공사를 마친 뒤라, 물의 행보가 빠르다. 시내 쪽은 운동하러 나온 사람 반, 각자 데리고 나온 개 반이라 걷기에 불편하다. 소양천이 맞닿은 아중천 하류 쪽은 사람이 적어, 한갓지고 조용해 즐겨 걷는다. 시내를 빠져나가기 전, 가게에 들렀다. 흰둥이에게 주려고 막대 소시지를 하나 샀다.
 흰둥이 본래 이름은 니오이다. 니오는 한때 농장 살림을 했을 듯한 외딴집에 여러 친구와 함께 산다. 여태 집주인을 한 번밖에 보지 못했다. 그때 흰둥이 이름이 니오라는 것과 간식으로 소시지를 좋아한다는 것을 알았다. 니오는 하루도 빠지지 않고, 산책길에 동행해주었다. 성격이 온순하고 살가운 데다, 말귀를 잘 알아듣는다. 시시각각 변하기 일쑤인 사람에 비해, 니오는 늘 한결같고 변함이 없다. 〈사랑학〉에다 〈관계학〉을 니오에게 요즘 배우고 있다.

  시내를 한참 벗어난 곳에 이르면, 물바람이 분다. 도시의 겨드랑이에서 나는 액취가 사라지고, 흙냄새가 고소하다. 밤이면 불빛은 사람 사는 마을에 끼리끼리 포진해있다. 불빛이 없는 어둑한 외곽에서 사람 사는 마을을 바라보면, 빛이 한데 어울려 풍광이 눈부시다. 불빛 속에 있으면, 빛이 눈부시다는 것을 잘 알아차리지 못한다. 떨어져서 봐야 빛나고 눈부시다.

  그리움도 그렇다. 80년 대 말 모 시인이 엮은『그대가 곁에 있어도 나는 그대가 그립다』라는 시집이 유행했다. 스물한 번에 걸쳐 가장 많이 판매한 책에 올랐다. 80년대는 춥고 숨쉬기 힘든 시대였다. 대부분 사람이 자유를 갈망했고, 민주에 대해 갈증을 느꼈다. 자유가 곁에 있어도 자유가 그립고, 민주가 곁에 있어도 민주가 그리울 때다.

  우리 감정의 시제는 그리움이 현재로 존재한다. 그리워한 사람이 곁에 있어도 그립다는 것은 그리움이 극치에 이른 것이다. 그리움의 극치는 부재보다 결핍이다. 물통에 물을 가득 채우면, 통이 출렁거리지 않는다. 우리 마음은 물통과 같다. 그리움이라는 물을 마음속에 가득 채울 수 없다. 그리움은 물을 마실수록 목이 타는 갈증과 같다.

  산책길에 그리움이 있다. 사람 사는 곳 어디쯤 詩의 심지를 켜는 이가 그리움을 소금처럼 녹여 내리고 있을 터. 니오는 짧은 목을 기다랗게 꺼내 소시지보다 나를 기다리고 있을 터. 물가에 핀 개망초 낯빛이 과거 형태로 흐릿해지면서, 기생초가 현재 진행형으로 퍼즐을 맞추고 있다. 제법 서늘한 바람이 물억새를 툭 건드렸다. 물억새가 일제히 소리 내어 울음을 꺼냈다. 누군가 사소하게 여긴 '툭'이라는 부사가 누군가에는 '아픔'이라는 명사가 될 수 있다.

  그리움이 깊으면, 시각보다 청각이 예리하게 작동한다. 우주에 있는 모든 소리가 그리운 사람 목소리나 숨소리로 들리기 마련이다. 농장이 눈앞에 들어왔을 때, 니오가 달려 나왔다. 반가운 표시를 온몸으로 했다. 머리로 짜낸 詩보다 몸으로 쓴 詩가 진실할 때가 많다. 여태 살아오면서, 사람을 이렇게 반갑게 대한 적 있었던가. 몸으로 쓴 詩가 얼마만큼 있던가.

  갑자기 빗방울이 굵게 떨어졌다. 니오에게 소시지를 건네주고 집으로 가라고 했다. 우리가 하는 발화에는 때로 이중성이 웅크리고 있다. 니오에게 가라고 했지만, 내심 따라와 주길 바라는 마음이 더 간절했다. 비 한 방울 피할 처마가 없는 곳에서 홀로라는 현실이 망망대해의 무인도 같았다. 비가 마음먹고 오기라도 하듯이 억수로 쏟아졌다. 니오는 집으로 가지 않고 내 곁을 따랐다.

  온몸이 순식간에 젖었다. 빗방울이 안경에 달라붙어 앞을 한 치도 볼 수 없었다. 비가 아니라 화살이었다. 아마존에서 사역하시는 모 선교사님에게 들었다. 지붕이 없는 배로 환자를 옮기다, 비를 맞고 앓아누웠다는 이야기를. 비가 뼛속까지 흘러들었다. 불편한 어깨가 시리고 뼈마디마다 시큰거렸다. 젖은 옷은 군장처럼 무거웠다. 발이 부어 운동화와 발이 따로 겉돌았다. 발가락마다 통증이 피었다. 니오는 내 곁을 여전히 따랐다.

애당초 삼은 목적지를 아득히 남겨두고, 니오를 집으로 서둘러 보냈다. 니오를 떼놓고 오는 마음이 비에 젖은 몸보다 무거웠다. 우산을 가지고 올 걸 그랬나. 살다 보면, 지나치고 나서야 깨달은 게 얼마나 많던가. 과거는 단순히 지난 시간이 아니라, 역사 선생이 되어 우리를 많이 깨우친다. 울울창창하게 내리던 비가 사람 사는 마을 가까이 이르자 멎었다. 마치 젖을 물은 아이가 울음을 그치듯.

시커멓던 하늘이 맑게 열리며, 달이 수줍게 떴다. 달빛이 몸속에 온온하게 퍼졌다. 오가는 사람이 뚫어지게 쳐다봤지만, 창피할 겨를이 없었다. 젖은 몸이 詩를 한 줄 부르고 있었으니. 몸으로 쓴 詩는 길게 쓰지 않아도 된다. 한 줄 詩로 인해 젖은 몸이 초라하지 않고 떳떳해졌다.

억수로 젖은 몸, 달빛에 고슬고슬 말린다.
(「반전」 전문)

2021. 07. 17.

비밀번호

작업실 앞에 이르렀다. 문은 열어야 비로소 문이 된다. 열지 못하면 벽이나 다름없다. 예전에는 문을 열 때 열쇠를 많이 썼다. 요즘은 번호키를 대부분 사용한다. 번호키는 비밀번호를 설정해야 한다. 비밀번호는 저마다의 마음속에 저장한다.

『아라비안나이트』에 나오는 「알리바바와 40인의 도둑」에서 도둑은 "열려라. 참깨"라는 문장을 비밀번호로 썼다. 숫자나 부호를 쓰는 게, 문장을 사용하는 것보다 편리하다. 비밀번호는 자신이 기억하기 쉬운 숫자나 부호를 쓴다. 카드나 지문, 홍채를 비밀번호로 대체하여 쓰는 상황에 이르렀다. 편리함을 끊임없이 쫓는 인간의 본능이 과학적 상상력을 불러일으킨다. 앞으로 인공지능을 갖춘 문이 주인과 도둑을 구별하여, 문 여닫는 걸 판단할지 모른다. 선한 방문자는 주인이 반갑게 맞이하듯이 환대하는 언행을 할 것이다.

세상에는 건물에만 문이 있는 게 아니다. 정보기기를 쓰려면, 닫힌 문을 열어야 한다. 이때 아이디와 비밀번호를 사용한다. 한번 정한 비밀번호를 오랫동안 쓰기 어렵다. "열 사람이 한 도둑 막기 어렵다."라고 했던가. 자신의 정보를 도둑 당하는 걸 막으려면, 때때로 비밀번호를 바꿔야 한다. 단순히 변경하는 데 그치지 않고, 수를 늘리거나 특수한 부호를 곁들여야 한다. 우리의 기억은 세월 따라 늙기 마련.

나는 비밀번호를 자주 놓친다. 입출금하는 통장 비밀번호를 잊거나, 학회 홈페이지 비밀번호를 기억하지 못할 때가 있다. 온라인으로 물건을 살 때 카드 비밀번호가 떠오르지 않아, 뜻밖에 지출을 잠시 늦추기도 한다. 심지어 작업실 비밀번호를 잊고 한참 헤맨 적도 있다. 난 수준급의 기계치에다 컴맹이다. 비밀번호를 자동으로 저장해 쓰면, 무슨 탈이라도 날까 봐 꺼린다.

마음에도 문이 있다. 마음의 문은 숫자나 특수한 부호 따위의 비밀번호로 열 수 없다. 마음의 비밀번호는 마음을 움직이는 또 다른 마음이다. 백제 30대 무왕은 왕이 되기 전, 마를 캐서 파는 서동으로 가난했다. 그는 신라 진평왕 셋째 딸 선화 공주가 예쁘다는 소문을 듣고, 그녀와 결혼할 꿈을 꾼다. 오르지 못할 나무 쳐다보지도 말라고 했던가. 오래 바라보면, 길이 기적같이 생긴다. 기적은 기적같이 오지 않고 아침같이 온다. 서동은 아이들에게 마를 주며 자신이 지은 「서동요」를 부르게 한다. 이 노래가 선화 공주 마음을 흔들어 결혼에 이른다.

괴테는 마음의 문을 여는 비밀번호로 겸손을 내세웠다. 어떤 사람을 대하든 자신을 아랫사람같이 처신하라고 했다. 상대에게 낮아지는 모습을 보이면, 좋은 인상을 줘 마음을 열어젖힌다는 것이다. 낮아진다는 것이 말같이 쉽게 될 턱 있나. 우리는 상대 앞에서 자신을 낮추는 걸, 비굴하다고 익숙하게 신념하지 않는가. 신념은 이기적 옷을 맹목적으로 껴입고, 고집불통이 되기 쉽다.

마음을 연다는 것은 마음을 얻는다는 것의 유의어쯤 된다. 생텍쥐페리는 『어린 왕자』를 통해 나지막하게 속삭인다. 세상에서 가장 힘든 것이 사람의 마음을 얻는 것이라고. 우리 마음은 마치 바람과 같아서 어느 곳으로 어떻게 향할지 모른다. 바람 같은 마음을 머물게 하는 게 어찌 우리 뜻 안에만 있으랴. 누군가와 관계를 맺으려면, 마음을 서로 주고받아야 가능하다. 마음의 비밀번호를 기꺼이 공유하며, 서로의 마음속으로 들어가야 한다.

마음은 사람끼리만 주고받는 게 아니다. 사람과 동물, 사람과 자연과도 마음을 이을 수 있다. 남승용 씨는 인사동 길거리에서 매일 그림을 그린다. 그의 곁에는 참새 떼가 떠나지 않는다. 속사정을 드러내지 않은 까닭으로, 세상에 홀로 말뚝같이 박혀 사는 게 물음표이다. 그는 뾰쪽하게 생긴 외로움의 각을 닳게 하려고, 날마다 참새에게 모이를 준다. 2년쯤 되자, 경계심 많은 참새가 마음의 문을 열고 다가왔다. 서로 절친하게 지내는 모습이 행인에게 풍물이 된 지 오래다.

작업실 창턱에 조그만 아이비 화분이 두 개 있다. 행운목은 싱싱한 잎과 볕에 덖은 잎을 매달고, 책상 한구석에 거주한다. 조붓한 작업실은 서재에 풍성하게 꽂혀 사는 활자와 변변치 않은 세간 몇 개가 불편하게 동거한다. 작업실에서 나와 함께 지내는 이는 유일하게 내 마음이다. 내 안에 있는 내 마음의 얼굴은 천 개쯤 된다. 마음의 얼굴이 많을수록, 그림자도 없이 절실하게 혼자다. 누군가의 심장 뛰는 소리가 간절할 때가 있다. 꽃집에 들러 아이비 화분과 행운목을 샀다.

  나는 이들에게 말을 자주 건다. 목은 마르지 않는지, 아픈 곳은 없는지, 한낮에 다녀간 볕이 너무 눈부시지 않았는지. 머리를 자주 쓰다듬고 몸에 낀 때를 종종 닦아준다. 보는 것만으로 눈정이 깊이 들었다. 이들은 온몸을 귀로 만들어 내가 한 말을 가슴으로 새겨듣고, 온 잎을 입으로 삼고 대답한다. 작업실을 나설 때, 이들이 심심할까 봐 음악을 잔잔히 켠다. 녀석들! 여태 병치레 한 번 하지 않고, 어두운 구석 없이 희맑고 푸릇하다.

  작업실 창문의 비밀번호를 어떻게 알았을까. 창문을 넘어온 오후 볕이 음악에 맞춰 평수를 시나브로 좁히고 있다.

2022. 05. 14.

거미

정원에 있는 나무 곳곳에, 거미가 집을 짓고 산다. 거미는 허공 공법으로 집을 짓는다. 거미는 유능한 건축가이다. 어느 곳에 집을 짓고 기초를 어떻게 해야 집이 튼튼할지 헤아린다. 건축 자재는 제 몸으로 만들어 쓰고, 공사는 혼자서 한다. 거미집을 언뜻 보면, 그게 그것 같다. 잘 들여다보면, 같은 모양으로 지은 것이 하나 없다. 문학 양식에 빗대면 수필 축에 낀다.

12년 전, 전원에 집을 지었다. 부모님과 장애를 겪는 훈용이랑 함께 살 계획으로. 3년 동안 건축 공부에 몰입했다. 일반 가정집을 지으려고 했으면, 그렇게 신경 쓰지 않았을 것이다. 설계하는 데만 6개월 이상 보냈다. 집을 짓듯이 글도 지어야 한다. 글을 쓴다는 표현은 기능적인 행위에 국한한다. 집은 살림을 할 뿐만 아니라, 쉬거나 가족 공동체를 형성하는 공간이다. 집은 생명과 관계하므로, 안전하고 평안해야 한다. 글 역시 집을 짓는 것처럼 써야 한다.

  글쓰기 교과목을 강의하면서, 글쓰기 과정 3단계를 활용하여 글을 쓰라고 강조한다. 첫 단계인 미리 설계하기는 건축설계도에 해당한다. 설계도는 건축주의 철학을 담고 있다. 나름대로 3년 동안 준비하고, 공부하여 집을 지었다. 입주하여 살다 보니, 아쉬운 것이 한둘 아니다. 글쓰기는 마지막 단계인 고쳐 쓰기를 통해, 작가가 의도한 대로 얼마든지 고칠 수 있다. 집은 설계를 변경하면 공사 기간이 길어지고, 공사비가 더 든다. 집을 완공한 뒤에 고치는 것 역시 마찬가지이다.

  거미는 글쓰기 마지막 단계인 고쳐 쓰기를 성실하게 하는 작가이다. 집이 비바람에 망가지면, 곧바로 수리하거나 새로 짓는다. 이때, 거의 같은 모양으로 집을 수리하거나 짓는다. 성실성이 톡톡 튀어 보인다. 거미는 집이 일곱 번 허물어져도 굴하지 않고, 여덟 번 집을 짓는다. 이른바 '七顚八起'를 몸소 실천하며 좀체 포기할 줄 모른다. 글을 쓰는 것도 이같이 해야 한다. 글쓰기 교육을 하다 보면, 꽤 많은 사람이 글 쓰는 것을 부담스러워한다. '七顚八起'는커녕 '一顚二起'도 하지 않고 포기하고 만다.

  거미집은 주거 공간일 뿐만 아니라, 먹잇감을 잡는 그물이다. 거미는 허공의 바다에서 물때에 맞춰, 그물을 놓고 고기를 잡는 어부다. 이권 때문에 어촌계를 만들지 않는다. 그물을 던지고 나서 부표로 영역을 표시하지 않는다. 쌍끌이 방식으로 고기를 잡지 않는다. 많은 고기를 한꺼번에 잡으려고, 원양어업을 하지 않는다. 남해 지족해협 일대에서 성행하는 죽방렴 어업 정도 된다. 죽방렴은 물때를 이용하여 고기가 대나무로 만든 그물 안으로 들어오면, 가두었다가 필요한 만큼 건지는 전통 고기잡이 방식이다.

거미가 만든 그물코는 바람이 지나갈 틈을 마련해놓았다. 햇살이 빠져나갈 틈도 넉넉하다. 하루가 전 생애인 하루살이쯤은 바람처럼 빠져나갈 수 있게 했다. 그물코가 배지 않고 성글다. 걸리는 대로 일망타진하려고 욕심을 품지 않는다. 생선 한두 마리만 밥상에 올린다. 거미는 금욕주의자이다. 친환경주의자이며 생명을 존중하는 사상가이다.

거미가 고기를 잡는 주된 무기는 그물이 아니라 기다림이다. "재주 없는 놈이 연장 탓한다.", "서투른 목수가 연장 탓한다." 따위 말이 있다. 거미는 허공의 바다에 그물을 친다. 고기잡이에 실패해도 그물을 탓하지 않는다. 서두르거나 안달하지 않고, 참고 오래 기다린다. 이빨을 내보이며, 포획자라는 사실을 굳이 드러내지 않는다. 거미는 은둔자처럼 처신하며, 먹잇감을 기다린다. 그물에 고기가 걸려들지 않아도 궁색한 표정을 짓지 않는다. 서둘러 이곳저곳으로 옮겨 다니며, 그물을 치지 않는다. 기다림의 힘은 신뢰와 소망에서 비롯한다.

거미는 고기를 유인하는 미끼를 쓰지 않는다. 거미가 쓰는 미끼는 오직 기다림이다. 진정한 기다림은 지루하지 않아야 한다. 기다리는 것이 지루하지 않으려면, 눈을 뜨고 생각에 깊이 잠겨야 한다. 생각하면서, 무엇인가를 찾으려고 내내 집중해야 한다. 이렇게 하는 것을 힘들다고 불평하지 않고, 행복하게 여겨야 한다. 고기를 잡는 것만 목적으로 삼으면, 기다림을 통해 느낄 수 있는 설렘과 기쁨을 맛

볼 수 없다.

  기다림은 귀찮지 않고, 즐거워야 한다. 거미는 모성애가 남다르다. 모성애는 기다림을 미학적으로 완벽하게 승화한 것이다. 어린 생명체가 지닌 수명은 모성애가 대부분 결정한다. 모성애가 낮은 생명체일수록 병치레를 많이 하고, 생존할 확률이 낮다. 암거미는 한 번에 보통 200개에서 300개에 이르는 알을 낳는다. 알집은 거미줄로 만든다. 포식자 공격을 막으려고, 알집을 두껍게 한다. 거미 포식자는 사마귀이다. 알을 밴 암거미가 사마귀한테 공격을 받으면, 품고 있는 알을 모조리 내뱉는다.

  모성애는 자연스럽게 발현하는 천성이다. 요즘 모성애가 많이 변질되어 세상이 살벌하다. 모성애를 내 아이에게만 베푸는 것으로 여기거나, 집착과 분별하지 못하면 이기가 된다. 이런 세상은 詩를 시시하게 대하고, 돈을 우상으로 섬긴다. 동틀 무렵, 아침이슬이 거미집마다 족족 얹혀있다. 햇살에 빛나는 아침이슬은 자연과 거미가 함께 빚은 조형예술이다. 자연과 생명체가 어우러져야 생태계가 건강하다.

  솔 사이, 제법 높은 곳에 거미집 한 채가 있다. 마치 산사처럼 고즈넉하다. 산문 입구에 '天明山虛空寺'란 편액을 달고 있는 듯하다. 바람을 다스리는 폼이 탈속의 경지 근린이다.

2021. 08. 12.

상림숲에 빠지다

 계절은 그냥 오지 않는다. 때에 맞게 꽃을 옆구리에 끼고 온다. 8월과 9월 사이, 숲은 여름과 가을이 공존하고 있다. 며칠 전, 함양에 있는 상림숲이 그리운 사람같이 가슴속으로 와락 안겼다. 예배를 마치고 나서 뒤돌아보지 않고, 곧바로 고속도로로 들어섰다. 상림숲은 신라 진성여왕 때, 고운 최치원 선생이 함양 태수로 있으면서 만들었다.
 최치원 선생은 12살 때 당나라에 유학했다. 서경(西京, 長安)에 체류한 지 7년 만인 18살 때, 예부시랑에 장원으로 급제한 천재이다. 신라 말에 귀국하였으나, 나라가 어지러워 전국을 유랑했다. 가야산 해인사海印寺에서 여생을 마쳤다. 최치원 선생은 경주 최 씨 시조이다. 나는 경주 최 씨 문성공파 34대 손이다. 숲도 숲이려니와, 최치원 선생의 발자취를 더듬으며 붓을 곧추세울 참이다.
 상림숲은 먼발치에 아득하게 있지 않고, 사람이 사는 마을에 누워 있다. 마을숲은 바람을 막아주고, 홍수 피해를 미리 없애준다. 게다가 많은 생물이 서로 이웃하여 산다. 상림숲은 요즘 나무보다 꽃무릇이 더 많이 피어 있다. 눈길 닿는 데마다 나무 그늘 반, 꽃무릇 반이다. 꽃무릇은 석화라고 부르기도 한다. 꽃이 먼저 피고, 꽃이 지고 나면, 잎이 돋는다. 꽃말은 참사랑이다.

숲은 결속된 힘이다. 나무와 꽃, 물과 바위가 서로 분리되어 있으면, 볼품없고 연약하기 그지없다. 이 모든 것이 서로 엮이고 결속하여, 숲은 거대한 우주를 형성하고 있다. 자신만을 드러내려 하지 않고, 상대와 어울리려고 힘쓴다. 나무는 나무가 있어야 할 자리에 있고, 꽃은 꽃이 있어야 할 자리만 차지한다. 물은 홍수가 아니면, 물길을 외도하지 않는다. 바위는 바위끼리 등을 맞대고, 서로에게 비빌 언덕이 된다.

숲은 어머니 품이다. 미우나 고우나, 자기 안에 있는 모든 것을 공평하게 품는다. 개미·풍뎅이·사슴벌레·나비·지렁이·굼벵이·산비둘기·다람쥐·토끼·버섯·나무·풀·물·꽃에 이르기까지. 어느 것 하나, 기울어지게 사랑하지 않는다. 숲에 들어서면 마음이 사늘해지고, 이런저런 걱정이 지워진다. 어린아이처럼 투정을 부려도, 숲은 말없이 미소를 지으며 다 들어준다.

숲은 자신을 언제나 넉넉하게 내어준다. 새에게 임대료 한 푼 받지 않고, 보금자리를 분양한다. 넝쿨식물이 올라가도록 제 몸에 상처를 내며, 사닥다리가 되기도 한다. 호미질하다 자루가 빠진 보성댁에게 자기 신체 가운데 일부를 호미 손잡이로 내준다. 폭우로 처마가 내려앉은 아랫마을에 사는 김 씨에게 자기 척추를 내어준다. 그의 지게 작대기가 되어주거나, 그의 어머니 지팡이가 되기도 한다. 숲은 어떤 조건을 내세우거나, 차용증을 쓰게 하지 않는다. 원하는 것을 아끼지 않고 그냥 준다.

숲은 팍팍하지 않고 유연하다. 바람이 불면 숲은 일제히 바람 부는 쪽으로 베개를 베고 눕는다. 바람과 맞서 봐야 티격태격 다툴 일만 생기기 때문이다. 숲은 바람과 다퉈봐야, 자신이 상처 입는다는 것을 잘 안다. 바람 앞에서, 숲은 일관되고 통일된 자세를 잡는다. 숲이 여러 세대에 걸쳐 살아오면서, 대대로 터득한 생존 법칙이다. 공생에 대한 원리이다. 바람의 발자국에 짓밟히고 짓이겨져도, 우뚝 일어서는 끈질김이 숲이 지닌 생명력이다.

상림숲은 사람의 뜻을 넣어 만들었지만, 자연스럽다. 백운산에서 흘러내리는 큰물이 함양 뜰을 늘 넘보았다. 숲으로 큰 물길을 막았지만, 숲에 물이 흐르는 물길을 만들었다. 바람이 지나가는 바람길도 냈다. 붙잡을 수 없는 것은 천천히 흘려보내고, 뭇 생명은 고요히 불러들여 품는다. 게다가 사람 사는 마을을 오래 끼고 있다. 사람까지 품는 아량이 있다.

숲 전체에 불붙듯이 핀 꽃무릇이 지루해질 무렵, 공원 쪽으로 발길을 돌린다. 사방 천지가 꽃 일색이다. 백일홍을 비롯해 키 낮은 해바라기·코스모스·국화·수수와 허수아비에 이르기까지. 버베나 혹은 버들마편초라 부르는 꽃이 유별스럽게 눈길을 당긴다. 버베나 군락지에 이르면, 마치 보랏빛 파도가 밀려오는 것 같다. 몸 둘 곳을 까마득하게 잇는다. 꽃말이 "당신의 소원이 이루어지길 바랍니다."라고 하니, 혼잣말 좀 몇 개 늘어놓으리라.

　포토존에 걸어놓은 '서툴더라도 반짝이게 살아가기'라는 글귀가 발길을 붙잡는다. 휠체어를 타고 가던 여성이 이 문장 앞에서 이를 환하게 드러내며 셀카를 찍는다. 걷는 게 서툴지만, 그녀의 웃음이 반짝거리며 빛난다. 그녀가 지나가고 나자, 숲 사이로 늦은 오후의 쇤 빛이 내려앉는다.

　숲과 공원을 속속들이 들여다보고 나오는 길, 통기타 반주에 맞춰 노래하는 가수를 만났다. 전국을 돌아다니며 버스킹을 하는 듀엣 '제프밴드'였다. 꽃무릇을 무대로 삼고 부르는 노래 '더욱더 사랑해'가 가슴을 파고든다. "사랑은 한순간의 꿈이라고/ 남들은 웃으면서 말해도/ 그렇게 사모하는 그대/ 불같은 마음으로 더욱 더 사랑해." 꽃무릇과 가사가 숲에서 만난 연인처럼 잘 어울린다. 숲과 꽃과 노래에 빠져 시간이 닳아지는 것을 잊었다.

　귀갓길, 허공에 한 송이 달이 오롯이 피었다.

2021. 09. 12.

30분

가을 끝, 여러 날에 걸쳐 비가 꽤 많이 왔다. 비바람에 나뭇잎이 한꺼번에 떨어지며, 나무 木 자를 명료하게 만든다. 오전에 글방을 대청소하고 손빨래도 했다. 이른 오후 연구실에 들렀다. 다음 주에 강의할 비대면 교과목 영상을 녹음하고, 글쓰기 교과목 수강생이 낸 리포트를 첨삭했다. 주말 학교가 적막하다. 주중에는 사람이 연구실 주변을 많이 오고 가므로, 녹음하는 것이 녹록지 않다. 일을 다 마치고 4시쯤 학교에서 나오다가, 막 뛰어가는 여학생을 보았다.

급한 일이 있을 성싶어, 차를 세우고 목적지를 물었다. 5시까지 객사 인근에 있는 식당으로 아르바이트하러 가는 길이란다. 시내버스를 타러 상관으로 가는 길이라고 했다. 상관까지만 태워 달라며, 녀석이 차에 올랐다. 상관농협에 들러 몇 가지 사려고 했으므로 목적지가 겹쳤다. 녀석에게 무슨 학과 학생이냐고 물었다. 운동처방재활학과 1학년 임○○라고 했다. 내가 이번 학기에 자기 표현적 글쓰기를 강의하는 선생이라고 하자 반가워했다.

　자기 표현적 글쓰기는 수강하는 학생이 많아 비대면으로 강의한다. ○○는 매주 리포트를 빠짐없이 꼬박꼬박 써서 또렷이 기억한다. 리포트를 성실하게 잘 쓰고 있다고 칭찬하자, 낯꽃이 화사하게 피었다. 녀석에게 간식을 사주겠다고 하자, "진짜요?"라는 말을 몇 번 되풀이했다. 농협에서 맘먹은 것을 사면서, ○○에게 먹고 싶은 것을 고르라고 했다. 과자 몇 개와 우유를 집어 들고, 녀석이 웃음을 넉넉하게 지었다.

　한참 내 눈치를 살피더니, 객사까지 데려다 달라고 했다. 그렇지 않아도 데려다주려고 한 참이었다. 마음이 서로 통했다. ○○는 집이 인천이다. 딸만 여섯인 집에서 둘째로 태어나 중학교 때부터 하키를 시작했다. 식당에 가면 저녁 먹을 시간이 없다며, 과자를 먹어도 되겠냐고 했다. 당연히 먹으라고 그랬다. 룸미러로 과자 먹는 모습을 보니 여간 시장한 것이 아닌 성싶다.

　"교수님! 매주 리포트 쓰는 게 힘들지만, 재미있어요. 저를 돌아볼 뿐만 아니라, 다른 사람과 관계를 어떻게 맺어야 하는지에 대해 많이 깨달았어요." ○○는 태어나서 처음으로 이렇게 글을 많이 써보았다. 운동선수는 몇 줄 대충 써도 점수를 기본으로 준다는 말을 들었지만, 자신은 삶을 대충 살고 싶지 않다. 모든 교과목을 열심히 공부하여 학과에서 1등을 꼭 하고 싶다.

　아르바이트도 얼렁뚱땅 하지 않는다. 일주일 가운데 화 · 수 · 목 ·

금요일에 아르바이트한다. 오늘은 다른 아르바이트생이 갑자기 나오지 않는 바람에 사장이 급하게 불렀다. 딸 여섯을 기르는 부모님께 힘이 되어드리려고, 부모님께 단 한 푼 손을 벌리지 않는다. 아르바이트한 돈으로 동생들 용돈을 챙긴다. 식당 일을 하도 성실하게 하니까, 사장이 다른 아르바이트생보다 시급을 더 올려주었다.

"교수님! 학교에 처음 왔을 때, 너무 실망했어요. 학교가 오래되어 불편한 것이 많아요. 그런데." 대부분 교수님께서 잘 이끌어주시고, 학과 친구들과 잘 어울려 이제 학교가 좋아졌다. 운동하다 보면, 선배들이 손찌검할 때가 있는데, 우리 학교는 그런 것이 없다. 다른 학생은 불편할지 모르지만, 학교 주변에 술집이 없어서 좋다.

학교 뒤에 산이 있어, 공기가 맑고 경치가 아름답다. 우리 학교 단풍은 어느 곳에 내놓아도 절경이다. 무엇보다 사람한테서 사람 냄새가 나서 살맛이 난다.

"저는 하키 선수지만, 하키만 생각하고 싶지 않아요. 폭넓게 공부하고 준비해서 제가 선택할 수 있는 영역을 넓히고 싶어요." 몸으로 뛰고 부대끼는 것은 자신 있지만, 책상에 앉아 책을 오래 들여다보는 것은 아직 힘들다. 앞으로 아르바이트하는 시간을 줄여 책을 보고 영어 공부도 하려고 한다. 운동선수가 몸은 유연하지만, 머리는 둔하다는 말을 듣기 싫다. 노력하면 못할 것이 없다고 마음먹고 산다.

"교수님! 열심히 하고자 하면, 행운도 따르는 것 같아요. 오늘은 좀 쉬고 싶었어요. 사장님이 하도 간절하게 부탁하셔서, 정신없이 뛰어 나가던 참이었어요. 그런데." 나를 만났다. 자기 표현적 글쓰기를 강의하는 교수님을 만나, 간식을 먹고 식당까지 편하게 가게 되었다. 나를 만난 것이 행운이라며, 잔즐거리며 웃는 녀석 표정이 그냥 꽃이다. 지상에 핀 꽃 가운데, 자신이 존재하는 것에 대해 행운이라고 여기는 것이 몇 송이나 되랴.

오목대 인근에서 방향을 돌리자, 차가 많이 밀리며 쾌분잡하였다. 주말을 맞아 한옥마을을 찾은 사람으로 붐비고, 갓길은 온통 주차장이다. "교수님! 저 때문에 30분 이상 허비하신 것 같아요. 죄송해요. 시간이 큰 재산이잖아요." 나는 ○○이가 식당에 늦게 도착할지 몰라 은근히 신경 썼다. 녀석은 내 시간 잡아먹는 것을 염려했다. 나이에 비해 마음의 우물이 얼마나 깊은지, 시간을 허비했다는 생각에 고개를 끄덕일 수 없다. 모양과 크기가 다른 돌일지라도, 서로를 얹으면 탑이 된다. 짧은 시간 동안 ○○이와 나는 서로 생각을 얹어 배려의 탑을 쌓았다.

○○이를 식당 앞에 내려주고 오는 길, 객사 일대에 늘어선 은행나무 잎이 땅으로 길을 내고 내려온다. 저 길을 따라 머지않아 첫눈이 올 것이다.

2021. 11. 14.

그럭저럭

　광주에서 나이에 비해 폭 삭은 홍어 같은 시를 쓰는 후배가 "요즘 별고 없지요?"라며 톡 안부를 물었다. '별고'라는 어휘가 낯설게 다가왔다. 늘 "형님! 안녕하시지요?"라고 해왔던 터라. 교회 일을 혼자 떠안은 것 같이 바삐 사는 큰아들의 안부는 요 며칠, "아빠! 무슨 일 없어요?"라고 바꿨다. 이전에는 "아빠! 뭐 해요?"라는 말을 즐겨 썼건만.
　요즘, 사람 만나는 게 뜬금없이 귀찮다. 10년 남짓 만나지 못했던 고등학교 친구 몇이 4월 초에 만나자고 안달이다. 내가 낼 수 있는 시간을 설레게 확인하고 있다. 순천 웃장 돼지 곱창집에서 만나, 술 한 잔 마시자고 한다. 옛 추억을 떠올리며. 나는 본디 술을 목에 잘 넘기지 못한다. 친한 친구들에게 안주를 축내는 인간, 이른바 '안축인'으로 낙인찍힌 지 오래되었다. 이순을 넘긴 고갯길에서, 이런 핀잔을 또 받을지 모른다. 술값을 서둘러 내려고, 맘을 단단히 짬매고 있다.

지난주 〈수필 문학〉을 듣는 모 학생이 상담하고 싶다며 시간을 물었다. 아직 상담할 시간을 알리지 못했다. 늘 그랬듯이, 강의가 없는 시간에 부모님 모시고 병원에 다녀와야 한다. 아픈 아들 약 타고, 모래재 넘어 모 시설에 있는 동생 면회도 해야 한다. 여섯 식구가 사는 집 쌀 포대는 금방 밑바닥을 드러내고 만다. 요즘은 쌀 포대 드는 게 힘겨워, 택배로 시켜 먹는다.

지난 학기까지 그렇지 않았다. 이번 학기부터 강의하고 나면, 온몸이 으레 가라앉는다. 그토록 불탔던 열정이 다 어디로 사라지고 숙지근하게 되었을까. 강의하는 게 설렜고, 마치고 나면 목욕탕에서 땀을 뺀 것같이 개운했는데. 서둘러 나이 탓으로 돌리지만, 무엇인가에 마음을 뺏긴 것 같다. 나무는 나무 나름대로, 누군가에게 마음을 얻어야 드디어 숲이 된다. 봄꽃도 누군가에게 마음을 얻어야 비로소 피어난다. 마음을 얻지 못하면, 어느 곳에 어떤 모습으로 있든, 초라하고 거추장스럽기 마련이다.

뒤돌아보면, 용쓰며 붙잡으려고 했던 게 얼마나 많았던가. 내 강의를 듣는 학생은 강의 시간에 해찰하면 절대 안 됐다. 리포트를 대충 쓰는 것은 글에 대한 모독으로 여겼다. 비문으로 된 문장으로 리포트나 자기소개서를 쓰는 것은 그냥 슬픈 일이었다. 특별히 신학과 학생이 목회 현장에서 설교문을 제대로 쓰지 못하면, 통탄할 일이라고 신앙했다.

글쓰기의 근력이 약한 신학과 학생을 볼 때마다, 도망갈 곳 없이 몰아붙였다. "이 과목을 반드시 수강해라.", "방학 글쓰기 특강에 꼭 참여해라.", "상담하러 연구실로 와라." 혹은 "문학 동아리에 들어와 열심히 글을 써서 등단해라." 집요하게 쏟아내는 잔소리에 멀찍이 피하는 학생이 많았다. 어쩌다 잔소리에 낚여 글쓰기의 근력을 기른 학생을 보면, 목돈의 적금을 탄 것 같았다.

　문학 동아리에서 글을 쓰면서, 마음의 상처를 싸맸던 제자가 최근 시집을 두 권 냈다. 녀석은 부모 손에 이끌려 폐쇄 병동에 입원한 아픔을 여태 씻지 못하고 산다. 피아노 칠 때가 가장 행복하지만, 음악적 재능을 누구에게도 인정받은 적이 단 한 번 없다. 서울의 모 대학원에 진학하여, 피아노를 공부하고 있다. 늘 불안하다고 느끼며, 자신의 앞길이 캄캄하다고 여기며 산다.

　얼마 전, 문학 동아리에 다시 참여하고 싶다며 전화했다. 녀석이 쓴 글은 거의 밝지 않고 칙칙하다. 글을 쾌청하게 쓰라고 여러 차례 말했다. 녀석의 글은 곳곳에 비구름을 잔뜩 안고 있다. 녀석은 자신이 쓴 글을 발표할 때마다, 눈물의 제방을 무너뜨렸다. 누군가 흘린 눈물을 눈여겨보려면, 마음의 근력을 길러야 한다. 누군가 앓는 소리를 귀여겨들으려면, 마음의 평수를 넓혀야 한다.

　요즘, 마음의 근력이 부쩍 줄고 있다. 잇대어 마음의 밭은 묵정밭같이 척박해지고 있다. 아침 안개가 뭉뭉하게 잠시 잠깐 낀 거라고, 애써 여기며 연유를 캐고 있다. 눕고 싶은 마음을 간신히 일으켜 길 위에 섰다. 매서운 바람과 달리 볕이 온온하다. 꽃이 지천이다. 숲은 옅은 초록을 밑그림으로 그리며, 새를 불러 모은다. 길섶 곳곳에 쑥이 불쑥불쑥 솟아, 아낙의 발걸음을 붙잡는다. 어머니께서 몸이 성할 때

끓여주신 쑥국이 떨어져 나간 입맛을 불렀건만.

비닐 두 봉지쯤 쑥을 캔 아주머니에게 "쑥 향기가 진동합니다."라고 했다. "쑥 해 먹을 줄 아세요?"라는 말끝을 놓치지 않았다. "된장 쑥국 끓이면 맛있지요." 큰 손으로 한 움큼 건네시는 쑥을 잽싸게 받았다. 작업실로 돌아와, 국 멸치 우린 물에 된장을 풀었다. 솥뚜껑이 뜀박질할 즈음, 쑥과 대파를 썰어 넣었다. 멸치액젓으로 간을 맞추었다. 쑥이 뿜는 향기가 온 방에 수두룩하다. 시들했던 입맛이 시나브로 돌아왔다.

몇 개 되지 않은 그릇을 씻고 나서, 모 작가가 보내준 작품집을 폈쳤다. 문장마다 목적격 조사가 아그데아그데 매달렸다. "~ 일을 하면서, 상의를 하여, 결혼을 하여, 반색을 하여, 소리를 질렀다."

내 삶의 문장에도 개염 부리는 게 많아, 목적격 조사를 애면글면 덧대고 있지 않을까.

2022. 04. 03.

글 몸살

 2학기를 시작했다. 코로나의 광기가 잦아들 줄 모른다. 개강하자마자, 코로나 때문에 두 주를 휴강했다. 지난주부터 200명이 훌쩍 넘는 수강생이 리포트를 일제히 내고 있다. 추석 연휴에 아무 곳도 가지 못하고, 리포트의 샅바를 부여잡고 있다. 허리에 잠자고 있던 통증이 선잠 깨듯 일어났다. 뾰쪽하다. 복대를 꺼내 둘렀다.
 나이 든다는 것을 그간 애써 외면했다. 마른 장작에 붙은 火氣와 같은 열정으로 학생을 가르쳤다. 요즘, 내 몸 곳곳에 글 몸살이 다닥다닥 붙어살고 있다. 詩心의 불꽃을 꺼지지 않게 하려고, 매일 글 몸살을 앓는다. 이제 내성이 강해져 글을 쓰고 나면, 이내 사라지고 만다. 이와 달리, 글쓰기 교과목을 수강하는 학생이 낸 글을 첨삭할라치면, 고질적인 허리 통증이 도진다. 글 몸살을 어김없이 되게 앓는다.
 이번 주는 글쓰기 특강을 하는 모 대학 학생이 낸 리포트까지 겹쳤다. 이러다 보니, 250명쯤 된 학생 리포트를 한 주에 봐야 한다. 시간을 허투루 쓰지 않고 첨삭을 아무리 해도, 학생이 낸 리포트가 밀물처럼 몰려온다. 마치 배舟에 들어찬 물을 컵으로 퍼내는 것같이. 게다가, 허리 통증은 만나지 않으면 좋을성싶은 사람처럼, 민망하게 불쑥불쑥 찾아온다.

 학생이 쓴 글 대부분은 글쓰기에 대한 기본이나 원칙을 갖추지 못했다. 고등학교 때 5지선다형 문제를 푸느라, 언어활동 능력을 제대로 기르지 못한 탓이다. 이런 처지에 매주 책을 읽고, 글을 쓴다는 것이 녹록지 않다. 어떤 학생은 다른 사람이 쓴 글을 통째 베껴서 낸다. 들여쓰기나 단락 나누기를 아예 모르는 학생도 있다. 서면으로 첨삭한 것을 이해하지 못해, 상담하러 연구실로 오라 해도 아무 반응이 없다.

 글쓰기는 어휘를 단순히 조합하고 열거하는 것이 아니다. 사고하고 조직하고 여러 차례 고쳐야 한다. 사고의 창고를 가득 채우고, 어휘나 문장을 부리는 기술을 연마해야 한다. 좋은 글은 저절로 만들어지지 않는다. 리포트 내는 날 닥쳐서 글을 쓰면, 글이 술술 풀리지 않는다. 콩케팥케 얽히고설킨다. 정상적인 사람은 날마다 숨 쉬는 것이 불편하거나 힘들지 않다. 숨 쉬듯이 매일 한 줄이라도 읽고 써야 한다. 글 쓰는 것이 삶이 되고, 삶이 글쓰기가 되어야 한다. 이렇게 해야 글 쓰는 것이 즐겁고 행복하다.

 『연어』에서 대부분 연어는 사람이 만들어놓은 쉬운 길을 택한다. 상류에 당도해 관행의 알을 낳으려 한다. 이전 세대가 그렇게 했던 것처럼. 이와 달리 '은빛연어'는 상류에 이르되, 건강한 알 낳는 것을 꿈꾼다. 건강한 생각은 건강한 삶을 살게 하고, 건강한 삶은 건강한 글을 출산한다. 이런 글이 눈물의 제방을 뜨겁게 무너뜨리고, 가슴을 뭉클하게 만든다. 글쓰기는 언어를 부리는 기술을 뛰어넘어, 자신과 공동체를 혁명해야 한다. 자신과 관계를 바르게 맺어야 할 뿐만 아니라, 타인과 사회·절대자와 관계를 잘 맺어야 한다.

이번 주 리포트 가운데『짜장면』을 읽고, 우리 사회가 안고 있는 문제를 골라 해결책을 논하라는 것이다. 글쓰기 기준과 원칙을 잘 지키라. 오류를 범하지 말라. 문제를 해결하는 글이므로, 독후감 식으로 쓰지 말라. 글을 쓰는 주체를 드러내지 말라. 주관을 개입한 표현을 쓰지 마라. 문장을 길게 쓰지 마라. 피동문을 삼가라. 우리말이 지닌 서술성을 살린 문장을 쓰라 따위, 잔소리를 여러 차례 한다. 많은 학생이 잔소리 듣는 게 싫었는지 개성 넘치게 글을 썼다.

이런 식으로 쓴 글은 대부분 학기를 마칠 즈음, 제자리를 잡는다. 내가 앓는 글 몸살도 이즈음, 시나브로 낫기 시작한다. 학생이 쓴 리포트를 첨삭하며, 만날 글 몸살만 앓는 게 아니다. 아버지가 사업에 실패하여 빚더미에 앉자, 초등학교 5학년때 어머니가 집을 나갔다. 이때부터, 엄마 아닌 엄마가 된 ○○, 친구들에게 따돌림을 당해 우울증에 걸려 자살을 몇 번 감행한 ○○, 예순에 한글을 깨우치고, 일흔 나이에 대학생이 된 ○○○ 어르신에 이르기까지. 저마다 가슴 깊이 묻어둔 아픔을 글 속에 풀어놓는다. 이를 통해 내 나태를 다스리고, 무딘 감성을 흔들어 깨운다.

지난 여름방학 때, 10주 과정으로 목회자를 대상으로 글쓰기 특강을 했다. 이때 참여한 모 목사님께서 매일 글을 써 페북에 올리신다. 예전에 쓴 글과 비교할 수 없을 정도로 글이 좋다. 목회 일정은 날마다 빠듯하기 마련이다. 이런 가운데 하룻날도 빠트리지 않고, 사색하고 조직하고 표현하는 열정이 빚은 결과이다. 그간 사소하게 여기고 지나친 일상의 껍질을 벗기고, 의미를 부여한 열매이다. 목사님 글에 성찰과 관찰이 배어있고, 반성과 회한이 깃들어 있다. 자신과 타인, 하나님과 관계의 끈이 굵직하고 단단하다. 글은 이렇게 써야 한다.

연구실 문을 나서려고 할 때, 모 학과 4학년 학생이 들어왔다. 세상에서 산전수전 다 겪고 늦은 나이에 입학했다. 1, 2학년 때, 글쓰기 교과목을 수강한 것으로 양이 차지 않았던지, 청강까지 여러 번 했다. 게다가 방학마다 특강에 참여했다. 책상 위에 작은 포도 상자를 놓고 부리나케 나갔다. "교수님! 리포트 쓸 때마다 교수님 생각이 나서 감히 잊을 수가 없습니다. 항상 감사드리며 건강하시기 바랍니다."라는 쪽지와 함께.

허리에 둘렀던 복대를 풀었다.

2020. 10. 6.

첩첩글중

　나무마다 잘 물든 잎을 죄다 내려놓고, 한결 홀가분해졌다. 저마다 나무 목 字가 선명하다. 손이 미처 닿지 못한 우듬지에 감이 까치밥이란 이름으로 그럴싸하게 매달려있다. 비움과 남김의 절묘한 조화로 곳곳이 절경이다.
　지난 한 주, 집 일부 전기가 고장 났다. 지인에게 소개받은 사람이 며칠 원인을 분주하게 찾았다. 10년 된 조명기구를 갈고 스위치를 바꿨으나, 누전차단기가 계속 떨어졌다. 심야전기보일러 컨트롤에 이상이 생겨 일어난 일이란 걸 뒤늦게 알았다. 교체하면서 뜻밖의 돈이 많이 들었다. 불치병이나 난치병보다 더 무서운 병이 까닭 모르고 앓는 병이다. 누전차단기가 계속 떨어지는 시간 내내, 온 식구가 혼이 나갈 지경이었다.
　어제, 연구실에서 글쓰기 수강생이 쓴 리포트를 첨삭하고 있을 때, 모 학과 교수님께서 오셨다. 공들여 들인 미안한 표정이 무엇인가 부탁할 요량 같다. 예측이 적중했다. 오늘 밤까지 모 학회지에 논문을 보내야 한다면서, 비문을 좀 고쳐달라고 했다. 리포트 첨삭이 밀려 정신없다고 한사코 손사래를 쳤다. 두세 번에 걸쳐 하도 애잔하게 부탁하는 것을 단칼에 내칠 수 없었다. 안 된다고 단호하게 거절해야 한다는 말은 古典 속에서나 있을법한 경구이다.

한참 있다, 연구실 전화가 울렸다. 총장 비서실에 근무하는 선생님이 총장님이 보자고 한다고 했다. 총장실에 들렀다. 총장님과 역사박물관장인 모 교수님이 계셨다. 개교 100주년을 맞아, 학교 역사박물관을 만드는 홍보지 안내문을 써달라고 부탁하셨다. 원고를 오늘내일 중으로 마무리해야 한다는 것이다. 모 교수님 논문 수정과 겹쳐 앞이 아찔했다.

글쓰기 수강생이 쓴 리포트 첨삭하는 것을 멈추고, 모 교수님 논문을 먼저 보았다. 20여 쪽에 이른 논문 문장을 수선하는데, 3시간 이상 걸렸다. 11월 끄트머리 어둠은 속보로 찾아올 뿐만 아니라, 몸짓이 크다 못해 육중하다. 글방으로 가는 길, 머릿속이 온통 홍보지 쓸 글 생각으로 가득 찼다. 신호등 앞에서 어휘 몇 개가 번갯불처럼 스쳤다. '역사 · 100년 · 오늘 지금 · 모래 · 벽돌 · 기억'에 이르기까지. '둔필승총鈍筆承聰'이라 했던가. 갓길에 차를 세우고 떠오른 어휘를 잘 적어뒀다.

글방에 이르러, 어휘를 조합하여 글을 마무리했다. 원고를 내일 아침 모 교수님과 연구실에서 만나 함께 보기로 했다. 잘 쓰지 못한 글은 장이 꼬인 사람처럼 끙끙 아플지 모른다. 글이 말할 수 있다면, 그

곳을 찾아 단번에 고치면 되련만. 아프다고 말할 수 있으면, 반은 이미 나은 것이나 다름없다. 불쑥 시상이 떠올랐다.

"아프다 말할 수 있으면/ 반은 이미 나은 것이다/ 태어나자마자 눈 멀고/ 귀먹고 입까지 굳게 닫힌/ 풀잎 이슬 같은 아들에게/ 스물하고도 여섯 해째/ 아빠 소리 한 번 듣는 게/ 여한 없는 꿈이었는데/ 제 몸 북처럼 치지 않고/ 어디가 어떻게 아픈지/ 이 말 한 번 해줬으면/ 아프다 말할 수 있으면/ 반은 이미 나은 것이다"
(「아프다 말할 수 있으면」 전문)

모 교수님 논문 보랴, 역사박물관 홍보하는 글 쓰랴. 이 통에 리포트 첨삭하는 게 첩첩이 밀렸다. 서둘러 리포트를 첨삭했다. 좀체 줄어들 기미가 없었다. 학기 초에 대부분 엉성했던 수강생 글이 촘촘해지고, 물컹했던 글이 단단해졌다. 게다가 생각의 깊이가 깊어지고, 넓이가 널찍해졌다. 덕분에 첨삭하는 시간이 학기 초보다 많이 줄어들었다. 이러할지라도, 수강생이 많아 일주일 내내 리포트를 붙잡고 살아야 한다.

오늘 아침, 연구실에서 모 교수님과 만나 홍보용 원고를 마무리했다. 점심을 어두문학회 회원과 함께 먹고, 곧바로 글쓰기 수업을 했다. 한 달에 두 번 만나 각자 쓴 글을 서로 합평하며, 저마다 작가를 꿈꾸고 있다. 삶은 글이고 글은 삶이다. 이것을 실천하며 치열하게 글을 쓰고 있다. 일상이나 우주와 자연, 생명을 사소하게 여기지 않고,

의미를 부여하는 삶을 진득이 살고 있다.

  수업을 마치고 한숨을 돌리는 순간, 지인 작가가 이번에 발간할 작품집 원고 좀 봐달라고 전화했다. 게다가 시일을 내일까지라고 못까지 박으면서. 그동안 작품집을 발간하라며 독려 아닌 협박을 해댄 원죄를 면키 어려웠다. 300여 쪽에 이른 글을 내일까지 끝내려면, 만사 제쳐두고 집중할 수밖에 없었다. 연구실 문밖에 '시방 녹음 중'이란 푯말을 내걸고, 지인이 보내준 원고에 온정신을 파묻었다. 어떤 문장을 보고 눈물 흘리고, 어떤 글을 보며 웃음 지었다. 학교가 어느새 어둠에 깊이 갇혔다.

  지인 원고를 보느라, 산책하는 것도 잊었다. 허리가 묵직해지면서 온몸이 쑤셨다. 눈앞에 활자가 광기의 춤을 추었다. 내 혼이 춤사위에 말려들어 혼미해졌다. 눈을 뜨니 새벽 4시다. 문자 하나가 눈에 오도카니 들어온다.

  "교수님! ○○○ 목사입니다. 모 교회 목사 청빙이 있어 자기소개서를 썼습니다. 부탁드려도 될까요?"

  첩첩글중이다. 바위가 몸을 누른 것처럼 도저히 일어날 수 없다. 통증이 온몸을 쥐어짜며 차오른다. 통증에 언어의 날개를 붙여 시나브로 날려 보낸다. 어쩌다 보니, 첩첩글중. 이 골짜기를 즐기며 넘고 있다. 어쩌다 보니, 글 몸살. 이 몸살을 황홀하게 앓는다.

2020. 11. 28.

4부

녀름의 여름

매미 울음소리가 귀에 띄게 쇠잔해졌다. 불볕 속에서 얼마나 많은 매미가 사랑에 뜨겁게 빠지고, 실연의 늪에서 애통하며 허우적거렸을까.

7월 첫 주에 시작한 여름방학 글쓰기 특강을 오늘 종강한다. 돌아보니, 방학마다 글쓰기 특강 한 것이 스물네 해째 되었다. 시간은 우리에게 무늬가 되기도 하고, 얼룩이 되기도 한다. 올여름 글쓰기 특강을 한 여덟 주는 내 삶의 복판에 무늬로 앉아 있다. 스물네 해 전, 대학에 출강하는 지인 몇 사람이 밥을 먹는 자리였다. 모 학교 출신은 졸업한 후 현장에서 머리로 일하고, 우리 학교 출신은 몸으로 때운다는 말을 들었다. 연유를 캐니 우리 학교 출신이 다른 대학 출신에 비해 언어활동 능력이 떨어진다는 것이다.

그해 여름방학부터 글쓰기 특강을 시작했다. 강의실에 냉방시설을 하지 않아 선풍기로 더위를 쫓던 시절이었다. 첫 주에 스무 명 남짓 나왔던 학생이 둘째 주에는 여학생 혼자 나왔다. 천장에서 굉음을 내며 돌아가는 선풍기 바람으로는 무더위를 견뎌낼 재간이 없었다. 겉옷까지 땀에 젖어 살에 달라붙을 지경이었으니 어쩌랴. 어쩌면 무더위보다 우리가 품은 열정의 온도가 더 낮았는지 모른다. 핑계는 잘못된 인과관계의 오류를 그림자처럼 달고 다닌다.

코로나 상황에서 사람 만나는 것이 두렵고 간절하기도 하다. 많은 사람이 코로나뿐만 아니라, 내 건강을 염려했다. 알 수 없는 자력에 끌려 방학 글쓰기 특강을 계속했다. 실하지 못한 허리가 허물어지면, 응급실에 실려가 치료를 받고 강단에 섰다. 이렇게까지 한 것은 내가 무엇인가에 희한하게 쓰인 것이 분명하다. 올여름방학 특강에 꽤 많은 사람이 참여했다. 학부생을 비롯해 대학원생, 동문 목사님과 지역 주민, 다른 신학교에 몸담고 있는 대학원생에 이르기까지.

방학 글쓰기 특강은 학점과 관계없으므로, 독하게 맘먹지 않으면 강의에 집중하기 어렵다. 세상에서 가장 무서운 병은 불치병이나 난치병, 희귀병이 아니다. 무슨 까닭으로 아픈지 모르고 앓는 병이다. 글쓰기 역시 어떤 기준과 원칙에 따라 해야 하는지 모르고 쓰면 답답하고 두렵다. 글 종류에 따라 차이가 있지만, 생각나는 대로 무조건 쓴다고 다 좋은 글이 될 수 없다. 글 쓰는 능력을 타고난 사람은 별로 없다.

누구나 구슬땀을 흘리며 글밭을 묵히지 않고 갈아엎어야 한다. 배가 고프면 허기를 느끼듯이, 글을 한 줄이라도 쓰지 않으면 목이 폭폭 타야 한다. 누군가를 그리워하다 보면 끝내 앓아눕듯이, 글에 대한 그리움의 통증을 느껴야 한다. 세상살이 하다 보면, 우리는 막판에 이르러서야 철들고 절박해진다. 스스로 만든 사고의 새장에 갇혀 날개가 퇴화된 것을 이때 겨우 깨닫는다. 우리가 짓고 사는 생각의 집은 의외로 평수가 좁다. 게다가 열심의 온도는 각자가 처한 환경의 기상에 따라 자주 꺾인다.

지난 학기 글쓰기 교과목을 수강한 학생 가운데, 몇몇 학생에게 글쓰기 특강에 참여하라고 권유했다. 글쓰기를 교양으로 끝내고 말면, 앞으로 글살이가 힘들겠다 싶었기 때문이다. 이들 가운데 끝까지 참여한 학생은 몇 안 된다. 글은 꽃이 피어나는 과정과 같다. 씨앗이 흙에 묻혀 썩어야 비로소 뿌리가 된다. 흙을 뚫고 올라야 드디어 싹이 된다. 바람을 몸소 견뎌야 마침내 꽃이 된다. 글을 쓰다 보면, 뜻대로 되지 않아 속이 썩어 문드러진다. 틈 하나 보이지 않아 절망일 때가 있다. 이런 과정을 견뎌야 글과 화목하게 된다.

글쓰기의 토양은 삶이다. 잘살고 잘 견뎌야 한다. 흙이 건강하지 않으면 심은 작물이 병치레가 잦고, 사소한 바람에도 쓰러진다. 어떻게 생각하고 어떻게 살고 있는지에 대한 열매가 글이다. 세월을 아낄 줄 모르는 사람이 가꾼 글밭은 묵정밭이 된다. 세상과 우주, 생명과 자연에 대해 무관심하면 글의 싹이 돋지 않는다. 책 몇 장 읽고 지루하면 글 쓰는 것이 지겹다. 사람 앞에서 이야기하는 것이 떨리면 글 쓰는 것도 두렵다. 다른 사람이 하는 말을 맞이할 줄 모르면, 자신이 쓴 글을 문 밖으로 내보지 못한다.

이번 글쓰기 특강을 통해 여러 학생에게 글 쓰는 길을 안내했다. 때로는 앞서 가며 빨리 따라오라고 다그쳤다. 언어활동 기준과 원칙, 오류를 파악하라. 글을 쓰기 전에 미리 설계하라. 고쳐 쓰기에 시간을 많이 쓰라. 긴 문장을 절대 쓰지 마라. 논지가 산만하고 비문법적인 문장이 된다. 문장 사이에 유기성을 갖춰라. 우리말은 서술성을 살려야 살아있는 문장이 된다. 글은 매일 숨 쉬듯이 써야 한다. 지겨웠을 것이다. 귀찮았을 것이다. 글 쓰는 것보다 듣기 힘들었을지 모른다.

때로는 먼발치에서 뒷모습을 늠늠하게 바라봤다. 글을 꾸역꾸역 쓰면 안 된다. 열애하듯이 설레고 즐겁게 써야 한다. 느닷없이 바람 한 번 쐴 요량으로 불쑥 나서서도 안 된다. 글은 늘 진득하게 써야 한다. 눈에 들어선 어느 한 사람도 꽃 아닌 사람이 없다. 어느 한 사람도 글벗 아닌 사람이 없다. 어느 한 사람도 선생 아닌 사람이 없다. 여름은 뭇 열매가 체중을 불리고 근육을 단단히 하는 시간이다. 두음법칙을 적용하지 않았던 조선 전기, '녀름'은 계절을 '여름'은 열매實를 뜻했다. 여름날 땡볕 밑에서 많은 사람이 글쓰기의 길을 걷느라 땀을 쏟았다. 글 쓰는 열정을 모닥불처럼 지폈다. 저마다 거둘 여름은 이제 각자 우릿하게 추수할 몫이다.

고덕산이 산그림자를 짤막하게 풀어놓는다. 산도 날마다 땡볕에 몇 자라도 쓰고 나서야 밤을 맞는다. 멀지 않은 시각에 달이 차올라, 산이 쓴 문장을 밑줄 쳐가며 초롬하게 수선할 것이다.

2021. 08. 21.

그래, 그랬구나

 첫눈이 내렸다. 첫걸음으로 온 눈만이 첫눈이랴. 외롭게 가물고 뾰쪽이 추울 때, 단걸음으로 와 포근히 감싸주는 문안은 첫눈같이 설렌다.
 지난주 종강했다. 그제 수강생 성적을 입력했다. 몇몇 학생이 첫눈 같은 안부를 건넸다. 매주 글을 쓰느라 힘들었지만, 막상 종강하니 아쉽다는 ○○이. 중간에 포기할까 고민하다, 좀 더 노력하면 잘할 수 있을 거란 말에 용기 냈다는 ○○. 리포트 외에 매일 글을 쓰면서 글쓰기 능력이 향상하여 기쁘다는 ○○에 이르기까지. '자기 표현적 글쓰기'를 수강한 학생은 리포트 외에 이른바 '일일 에세이'를 날마다 썼다.
 첫눈 같은 기별을 전하는 학생만 있는 게 아니다. 종강이 가까웠는데도 리포트를 하나도 내지 않은 사람이 꽤 있다. 일일이 전화하여 리포트를 쓰라고 하지만, 끝까지 쓰지 않고 버티면 어찌할 방법이 없다. 학생 본분 따위를 운운하며 윽박지르기까지 해보지만. 한두 줄이라고 써서 보내라고 읍소해도 소용없다. 성적은 당장 국가장학금과 연관 있다. 학생이 성적을 제대로 관리하지 않으면, 부모 호주머니를 축내기 마련이다.

○○는 모 학과 졸업반이다. 이번 학기 '경험적 글쓰기'를 수강했다. 4년 내내 학교에서 아르바이트하며 공부했다. 학기 중반쯤 학교 앞 카페에서 마주쳤다. 리포트를 하나도 내지 않은 것이 떠올라, 리포트를 내라고 당부했건만. 종강할 무렵이 되었는데도, 리포트를 하나도 내지 않았다. 두어 번 전화해도 받지 않아, 조교 선생님을 통해 연락하게 했다.

기다림의 배경은 신뢰이다. 1학년 때 '인문고전 읽기'를 수강할 때만 해도 ○○는 제 앞가림을 잘했다. 아버지는 남녘 조그만 섬에서 목회한 것으로 기억한다. 코로나가 발발하기 이전, 예배드리려 예배실에 갈 때마다 문 앞에서 예배를 안내했다. 학교 예배를 주관하는 부처에서 아르바이트한 것이다. ○○가 전공한 학과와 목회자 딸로서 안성맞춤이라고 여겼다.

기다림의 본색은 설렘이다. 초조해지다 뜻밖에 분을 품을 수도 있다. ○○에게 일주일 전 리포트 낼 기회를 주었다. 횟수를 셈하면 세 번에 이른다. 그제 성적을 입력할 때까지 리포트를 내지 않았다. ○○ 대학원장 교수님에게 ○○가 대학원에 지원했느냐고 확인했다. 지원하지 않았다. 조교 선생님에게 ○○가 F 학점을 맞으면 졸업할 수 있는지 물었다. 이즈음에 이르자, 인내의 둑이 무너졌다. 그냥 F를 주고 말자는 결기가 분으로 굳어졌다.

　기다림은 강한 자성이 있다. 이번 학기 '논리적 글쓰기' 수강생 가운데, 베트남에서 이주한 학생이 있다. 우리나라에 온 지 10여 년이 넘었다. 우리말을 자연스럽게 잘한다. 세 자녀를 둔 만학도이다. 매주 최선을 다해 리포트 쓰는 모습이 마치 대장장이 같다. 한국말은 어느 정도 하지만, 글을 잘못 쓴다며 잘 지도해달라고 했다. 진솔한 고백이 마음을 눈부시게 끌었다. 리포트를 낼 때마다, 다음에는 더 잘 쓰도록 노력하겠다고 다짐한다. 열심히 하려는 모습이 풍성하여 든든했다. 단번에 글을 잘 쓸 수 없다. 글 쓰는 역량뿐만 아니라, 생각이 깊어지고 넓어지는 글은 기다림을 끌고 온다.

　기다림은 목을 길게 빼게 한다. ○○이는 여학생이 대부분인 모 학과 2학년이다. 이번 학기 '자기 표현적 글쓰기'를 수강했다. '인문고전 읽기'를 수강한 1학년 때, 강의실 맨 뒤에 앉아 눈길을 주지 않았다. 질문하면 제대로 대답한 적이 없었다. 친밀해지려고 강의실 창문을 닫으라고 하거나, 소소한 것을 시켜도 영 들은 체하지 않았다. 학교 홈페이지에 학교 식당 밥이 형편없고, 기숙사가 후지다는 글을 올리곤 했다. ○○이 글은 학기 초에 갈팡질팡했다. 글쓰기 상담을 한 후 중심을 잡더니 이내 평온해졌다.

　기다림은 말랑말랑한 눈물이다. F 학점을 주려고 맘먹고 있던 ○○가 리포트를 보냈다고 문자했다. 자정이 막 넘은 시각이었다. 그간 밀린 10여 편에 이른 리포트를 한꺼번에 보냈다. 얼마나 알차고 정성 들여 썼는지, 아마 끼니도 거르고 쓴 폼 같았다. 10여 편 리포트가 마치 ○○ 가족 앨범 사진처럼 속내를 곳곳에 드러냈다. 아버지는 교인이 몇 안 되는 교회 목사이다. 언니는 장애를 갖고 있다. 어머니는 생계를 고스란히 떠맡아, 날마다 일하러 나가신다. 용돈을 받아 쓸 형편이 안 돼, 4학년 때까지 아르바이트를 줄곧 했다.

  자기 삶이 하루밖에 남지 않았다고 여기며, 유언장을 쓰라는 리포트를 이렇게 갈무리했다.

"자정을 앞두고, 과제 제출 마감이 얼마 남지 않은 시점에서, 이 글을 쓰다 보니 더욱 실감 나네요. 리포트를 제출하지 못하면, 정말 끝이라고 생각했어요. 제가 사람과 하나님께 죄지은 일에 대해 갚을 도리가 없습니다. 하지만, 이때까지 기다려주신 교수님께 죄송하고 감사하단 말씀 전해드리고 싶습니다. 사는 날까지, 나약한 주의 종을 버리지 않으신 주 여호와 하나님께 감사드립니다."

  그래, 그랬구나.

2020. 12. 31.

우중雨中

지물지물하더니 억수다. 장맛비가 비문의 긴 문장처럼 하염없이 내린다. 신발장에 깊이 잠든 장화를 흔들어 깨웠다. 비가 폭발적으로 쏟아지는 날, 하루쯤은 산책하는 것을 그만둬도 될 성싶지 않을까. 요렇게 마음을 다독인다. 어둑한 길에 빗물이 꽐꽐 넘친다. 산책은 단순한 보행이 아니다. 낮에 뜨겁게 달아올랐던, 누군가에 대한 서운함의 온도를 떨어뜨리는 시간이다. 살다 보면, 뜻하지 않게 관계가 얽히고설킨 사람이 있다. 얼마 전, 한 어른을 만났다. 어른은 세월을 많이 살았다고 어른이 아니다. 어떤 지위에 있다고 어른이 아니다. 나 같으면, 그런 상황에서 이렇게 했을 것이다. "그동안 수고했다. 집안일 때문에 얼마나 힘이 드느냐?" 이랬다면 그 사람과의 여운이 길게 남았으련만.

사람을 만나다 보면, 사람 마음이 벽일 때가 있다. 자신이 만든 감옥에 스스로를 가두고, 빠져나오지 못한 사람이 있다. 이런 사람과 서로 원만하게 대화하기는커녕, 어떤 문제를 해결하기 어렵다. 견고한 콘크리트 벽도 실금을 그으며, 속닥속닥 속삭이건만.

성적을 확인한 모 학생이 점수를 잘 줘서 감사하다고 전화했다. 그녀가 쓴 글 속에는 아픔의 옹이가 곳곳에 박혀 있었다. 옹이를 인내의 나이테로 만든 뚝심과 성실이 옹이를 무늬로 만들었다. 글 쓰는 리포트가 힘들어, 학교를 그만둘까 하고 한때 고민했다. 옹이를 나이테로 바꾼 삶처럼 밤을 새우며 글을 썼다. 지금은 글맛을 깊이 깨달아 작가를 꿈꾸고 있다. 모 학생은 어떤 근거로 자기 성적이 90점이냐고 물었다. 함께 다니는 친구보다 점수가 낮다는 것이다. 잘 설명해주었다.

우리 마음은 칼 창고일지 모른다. 사람을 찌르는 것은 예리한 칼날이 아니다. "고마워요·수고했어요·사랑해요·감사해요." 이런 말에 자물쇠를 잠그고 사는 벽 같은 마음이 칼 창고이다. 우리는 나만 바라본다. 자신만 알아보려고 한다. "나 때문에 네가 아팠구나. 미안해, 잘못했어." 이런 말을 꽁꽁 동여 묶고 사는 마음이 칼 창고이다.

이번 학기 어느 과목보다 〈논리적 글쓰기〉 강의가 힘들었다. 매주 수강생이 쓴 리포트를 일일이 첨삭했다. 글귀를 알아듣지 못한 학생은 연구실에서 상담했다. 시도 때도 없이 현기증이 찾아왔다. 어느 순간, 먼지처럼 푹 내려앉을지 모른다는 생각이 자주 일었다. 이런 가운데, 수강생이 쓴 리포트를 제때 첨삭하려고 애썼다. 예상했지만, 수강생이 강의 평가를 한 게 신통치 않다. 매주 글을 쓰는 것에 대한 불만이 탱탱했다.

길 위에 서면, 이런저런 것을 시나브로 지울 수 있다. 길은 감정의 지우개이다. 서운한 감정이 까마득한 옛일이 되어 망각의 강을 건넌다. 어수선했던 마음의 물결이 이내 잔잔해진다. 비에 젖은 풀잎이 눈에 꽃처럼 들어온다. 빗속에서도 그림자 꽃을 피운 가로등 불빛이 평온을 일군다. 눈에 보이는 것마다, 온기 넘치는 풍경이 되어 와락 안긴다.

비는 어느 순간 불청객처럼 아무 기별 없이 오지 않는다. 조짐을 보인다. 개미떼는 부산히 발을 떼며, 뗏목 대형을 만든다. 한사코 들바람은 배꼽을 땅바닥에 대고 포복한다. 먼 철길을 걷는 열차가 다리품을 요란하게 판다. 이런 날, 아버지의 '에고고' 선창에, 어머니는 '아이고'를 후렴으로 매다신다. 새들은 산속으로 서둘러 깃들고, 까치는 감나무로 바삐 돌아간다. 왕대숲이 수직의 적막을 흔들며 깨진다. 아픔은 홍시처럼 뚝 떨어지건만.

살다 보면, 속 끓인 날이 꽤 많다. 이런 날 길 위에 몸을 올려놓고, 바람의 행보대로 갈 之로 흐른다. 밤길에서 만난 건 사람보다 나무이다. 온몸이 귀인 나무에게 묵은 속사정을 보따리째 풀어놓으면 새가 된다. 사랑은 비문까지도 들어주는 것이다. 누군가 곁에 나무처럼 곧추서, 온몸을 귀로 만들어 내주어야 한다. 맘속에 사랑이 몽실몽실 피어나면, 시가 꿈틀거린다. 눈에 들어오는 것이 풍경일 때, 시가 마음속에 길을 내고 타박타박 걸어온다. 빗방울이 약해졌다. 빗속에서도 풀잎이 시퍼렇게 당당하다.

풀잎이 빗속에서 당당히 서있는 건/ 자신이 넘어지면 풀밭이 꺾이므로/ 저마다 홀로 아니다 누군가의 힘이다// 나락이 바람 앞에 오롯이 서있는 건/ 자신이 쓰러지면 논배미 흉하므로/ 저마다 홀로 아니다 누군가의 밥이다.

(「저마다」 전문)

    지난주, 방학 집중 글쓰기 특강을 시작했다. 30여 명이 넘는 사람이 왔다. 글은 자신이 살아온 삶의 무늬이자 빛깔이다. 대충 살면서 글을 잘 쓰려고 하면, 글을 모독하는 것이다. 늘 그랬다. 학생을 가르친다고 생각한 적이 없다. 학생을 통해 무엇인가 배우려고 한다. 강의 시간에 학생에게 한 말을 실천하려고 몸부림친다. 글쓰기는 삶이다. 삶은 글쓰기를 통해 마침내 완성할 수 있다.
    누군가와 관계가 헐렁해질 때, 글이 균형을 잃는다. 누군가에 대한 분노심이 맘속에 박힐 때, 글은 송곳이나 사금파리가 된다. 우주를 화목하게 눈여겨보고, 화기애애하게 귀여겨들으면 글이 찾아온다. 만날, 그런 것은 아니다. 어느 순간, 불쑥 게을러지고 싶을 때가 있다. 이때, 한결같이 길 위에 선다. 길은 성찰의 통로이자 창작의 산실이다. 마음의 평수를 넓혀 자신을 객관화하고, 우주만물을 시야의 뜰로 깊이 들여 바라보게 한다.
    이 길에 장맛비가 다시 쏟아진다. 내 삶에 볕 좋고 달빛 낭창한 날만 있었던가. 굵은 빗방울 소리를 두꺼운 서정시 한 권같이 유유히 듣는다.

2021. 07. 11.

꾹

 단풍이 눈부시게 영글고 있다. 오늘은 일주일 가운데, 유일하게 강의가 없는 날이다. 단풍 따라 흐르고 싶은 생각이 뜬금없이 솟았다. 오후에 격주로 학교 문학 동아리 회원과 모인다. 흐르고 싶은 맘을 접고 머물 수밖에. 글쓰기에 관해 상담하라고 여러 차례 권유했건만, 몇 사람은 아무런 반응이 없다. 몇 차례 날짜를 잡았다. 리포트를 첨삭할 때마다 얘기했는데도 바위와 같다.
 오전에 집안일 하려던 계획을 바꿔 세 학생과 상담 시간을 잡았다. 10시에 모 학과 ◯◯이가 왔다. 표정이 마지못해 온 사람처럼 무겁고 어둡다. 녀석은 들여 쓰지 않고 단락을 나누지 않은 채 글을 썼다. 문장이 어떻게 긴지, 산만하고 비문법적인 문장 일색이다. 전체적으로 내용이 주제에 벗어나 논점에서 벗어난 오류를 범했다.
 문장 하나하나를 짚어가며 설명했다. 듣는 태도가 산만하고 못마땅

한 내색이 여전했다. 설명한 것을 바탕으로 다시 써서 상담하라고 했다. 아무 말도 하지 않았다. 다시 상담하든 말든, 네 뜻대로 하라 하고 보냈다. 함께 상담하러 온 ○○이는 자신이 쓴 자료를 가져오지 않았다. 문학 동아리 모임이 4시쯤 끝날 것 같아, 그때 자료를 가지고 오라고 했다. 시간이 안 된다고 그랬다. 들숨을 깊이 들여 쉬고 날숨을 길게 내쉬며, 울퉁불퉁하게 끓는 감정을 꾹 다스렸다.

몇 해 전, 대학 글쓰기 교육 방안으로 이른바 'HVWL 글쓰기 교육 시스템'을 개발했다. 'HVWL 글쓰기 교육 시스템'은 우리 학교 교양 필수인 '인문고전 읽기를 통한 글쓰기 교육'과 비교과 영역인 '방학 집중 글쓰기 교육', '글쓰기 상담을 통한 글쓰기 교육', '문학 동아리 활동을 통한 글쓰기 교육'을 일컫는다. 교과 과정과 비교과 과정을 연계하여 글쓰기를 교육한다. 학기와 방학을 가리지 않고, 글쓰기 교육을 지속한다. 문제를 해결하는 글쓰기와 창의적인 글쓰기를 병행하고, 학교 구성원과 지역 주민이 참여할 수 있다.

이 프로그램을 만들고 정착시키는 과정이 순탄치 않았다. 맨땅에 삽질하는 마음으로 땀을 쏟았다. 매주 책을 읽히고 글을 쓰게 하자, 불만을 쏟은 학생이 많았다. 게다가 일부 교수는 학생이 글쓰기 교과목 리포트를 쓰느라, 자신이 담당하는 전공과목을 소홀히 한다며 볼멘소리를 했다. 교양과목은 대충해야지 무슨 대학원 수업하느냐며 대놓고 핀잔을 주는 교수도 있었다. 내 앞에서 이렇게 이야기하는 교수가 몇 있었으니, 뒤에서 흉본 사람은 아마 더 있었을 것이다. 꾹 참았다.

모 교수는 아예 글을 본인 스타일대로 쓰면 그만이라고 그랬다. 복잡하게 이런저런 것을 일일이 따질 필요가 뭐 있느냐는 논리였다. 교양은 학점만 따면 되는 것이고, 전공을 제대로 해야 한다고 우격다짐하였다. 우연히 이 교수가 쓴 글을 편집하면서 읽을 기회가 있었다. 잘난 척할 일 아니다. 오늘 상담하러 온 ○○가 쓴 글처럼 문장이 너무 길었다. 글을 읽다 숨넘어간 줄 알았다.

이뿐만이 아니다. 교양을 전공의 하수인쯤으로 여기는 학교가 많다. 교양학과는 폐과된 학과 교수가 은퇴할 때까지 머무는 정류장이다. 전공 수업 시수를 채우지 못한 교수가 교과목 이름을 적당히 바꿔, 수업 시수를 채우는 땜빵 충전소이다. 총장이 입맛에 맞는 사람을 쓰려고 할 때, 보낼만한 학과가 없으면 교양학과에 말뚝같이 박는 곳이다.

점심을 하잔하게 먹고, 오후 2시부터 문학 동아리 수업을 했다. 참석하지 못한 사람이 많았다. 회원 가운데 ○○는 모 학과 2학년이다. 건강이 좋지 않아 휴학했다. 이런 상황에서도 동아리 모임에 꼬박꼬박 나온다. 이런저런 속사정이 있어서, 나이를 먹을 만큼 먹고 학교에 왔다. 지난번에 완성한 작품 「다락방」과 오늘 발표한 「인생의 회전목마」는 등단해도 손색없을 정도로 빼어나게 썼다.

지난 시간이 누군가는 옹이 같고, 누군가는 꽃무늬 같을 수 있다. 절망을 희망으로 바꾸고, 외로움을 절대고독으로 전환하는 저력이 글쓰기이다. ○○가 쓴 글을 읽고 꾹꾹 누르느라, 네모졌던 감정이 둥그렇게 풀어졌다. 아침에 어디론가 흐르고 싶던 마음의 불씨가 되살아났다. 장작불에 달궈진 가마솥같이 달아올랐다. 이럴 때, 바람이 되지 않으면 아프다. 물같이 흐르지 않으면 심장이 죈다. 꾹 참지 못하고 길 위에 섰다.

뭉툭해진 해의 길이가 풍성하게 남아 있는 시각, 등에 가을볕을 낙타처럼 짊어졌다. 안온한 볕에 간절하게 빛나지 않은 게 하나 없다. 맘속에 종점이라고 새기고 간 곳에 이르자, 해가 꼬리를 감추었다. 얼마 전까지 빛났던 것들이 숨을 죽이고, 허공 가운데 별 몇 송이로 오롯이 피었다. 잇대어 물새 몇 마리가 소리를 땅에 고단하게 내려놓고, 붉은 허공 속에서 지워졌다.

"꾹꾹"

2021. 10. 29.

낙엽 소통疏通

　1교시 인문고전 읽기 시간, 몇몇 학생이 잠의 꼬리를 안고 자울자울거린다. "정신 차리세요.", "주목하세요.", "이것 정말 중요해요." 와 같은 말이 아무 소용없다. 쉬는 시간을 잠시 주었다. 잠을 껴안은 학생이 오히려 더 늘었다. 세상에서 가장 무거운 것이 졸릴 때 눈꺼풀 아니던가.

　"자! 지금 리포트를 냅니다. 지금부터 10분 시간을 줄 테니, 밖에 나가서 예쁜 낙엽을 각자 3장씩 주워오세요. 가장 예쁜 것을 가져온 학생은 내 시집을 한 권 주겠습니다." 이 말은 들은 여러 학생이 환호하며, 밖으로 우르르 몰려나갔다. 산중에 있는 학교는 산 밖과 달리 아침 기온이 낮다.

　10여 분이 지나자, 모든 학생이 낙엽을 3장씩 주워왔다. 대부분 학생은 낙엽을 주워온 것으로 과제를 끝낼 눈치였다. "여러분에게 몇 가지 질문하겠어요. 여러분은 낙엽을 보면 무슨 생각이 드나요?" 여러 문장이 쏟아졌다. "아! 가을이구나. 쓸쓸하고 외로워진다. 하강의 이미지이다. 곧 겨울이 오겠구나. 겨울잠이 떠오른다. 버림으로써 가벼워진다. 애인과 팔짱을 끼고 걷고 싶다. 군대 간 남자 친구가 생각난다. 산불을 조심해야 한다."

 강의실 분위기가 10여 분 전과 완전히 달라졌다. 잠꼬리를 떼 모 학생이 "교수님은 낙엽을 보면 무슨 생각이 드시나요?"라고 질문했다. 이 말끝에 여러 학생이 "당연히 시를 생각하시겠지."라고 응수했다. 놀랍게 조는 학생이 단 한 명 없이 저마다 눈빛이 파릇파릇했다. 편지가 떠오른다고 대답했다. 나만큼 나이 먹은 사람은 가을이면 낙엽을 책 속에 넣어 말렸다. 잘 말린 낙엽을 편지지 삼아, 속마음을 새겨 누군가에게 보냈다.

 연서는 장황하게 쓰지 말아야 한다. 여운이 없다. 낙엽에 글을 쓰려면 몇 자 적지 못한다. 낙엽에 쓰는 글은 자연스럽게 시가 될 수밖에 없다. 손전화로 모든 문제를 해결하는 요즘 세대에게 생뚱맞게 들릴지 모른다. 나와 같은 세대는 가을에 낙엽 엽서를 많이 보냈다. 이때만 해도 시인 아닌 사람이 별로 없었다. 모 학생이 아버지와 어머니의 연애담을 꺼냈다. 아버지가 어머니에게 보낸 낙엽 편지를 어머니가 지금도 간직하고 있다고.

 "여러분! 낙엽을 엽서라고 생각하고, 누군가에게 어떤 글을 쓰고 싶나요?" 여러 문장이 또 쏟아졌다. "여자 친구와 헤어진 친구에게 힘내라고 쓰고 싶어요. 유학하고 있는 언니에게 보고 싶다고 할래요. 아침에 엄마랑 다투고 왔는데, 죄송하다고 말씀드리고 싶습니다. 군대

간 남자 친구에게 건강하게 있다, 빨리 오라고 하고 싶어요. 돈이 필요해요. 친구에게 5만 원을 빌려달라고 쓸래요. 점 3개만 찍어 친구에게 보내고 싶어요."

강의할 때 질문하면 대부분 입을 닫고 있던 녀석들이 말문을 일제히 열어젖혔다. 소통이 우리 사회에서 말머리가 되고 있다. 소통이라는 꼭지를 달고 하는 강의가 유행이다. 맛으로 소통하다. 청춘과 소통하다. 공자와 소통하다. 인문학과 소통하다와 같은 식이다. 나는 지금 학생들과 낙엽으로 소통하고 있다. 며칠 전에 쓴 시「살다 보니」가 떠오른다.

"살다 보니/ 도서관보다 길에서/ 깨달은 게 더 많다/ 새는 홀로 날지 않고/ 왜 떼로 허공을 걷는지/ 별은 어둑한 언덕에서/ 왜 밤새 졸지 않는지/ 저녁 강은 밤이 되면/ 왜 숨소리를 낮추는지/ 그리움은 근경이 아니라/ 왜 먼 경치로 있는지/ 살다 보니,/ 두껍고 오래된 책보다/ 길이 알려준 게 많다"

"자! 낙엽에서 무슨 냄새가 나는지 숨을 깊게 들이쉬며 맡아보세요." 여러 문장을 다시 쏟아냈다. "가을 냄새가 나요. 자연의 체취가 깃들어 있어요. 고소해서 마음이 편해져요. 나무 향기가 납니다. 누룽지 끓는 냄새요. 가을이 가는 소리가 들려요. 흙냄새요. 누군가에게 밟혀 앓는 소리요. 햇볕 냄새도 있어요.『소유냐 존재냐』라는 책 냄새요. 바람 냄새도 묻어 있어요. 연한 아메리카노 향기가 납니다."

세상에! 낙엽에서 이렇게 많은 냄새를 맡고, 소리를 들었다니. 정서라고는 1원어치도 갖고 있지 않다고 여긴 녀석들에게, 미안한 생각이 슬며시 들었다. 내친김에 학생들에게 질문을 더 얹었다.

"하나 더 묻겠어요. 낙엽을 통해 생각나는 시에 대해 말해보세요." 대부분 학생이 손전화를 꺼냈다. 정연복 시인의 「낙엽 길을 걸으며 드리는 기도」입니다. "낙엽 쌓인 길을 걸으며/ 인생의 의미를 묵상하게 하소서// 세상에 한번 왔다 가는 인생/ 더없이 큰 축복이요 선물임을 느끼게 하소서." 오정자 시인의 「낙엽을 태우며」 가운데 일부입니다. "곰비임비한 연기들이 사라진다/ 갓 볶아낸 커피 향/ 실연을 가르쳐 준 사람과/ 잔을 기울이고 싶은 벗과/ 물빛 아련한 모성과/ 한 페이지 훌쩍 가을을 넘기며" 이효석과 피천득의 수필 「낙엽을 태우며」와 김현승의 「가을의 기도」라는 시까지 다양하게 나왔다.

"마지막으로 질문하고 강의 마치겠어요. 여러분이 예전에 본 낙엽과 오늘 본 낙엽에 대한 관점을 소유와 존재 차원에서 생각해보세요." "이전에는 낙엽을 무심코 보고 지나쳤어요. 비유하고 냄새 맡고 시까지 연상하니까 새로웠어요. 어떤 사물을 대할 때, 우주를 보듯이 해야 사고의 경지가 넓어진다는 것을 알았습니다. 제 사고는 여태 소유적 차원에 머물렀어요. 이제 존재적 차원으로 나아가야겠어요. 낙엽을 이제 자연으로 돌려보내야 합니다."

연구실로 가는 길목마다 낙엽이 무량무량 뒹굴고 있다.

2021. 10. 25.

눈여겨보는 것

월세 십여만 원을 내며 지내는 허름한 글방에, 행운목과 작은 아이비 화분이 두 개 있다. 글방에 생명을 느낄 수 있는 세간이 별로 없어, 두 해 전 꽃집에서 산 것이다. 처음에는 정성껏 돌봤다. 물을 잘 주고, 잎에 있는 먼지를 일일이 닦아주며. 방을 비울 때는 이들이 외로울까 봐, 클래식 음악을 틀어주었다. 외로움은 질기고 아득하다. 바람처럼 불쑥불쑥 불어댄다.

코로나로 인해 강의를 대부분 비대면으로 하고 있다. 학교는 꼬박꼬박 나간다. 글쓰기 교과목 수강생이 쓴 리포트를 매일 첨삭해야 하므로. 한곳에 오래 콕 박혀 있지 못한 성격 탓도 있다. 서면 첨삭을 통해 잘 이해하지 못한 학생은 연구실로 불러 글쓰기에 관해 상담한다. 내 딴엔, 가르치는 과정 가운데 하나라 여기지만, 학생은 귀찮고 힘들어 죽을 맛일지 모른다.

눈여겨봄은 눈물이 되기도 하고, 환희가 되기도 한다. 대부분 학생은 리포트로 낸 주제에 따라, 글 속에 자신을 고요하게 드러낸다. 어린 시절 부모의 이혼·친구들의 따돌림·자신이 목표한 대학에 가지 못한 자괴감·타고난 가난·학업에 대한 부담감에 이르기까지. 이와 달리, 지금 살아 있다는 것에 대한 감사, 지금부터 노후를 어떻게 준비할 것인지에 대한 당찬 포부, 자신이 전공한 것을 사회에 나가서, 어떻게 펼칠 것인지에 대해 희망을 노래하기도 한다. 이들이 쓴 리포트에 마음을 얹으며, 여러 차례 울기도 하고 웃기도 한다.

눈여겨봄은 기다림이다. 강의가 종착지에 이르렀다. 글쓰기에 대한 기본을 전혀 갖추지 못한 학생이 있다. 상담하러 연구실에 들르라고 몇 번 이야기했다. 오겠다는 소식이 오늘도 감감하다. 학과 조교 선생님에게 전화하여, 이번 주 안으로 상담하라고 했다. 어머니께서 어제 챙겨주신 청국장을 아침에 끓였다. 환기하려고 창문을 열면서, 창틀에 둔 아이비 화분과 눈이 맞닿았다. 표정이 창백하고 온몸이 시들시들하다. 얼마 전까지만 해도 물을 꼬박꼬박 주었다. 며칠 사이에 모른다고 잡아뗀 사이처럼 되고 말았다. 사람이든 꽃이든, 호시절에는 사이가 돈독하기 마련. 물정이 끼어들면, 모른다고 하기 일쑤이다.

눈여겨봄은 생명이다. 바짝 마른 분토에 물을 주자 물이 배꼽시계 소리를 내며, 일시에 스며들었다. 사랑의 유개념은 관심이다. 관심은 눈여겨보고 귀여겨듣는 것이다. 요즘 일에 쫓기고 뜻이 다른 사람들과 부대끼면서 혼이 나갈 지경이다. 이런 바람에 화분에 물은커녕, 눈빛을 주지 못하고, 귀를 열지 못했다. 이 통에 아이비의 호흡이 먹먹하고, 생애가 간당간당해졌다.
　책상 위에 둔 행운목 역시 물이 바짝 말랐다. 실타래처럼 뭉친 실뿌리가 직립의 중심을 간신이 잡고 있다. 푸릇한 잎은 그동안 겪었을 갈증을 전혀 내색하지 않고, 당당하기까지 하다. 물을 채워주자 감춰둔 속잎이 곧 돋아날 듯, 혈색이 완연하게 돈다. 그동안 눈 옆에 바로 두고도, 이토록 무심했다니. 이 땅에 발 딛고 사는 뭇 생명은 누군가의 눈 밖에서도, 질긴 생명줄을 차마 놓지 않고 버티며 산다.
　눈여겨봄은 끝내 만남이 된다. 늦은 점심을 먹고 연구실에서 한숨 돌리려는 순간, 누군가 문을 두드렸다. 상담하러 오라고 한 모 학과 ○○이었다. 이제야 온 까닭을 물었다. 그동안 첨삭해준 리포트를 하나도 읽지 않았다고 했다. 학점에 대해 초연한 것인지, 아예 포기한 것인지, 경계가 흐릿하다. 기본적인 것을 일러주고, 정리하여 다시 들르라고 했다. 학생이 쓴 리포트를 서면 첨삭으로 평가하고, 그것으로 끝내고 말면 마음 편하리만. 녀석은 상담하는 내내, 고개를 끄덕였다. 돌아갈 때 표정이 화창하게 개어, 내심 염려했던 무게가 그나마 왜소해졌다.
　눈여겨보면, 궁금해지다 마침내 문안이 된다. 그동안 거의 하루도 빼먹지 않고, 페이스북에 글을 올렸다. 한 달 전, 「冬默」이란 시를 올린 이후, 페이스북에서 슬며시 나왔다. 몇몇 사람이 궁금하여 이런저런 안부를 물어왔다. "혹시 몸이 아프냐?", "무슨 일이 있느냐?", "글과 담쌓은 것은 아니냐?" 이들은 나를 눈여겨보고 있었던 게 틀림없다. 몸이 사는 주소는 각자 다르지만, 글을 통해 생각이 차지게 동행했다.

  눈여겨봄은 구차하게 핑계를 끌고 다니지 않는다. 요즘, 사람에 대해 많이 공부하고 있다. 공부 가운데, 사람을 아는 공부가 가장 어려운 것 같다. 우리 시선은 대부분 자신만 지나치게 눈여겨본다. 다른 사람이나 생명, 자연, 자신이 속한 공동체를 익숙하게 외면한다. 바쁘다는 까닭으로, 사는 게 힘겹다는 이유로, 이런저런 핑계를 무심코 붙여. 나 역시 이런 축에 끼어 한통속이다.

  애지중지 여긴 첫마음을 까마득하게 잊었다. 아이비 화분과 행운목을 말려 죽일 뻔했으니. 다른 사람 처지보다 내 처지만 뚫어지게 바라보며, 울먹울먹했으니. 동그라미를 터질듯이 채운 달이 온 세상을 눈여겨 내려다보고 있다.

  달빛의 눈길이 닿는 곳마다, 골고루 희맑다.

2020. 12. 03.

힘

주말, 산중에 있는 학교가 적막강산이다. 적막을 벗하며 글쓰기 수강생이 낸 리포트를 첨삭한다. 이 일은 맨땅에 삽질하는 것처럼 힘들다. 글쓰기 교육을 하다 보면, 때로 글쓰기를 가르치는 게 노동하는 것과 같다. 강의 시간에 강의만 하면, 그런대로 할 만하다. 글 쓰는 법을 제대로 가르치려면, 손이 많이 갈 수밖에. 강의실에서 학생에게 "학점에 연연하지 말라. 근본적으로 글을 어떻게 써야 하는지, 아는 것이 중요하다."라고 연신 닦달한다.

여러 대학이 글쓰기 교육을 실용적인 것과 평가를 위주로 하고 있다. 리포트나 보고서, 자기소개서 쓰기 따위에 집중한다. 이런 강의를 평가와 연계하다 보니, 대부분 학생이 글 쓰는 것을 즐겁게 여기지 않는다. 어떤 문제를 맞닥뜨렸을 때, 실제로 문제를 해결하는 능력이 떨어진다. 이런 문제를 해결하려고, 이른바 'HVWL 글쓰기 교육 시스템'을 개발했다. '인문고전 읽기', '방학 집중 글쓰기 특강', '글쓰기 상담', '문학 동아리 활동'을 통한 글쓰기 교육이다. 'HVWL 글쓰기 교육 시스템'은 글쓰기 교육을 통합하여 진행한다. 교과와 비교과, 학기와 방학, 재학생과 졸업생이나 지역 주민을 함께 아우른다.

'인문고전 읽기'는 매주 책을 읽고 글을 쓴다. '방학 집중 글쓰기'는 방학 때 집중하여 글쓰기를 하는 프로그램이다. '글쓰기 상담'은 상담을 통해 맞춤식으로 글쓰기 능력을 향상한다. '문학 동아리 활동'은 문학적인 글쓰기에 관심 있는 학생이 자발적으로 참여하는 프로그램이다. '방학 집중 글쓰기'나 '문학 동아리 활동'을 통한 글쓰기는 재학생뿐만 아니라, 지역 주민이 참여할 수 있다.

학기 초에 학생이 낸 리포트를 보면, 앞이 캄캄하다. 언어활동 능력을 길러야, 우선 의사를 소통할 수 있다. 추리 상상하고, 비판하고, 논리적 사고를 통해 문제를 해결할 수 있다. 말귀를 알아듣지 못하거나, 글쓰기에 대한 기초가 없는 학생은 글쓰기에 대해 상담한다. 매주 상담하러 온 학생이 있는가 하면, 여러 차례 상담하러 오라고 해도 오지 않는 학생도 있다. 글쓰기 상담을 하는 과정에서 학생이 살아온 삶의 무늬를 고스란히 읽는다. 몇 년 전, 심리상담사와 문학 심리상담사 1급 자격증을 땄다. 심리학과 관련한 책을 틈틈이 읽고 있다.

대학에 와서 글쓰기를 본격적으로 배우는 학생은 글쓰기를 중노동으로 여길지 모른다. 〈인문고전 읽기〉를 수강한 학생은 매주 책을 읽고 글을 써야 한다. 〈논리적 글쓰기〉를 수강한 학생 역시, 매주 글을 쓰고 발표해야 한다. 〈수필 문학〉을 수강한 학생은 매주 수필을 써야 하고, 날마다 일기를 써야 한다. 나는 200여 명에 이르는 학생이 낸 리포트를 매주 첨삭하여 돌려준다.

글쓰기 상담은 강의가 없는 시간에 주로 한다. 학생이 쓴 리포트는 금요일과 주말, 주일 오후에 주로 첨삭한다. 매주 금요일은 문학 동아리 〈어두문학회〉 학생을 만나 글쓰기를 지도한다. 이 동아리를 통해 등단한 작가가 여럿 있고, 모 문예지 가을호에 한 학생이 곧 등단한다. 글은 아직 미흡하지만, 살아온 삶이 완연한 수필이다. 삶의 굽잇길을 만나 죽음의 능선까지 이르렀다가, 희망의 탄력성을 회복했다. 병마 때문에 노래하던 목소리를 잃었다. 하나님을 만나 기적적으로 되찾았다. 몸속에 뼈보다 쇠가 더 많이 들어 있어 온몸이 통점이다. 지금 통각을 찬양하고 사역하면서 잘 견디고 있다. 글도 이렇게 쓰리라고 확신한다.

〈수필 문학〉 시간에는 자신이 쓴 글을 발표한다. 어제 종강했다. 마지막 과제가 한 학기를 마무리하며 느끼는 감회를 쓰는 것이다. 수강생 가운데, 몸이 불편한 학생이 몇 있다. 혜성이와 세경이는 휠체어가 신발이다. 세경이는 말을 한마디 할 때마다, 힘이 들어 호흡을 깊게 한다. 정훈이는 나이가 마흔인데도, 지적 수준이 어린애와 같다. 서희는 발음을 제대로 하지 못해 무슨 말을 하는지 알아들을 수 없다. 얼마 전 바리스타 자격증을 따, 카페에서 아르바이트하고 있다. 주연이는 글은 쓸 줄 알지만, 말을 아예 하지 못한다.

이들도 다른 학생처럼 순서가 되면, 반드시 글을 발표해야 한다. 이들 대부분은 여러 사람 앞에서 발표하는 것이 난생처음이다. 두렵고

떨렸지만, 자신이 하는 이야기를 들어주는 사람이 있어 행복했다. 게다가, 여러 사람이 잘했다고 칭찬해줘서 자신감이 생겼다. 글쓰기는 글을 쓰는 행위로 끝내면, 어쭙잖은 글쟁이만 만든다. 읽기와 말하기, 듣기를 병행해야 언어활동 능력을 종합적으로 기를 수 있다. 나아가 공감하는 능력을 확장할 수 있다.

종강할 날이 이제 얼마 남지 않았다. 이 무렵이면 대부분 학생의 글 쓰는 근력이 늘어난다. 이 힘으로 이곳에 내가 있다. 이 힘으로 이제 '방학 집중 글쓰기' 특강을 준비한다.

2021. 06. 17.

마음을 읽다

 살다 보면, 낯선 문장을 자주 만난다. 얽히고설켜 실마리를 어디서 풀어야 할지 모르는 매듭 같은. 독해하기 어려운 문장 가운데 하나가 사람 마음이다. 마음의 비밀번호를 풀 수 없으므로.
 봄이 열세 번 오갔다. 부모님과 한 지붕 밑에서 사는 동안. 어머니는 속내를 잘 드러내지 않으신다. 특히, 사람 사이에 분란을 일으킬성싶은 말은 마음속에 김치 독같이 묻어두신다. 열셋 해 동안 살면서, 어머니 마음을 그런대로 읽어낸 건 얼마 되지 않는다. 식탁에 생선이 오르면, 비린내가 나서 한사코 싫다고 하신다. 드시라고 몇 번 권하면, 젓가락을 한두 번 갖다 대고 마신다. 내 입으로 들어가는 모습엔 낯꽃을 만발하시면서.
 어머니 안색이 햇빛 본 감자 같거나, 목소리가 쇳덩이 같을 때가 있다. 바로 병원에 가자고 말씀드린다. 대답의 팔 할은 피곤해서 그렇다며 괜찮다고 하신다. 처음에는 그런 줄 알았다. 두세 번 말씀드려도 괜찮다고 하신다. 그렇게 믿었다. 아무래도 아닌 것 같아서, 네댓 번 말씀드린다. 이렇게 해야 마음의 보따리를 겨우 푸신다. 시간 좀 낼 수 있냐는 말씀을 주석같이 다시며. 어머니 마음의 책은 적어도 다섯 번쯤 정독해야 주제문을 찾을 수 있다.

글쓰기 관련 교과목 수강생이 낸 리포트를 매일 첨삭한다. 논제나 주제에 맞게 쓴 글보다, 뒷박을 빠져나온 쌀알 같은 글이 많다. 글 속에 저마다 살아온 삶의 문양을 새기고 있다. 문장이 비뚤어지고 문법에 어긋난 글일지라도. 한때, 글쓰기를 고전苦戰하며 가르쳤다. 학생의 마음보다 어휘나 문장을 더 눈여겨봤다. 제대로 된 문장을 부려야 한다고 목소리깨나 높였다. 이제는 이들의 마음을 먼저 읽으려고 한다.

학과별로 학생이 지닌 특징이 있다. 모 학과 학생은 대부분 마음의 상처가 무성하다. 속옷같이 입고 있는 마음의 상처를 벗으려고 이 학과를 선택했다. 부모님의 부재·집단 따돌림·가정폭력과 같은 마음의 그림자가 있다. 이들은 콩나물같이 마음이 여리다. 콩나물을 씻을 때 여간 조심하지 않으면 몸뚱이가 끝장난다. 바람은 나무를 뒤흔들어 뿌리째 뽑아놓고도, 자신이 한 일을 기억하지 못한다. 상처는 온전히 당한 자의 몫으로 남을 뿐.

모 학과 학생은 대부분 세상이나 사람한테 별의별 일을 다 겪었다. 사업 실패·건강 악화·가정파괴·자살 충동에 이르기까지. 사람 힘으로 할 수 없는 것이 많다는 걸 뼈아프게 겪었다. 이후에 하나님을 만났다. 하나님 한 분이면 된다는 신념을 신앙하며 목회자가 되려고 한다. 모 학과는 다른 학과에 비해 장애인이 많다. 졸업한 뒤 자신과 같은 사람을 돕겠다는 생각이 푸릇하다.

 학생의 마음을 먼저 읽으려 하지 않고, 글쓰기 기술을 쏟았던 시절. 글쓰기 기준과 원칙, 오류라는 잣대로 리포트를 측량하느라 정신없었다. 열정이 시들해진 것인지, 철이 시나브로 든 것인지. 요즘은 몇 줄이나마 글을 쓰느라 고민했을 학생의 마음을 먼저 어루만진다. 글을 쓰면서 무너져 내렸을 눈물의 제방에 눈빛을 보낸다. 여태 아무에게도 말하지 못하고, 맘속에 감춰뒀던 아픔을 꺼낸 용기에 손뼉을 친다. 오래된 아픔을 묵히면, 묵은 게장 같은 군내가 난다. 군내는 센 불에 달달 볶아야 가신다. 아픔을 글 솥에 넣고 팔팔 끓이면, 한때나마 새살이 돋는다.

 안개에 갇혀 본 사람은 안다. 나아갈 거리만 허락하고, 이미 온 길과 앞으로 가야 할 길이 이웃하고 있다는 것을. 막막한 안갯속에서도 아침은 아무 일 없는 것같이 오고, 해는 기지개 켜며 피어나는 것을. 안개가 쓴 모호한 문장은 튼실하게 결속하지 못해, 안개보다 오래 버티면 사라지는 것을. 바람이 등을 떠밀면 되레 만수받이하면 그만인 것을. 학생이 쓴 글은 분량이 길든 짧든 저마다의 마음을 담고 있다. 아픔의 지문을 애면글면 지우려고 애쓴, 모 학생의 글 가운데 한 대목이다.

 "나에게 닥친 겹겹의 아픔을 잊으려고 바람처럼 떠돌았다. 생각할 겨를이 있으면 아픔이 새싹같이 솟았다. 나는 이러한 싹을 뭉개려고, 잠시도 쉬지 않고 일했다. 몸이 지칠 대로 지쳐야, 밤에 잠시라도 눈을 붙였다. 밥을 먹을 때 아픈 생각이 나면 목이 막혔다. 아픔에 몰입하지 않으려고, 밥을 물에다 말아먹었다. 이렇게 하다 보니, 몸 곳곳이 비 온 뒤에 파인 길처럼 되었다. 마음은 다닥다닥 기운 누더기였다. 뒤늦게 시작한 대학 생활, 글쓰기를 배우면서 외면하려고 했던 내 안의 아픔과 마주한다. 내 생애 이렇게 눈물을 맑게 흘려 본 적이 없다. 학교에 오길 잘했다. 서툰 것이 많지만, 하나하나 견뎌내리라."

너무 아프면 숨 쉬는 것조차 통증이 된다. 그녀가 쓴 글 가운데, 문장 몇 군데만 수선했다. 대신 앓고 있는 마음 깊숙이 들어가 아픔과 악수를 청했다. 문장을 좀 길게 쓰면 어떻고, 주어와 서술어가 좀 엇박자면 어쩌랴. 글을 쓰면서, 자신의 아픔을 잘 다스리는 경영자가 되려고 맘먹었으니. 눈물을 맑게 흘렸다고 했으니. 잘 견뎌낸다고 그랬으니.

"잘 썼습니다. 글을 리포트로 끝내지 말고, 삶의 씨앗으로 삼기 바랍니다."

마음의 창을 때리며, 비가 줄곧 내린다.

2022. 05. 05.

만남

 코로나의 광기가 아직도 수그러들지 않고 있다. 몸을 반쯤 산중에 담근 학교는 토요일이면, 적막의 평수를 널찍하게 더 늘린다. 이번 학기 강의는 한 과목을 빼고, 여전히 비대면으로 강의한다. 강의가 모두 글쓰기와 관련된 교과목이다. 매주 200명 넘는 학생이 낸 리포트를 첨삭한다. 오전부터 연구실에 나와 리포트를 가깝게 보고 있다. 〈자기 표현적 글쓰기〉를 수강하는 ○○이가 쓴 글이 마음을 오래 붙잡는다.
 "예민하고 상처 가득하지만, 항상 잘 일어나는 ○○아! 안녕. 요즘, 마음이 약해져서 이것저것 신경 쓰는 것에 지쳐서 많이 힘들지? 평소에는 무심코 지나쳤던 것을 예민하게 느껴 슬퍼할 일이 많아졌지. 이것저것 찾아내기까지 슬퍼하는 ○○아! 너무 사소한 것에 신경 쓰지 말자. 이제 그만하자. 고통스러운 감정에 빠져 힘들어할 필요 없어. 생각해보면, 아무것도 아닐 수도 있어. 그냥 "그런가 보다"하고 넘겨. 너는 충분히 강하니까 할 수 있어. 소중한 ○○아! 사소한 걸로 아파하지 말자.

늘, 변하기만 하는 네 마음을 너무 믿지 마. 그걸 너무 알아보려고 애쓰지 마. 내가 진짜 원하는 게 무엇인지 발견하는 일에 집중해. 심장이 쿵쾅거리게 하는 걸 하자. 발견하면 그 일에 최선을 다해 이루어가자. 그 일을 할 때, 남이 하는 말 신경 쓰지 말자. 남이 겉으로 보기에 예쁘다는 거 다 소용없어. 네가 예쁘다고 생각하는 것에 초점을 맞추며 살아가자."

자신에게 글을 쓰라는 과제이다. 문장이 짧고 당당하다. 자신을 위로하고 다독이는 모습이 의젓하다. 자신과 관계의 매듭을 잘 풀지 못하면, 다른 사람이나 절대자와 관계를 잘 맺을 수 없다. 우리는 글을 쓸 때 세 번 산다. 어떤 일을 겪으며 한 번 살고, 생각하며 두 번 산다. 이 일을 글로 쓰면서 세 번 산다. 글을 쓰는 것은 단순히 언어를 부리는 기술이 아니라, 대상을 전환하고 확장하는 것이다. '나'에서 '너'로, '너'에서 '우리'에게로. '나'에서 '신'에게로. '나'에서 우주와 자연으로.

다른 글이 가슴 곳곳을 후빈다. 〈경험적 글쓰기〉 과제인 '자기 삶에서 가장 행복한 일에 관해 쓰라'는 주제에 관한 것이다.

"아빠는 술만 먹으면, 폭군이 되어 엄마를 때렸다. 어린 나도 만날 얻어맞았다. 어느 날, 피범벅이 된 어머니가 홀연히 안개처럼 사라졌다. 이날 이후, 나는 작은 집에서 외할머니댁으로, 외할머니댁에서 고모 집으로 전전했다. 어느 집에서도 따뜻한 밥 한 술 주지 않았다. 죽으라고 일만 시켰다. 배가 너무 고파 도망쳤다. 밑바닥 일을 힘든 줄 모르고 다 했다. 봉제공장에서 만난 남자와 결혼하여 세 자녀 엄마가 되었다. 중·고등 과정 검정고시를 치르고 대학생이 된 지금, 이 순간 이 가장 행복하다. 이 나이에 대학생 된 것이 꿈만 같다. 로또에 당첨 된 것보다 더 행복하다."

세상에 돈으로 해결할 수 없는 것이 있다. 돈보다 행복한 일이 많다. 글은 자기 삶을 풀어쓰는 것이다. 풀어쓰되, 아픔을 기쁨으로, 상처를 꽃무늬로 만들어야 한다. 학교 인근 식당에서 점심을 대충 먹었다. 오후 2시 사회복지학과 4학년 학생 자기소개서를 첨삭하기로 했다. 2시를 훨씬 넘겨 녀석이 왔다. 녀석이 쓴 자기소개서 문장이 숨 쉴 겨를이 없을 정도로 긴 문장투성이다. 1차 첨삭을 하고 수정하여, 다시 가져오라고 했다. 월요일 1시까지 모 기관에 제출하려면 서둘러야 했다.

연구실 창으로 보이는 하늘이 쪽빛 바다이다. 저렇게 넓고 푸르게 살아가는 일. 속 끓이고 아플 일 없는 표정으로 위로하는 일. 아무도 찾지 않은 산중에 쭈그려 앉아, 글을 통해 많은 사람을 만나고 있다. 희망을 읽고 눈물을 숨아낸다. 이럴 때마다, 가슴이 벅차고 축축해진 눈 끝이 나뭇잎보다 먼저 단풍으로 물든다.

〈인문고전 읽기〉를 수강한 ○○이 쓴 글을 읽는다. '자신이 만난 폭포가 무엇이고, 폭포를 어떻게 뛰어넘었는지 밝히라'라는 과제이다. 녀석은 ○○○을 공부하고 있다. ○○이는 자신이 선택한 학과에 대해 후회하고 있다. 요즘 자퇴하려는 마음마저 먹고 있다. 다른 학과에 비해 취업이 잘 되어 선택했다. 자기 적성이나 뜻에 맞지 않아 너무 힘들다. 이런 폭포를 뛰어오르려고 견뎌야 할지, 차라리 포기해야 할지 난감하다. ○○이가 쓴 리포트 여백에 밑글을 넣었다.

"어떤 일이든 좋아서 하는 것보다, 즐기면서 해야 행복합니다. 좋아하지 않는 일을 즐기며 할 수는 없지요. '은빛연어'는 쉬운 길을 선택하지 않았습니다. 지느러미가 찢어지고, 비늘이 벗겨지는 고통을 스스로 선택했습니다. 건강한 알을 낳으려고 그랬지요. 건강한 생각이 건강한 알을 낳습니다. 간호사는 간호사로서 가야 할 길을 가야 합니다. ○○이가 이 길을 당당하게 갈 수 있도록 기도하겠습니다. 포기하기 전에 도전하기 바랍니다."

오늘도 글을 통해 학생을 참 많이 만났다. 이들과 눈빛을 마주하고, 마음의 우물을 길어 올렸다. 며칠 만에 리포트를 첨삭하고 나니, 피곤이 구름떼처럼 몰려온다. 허리를 길게 편 뒤, 빈집 같은 교정을 한가하게 걷는다. 직립한 것마다, 죄다 그림자를 길게 거느리고 있다. 곳곳이, 가을이 만든 풍경으로 풍성하다. 숲으로 돌아오는 새 날갯짓이 산그림자를 고요하게 훑는다. 공제선마다 걸쳐있는 구름이 어둑해지고 있다.

사람 사는 마을마다 저뭇해지다, 불꽃이 시나브로 피어날 것이다.

2020. 9. 27.

선생과 스승

 이번 주, 글쓰기 수강생이 낸 리포트를 어제와 오늘 첨삭했다. 서면 첨삭을 통해 잘 이해하지 못한 학생은 강의가 없는 시간에 줄곧 대면으로 상담하고 있다. 대부분 학생이 초·중·고등학교를 다닐 때, 글쓰기 교육을 체계적으로 받은 일이 없다. 이런저런 사정으로 늦은 나이에 학교에 온 학생도 마찬가지이다. 글쓰기를 두려워하고 어려워하는 까닭이 보름달 뜬 가을밤 같다.
 글쓰기 상담을 꾸준히 하면, 글쓰기 능력이 몰라보게 좋아진다. 여러 학생이 쓴 글 속에 삶의 옹이가 박혀 있고, 삶의 무늬가 아로새겨 있다. 〈수필 문학〉을 수강하는 학생 가운데, 두어 명은 수필가로 등단해도 손색없을 정도이다. 삶의 고비를 잘 견뎠고, 지금 잘살고 있다. 좋은 글은 어떻게 살아왔는지, 삶의 내력에 달려 있다. 어떻게 살고 있는지, 삶의 향기가 결정한다.

학생이 쓴 리포트를 첨삭하거나, 글쓰기에 관해 상담하면서 자주 느낀다. 진정한 선생은 강의실 밖에 있고, 스승은 학교 밖에 계신다는 것을. 난치병이나 불치병과 오랜 싸움, 어린 시절 부모가 이혼하여 시설이나 할머니 손에서 자란 아픔, 지속하여 당한 학교 폭력이나 집단 따돌림, 가정폭력에 이르기까지. 여러 학생이 어렵게 꺼낸 속사정이 아픔에 머물지 않고, 선생과 스승이 된다.

　모 학과에 입학한 ○○는 올해 쉰넷이다. 손자가 둘 있다. 집안 형편 때문에 초등학교를 졸업한 게 학교 다닌 이력의 전부이다. 얼마 전, 중·고등학교 검정고시에 합격하고 대학에 왔다. 컴퓨터를 다루는 일뿐만 아니라, 대학 생활을 하는 게 어느 것 하나 녹록지 않다. 글쓰기 기본인 들여쓰기와 단락 나누기·맞춤법과 띄어쓰기·문장부호를 제대로 부릴 리 없다.

　글쓰기 상담할 때 특별한 일이 없으면, 강의실 문을 몇 뼘 열어둔다. 아니면, 두 명 이상 한꺼번에 들어오게 한다. 이러한 원칙은 리포트 내용에 따라 일관되게 지킬 수 없다. ○○와 상담할 때, 문을 닫고 혼자 했다. 상담하는 내내 눈물을 흘렸다. 자신이 쓴 글이 너무 부족하다는 사실을 비밀처럼 감추고 싶었을지 모른다. '청소년 자살의 원인과 대책'에 대해, 관심 끌기로 아들을 끌어들였다. 그녀에게 아들은 아픔을 털 수 없는 손가락이다. 매주 글쓰기 상담을 하며, 글이 많이 나아졌다. 이제는 표정까지 환해져 낯꽃이 필 정도이다.

　모 학과에 입학한 ○○ 역시 적잖은 나이이다. ○○을 전공하는 딸이 있다. A4 용지 한쪽 리포트 속에 담은 그녀의 삶은 어느 한순간도

사소하거나 평범할 때가 없었다. 웬만한 산도 그렇게 살았으면, 허물어지고 말았을 터. 좀체 결말이 없는 고통의 연속으로 인해, 그녀가 쓴 글은 긴 문장 일색이었다. 그릇된 글쓰기 습관은 허물과 같다. 허물을 제때 벗지 못하면 병에 걸리거나, 성장이 더딜 수밖에 없다. 뱀은 이러한 이유로 수시로 허물을 벗는다.

요즘, ○○가 쓴 글 속에는 의자가 수없이 있다. 글을 읽는 동안 편안하다. 단락을 단아하게 나누고, 문장을 짧게 썼다. 생동감과 리듬감이 넘친다. 생동감과 리듬감은 문장을 단순히 짧게 쓰는 것으로 얻을 수 없다. 문장과 문장을 서로 유기적으로 잇대야 한다. 짧은 시간에 글쓰기 능력을 불길처럼 끌어올린 내공이 굉장하다. 글은 머리로만 쓰는 것이 아니다. 머리로 쓴 글은 잘 쓴 글에 불과하다. 글은 삶을 버무려 써야 한다. 삶을 밑천으로 삼고 쓴 글이라야 좋은 글이 된다.

모 학과에 입학한 ○○는 세상에서 혼자이다. 모 시설에서 생활하고 있다. 아버지는 얼굴도 모르고, 어머니는 어쩌다 한 번 연락하는 정도이다. 자신과 같은 처지에 있는 사람을 돌보고 싶어 모 학과를 선택했다. ○○의 눈빛은 아침햇살이 그득한 창과 같다. 낯빛은 꽃이 만발한 넓은 정원 같이 빛난다. 어느 한구석도 주눅 들거나, 의기소침한 곳이 없다.

글쓰기 상담하면서, 내가 묻는 말에 당당하고 거침없이 대답했다. 그의 행동거지와 처한 현실을 유추하는 것은 불가했다. 비록 글쓰기에 대한 지식을 갖추지 못했지만, ○○는 앞으로 좋은 글을 쓸 자원이다. 좋은 생각을 품어야 좋은 글이 된다. 삶을 혁신하지 못한 글쓰기는 죽은 글쓰기에 불과하다. 대학에서 학점만 잘 받으려는 글쓰기는 죽은 글쓰기이다. 취업할 때, 자기소개서를 그럴듯하게 쓰려는 발상을 뛰어넘어야 한다. 삶을 담아내야 한다.

  글쓰기 특강을 하는 모 대학교 학생이 낸 리포트까지 첨삭을 마쳤다. 온몸의 통각이 시퍼렇게 살아난다. 여러 학생이 쓴 리포트 속에 선생이 있었다. 스승 역시 이들이 낸 리포트에 계셨다. 공자가 제자를 사우(師友)라고 일컬은 말이 떠오른다. 맘을 단단히 먹고 길 위에 섰다. 거칠게 부는 비바람에 아카시 꽃향기가 진동한다. 잎보다 꽃을 먼저 틔운 오동꽃이 꽃비로 내리다, 순장의 자세로 쌓인다. 길에 몸을 올리고, 바람에 마음을 맡긴다. 걷다 보니, 4시간이 지났다.

  선생은 길에 있었고, 스승은 바람 속에 계시었다.

2021. 05. 01.

스승의 노래

 옷을 화사하게 입고, 아침이 종종걸음으로 왔다. 느슨해진 근육을 힘껏 당겼다. 강의시간과 관계없이 아침 7시 50분쯤 연구실에 이른다. 느긋해지고 싶은 마음이 '오늘만'이라며 유혹하기도 한다. 이때마다, 둔해지려는 결단의 날을 갈며 집을 나선다. 이른 아침, 연구실에서 한 시간 동안 집중할 수 있는 게 많다. 간밤, 초벌로 구운 글의 도자기를 눈여겨보거나, 강의시간에 쓸 자료를 준비하거나.
 오늘 첫 강의는 〈수필 문학〉이다. 수강하는 학생은 매주 주어진 제목에 따라 글을 쓰고 첨삭을 받는다. 매주 내는 리포트는 아무것도 아니다. 날마다 글을 써야 하므로. 출석을 부르려고 하자, 모 학생이 조심스럽게 다가왔다. 나직한 목소리로 귓문에 청유형 문장 한 꼭지를 매달았다. 잠시 밖으로 나갔다가 3분 뒤에 들어와 달라고. 콩나물같이 자란 물음표를 가슴에 품고, 강의실로 들어섰다. 스승의 날이 다가 오므로, '스승의 노래'를 합창하고 싶다 했다.

　손사래를 쳤다. 스승이란 말을 들으면, 얼굴이 달아오를 것 같았다. 꾀를 냈다. 손뼉 치는 것으로 대체하자고 했다. 학생에게 '스승의 노래' 듣는 것을 마다한 이유에 대해 풀었다. "스승이란 말이 바위같이 나를 짓누른다. 여러분에게 스승이란 말을 듣기에 부족한 게 많다. 더 성찰하고 부족한 것을 채워, 내년에는 '스승의 노래'를 떳떳하게 불러 달라고 하겠다." 목소리가 강아지풀처럼 흔들렸다. 나를 바라보는 여러 학생의 눈빛이 저마다 나긋했다.

　인생에서 스승을 만나는 것은 행운이다. 잊을 수 없는 스승이 두 분 계신다. 한 분은 고등학교 2학년 때 담임인 이○○ 선생님이다. 국어를 가르치셨다. 고등학교 때 학교 공부는 뒷전으로 밀쳐두고, 온통 글 쓸 생각만 하였다. 수학 시간이나 영어 시간이면, 맨 뒤에 꽈리를 틀고 글을 썼다. 수학 시간에는 「형제」라는 소설을 썼고, 영어 시간에는 「이사천」이란 소설의 집을 지었다.

　국어는 열심히 공부했다. 백일장 대회에 나가 상을 받으면, 나보다 선생님께서 더 기뻐하셨다. 앞으로 훌륭한 문학가가 될 것이라며, 힘을 잔뜩 불어넣어 주셨다. 당신은 정작 허름한 학교 관사에 사시면서, 내 등록금을 내주셨다. 수업 내용을 칠판에 분필로 일일이 쓰던 시절, 선생님은 수업시간에 나에게 칠판 글씨를 쓰게 하셨다. 나는 국어 시간마다, 칠판의 푸른 바다에 분필의 흰 물새를 신명나게 날려 보냈다.

　선생님은 교사 이전에 인격자였다. 수업시간에 우리가 떠들면, 창 밖을 말없이 바라보셨다. 소란을 오래 피울 수 없었다. 선생님 모습을 보고, 우리가 제풀에 미리 꺾였으므로. "다 떠들었냐? 녀석들." 화를 내실성싶은데, 국어 시간은 한겨울에도 난롯가에 있는 듯했다. 인권이나 학교폭력 따위에 대해 불감했던 시절, 다수 교사가 얼차려나 언어폭력을 훈육의 도구로 여겼다. 선생님은 딴 세상에 사는 사람 같았다. 학교 성적이 선과 악을 구별하는 유일한 잣대였던 시절, 선생님은 나 같은 열등생까지 다 품으셨다.

다른 한 분은 대학교 때 만난 임○○ 교수님이다. 군대를 제대하고 복학해서도 글의 끈을 놓지 못했다. 글을 쓴답시고, 삶의 미로를 헤맸다. 신춘문예에 도전한답시고, 변죽깨나 울리고 다녔다. 문학 동아리를 만들고, 대장같이 행동했다. 우리 집 가세는 하룻날도 펼 기미가 없었다. 아버지는 대학에 가는 대신, 공무원 시험을 보라고 하셨다. 복학한 학기에 얻은 성적은 C와 D가 많아 시들시들했다. 당시 집안 형편이 어려운 학생에게 학교에서 장학금을 주었다.

교수님을 찾아갔다. 가계곤란 장학금을 달라며. 책에서 눈을 떼지 않으신 교수님께서 지나가듯 하신 말씀이 가슴에 화살같이 박혔다. "문학을 하든, 공부를 하든, 치열하게 하게. 삶의 방랑자가 되지 말고." 식은땀을 흘리며 교수님 연구실을 나왔다. 곧바로 도서관에 가서 자리를 잡았다. "임 교수님! 공부를 어떻게 하는 것인지 한 번 보여드리겠습니다." 책상머리에 큼직하게 써 붙이고 마음을 다잡았다.

다음 날부터 학교 버스 첫차를 탔다. 강의시간을 빼고는 도서관에 말뚝같이 박혀 공부했다. 날마다 자정 근린의 막차를 타고 학교를 나섰다. 졸업할 때까지 성적장학금을 받으며, 아버지의 어깨를 좀 가볍게 해드렸다. 교수님 밑에서 석사 논문을 썼다. 고대소설에 나오는 기녀를 여럿 만났다. 글쓰기 교육과 관련한 박사학위 논문도 얼기설기 썼다. 교수님은 전형적인 학자시다. 늘 손에서 책을 내려놓지 않으시고, 굵직한 논문을 끊임없이 출산하셨다.

 학생을 대할 때마다, 사랑하는 마음을 품으려고 한다. 스무 해 이상 방학 때 글쓰기 특강을 한 것은 학생을 사랑하는 마음으로 시작했다. 글귀가 부족해, 글벙어리 같은 학생과 글쓰기에 대해 상담하는 것도 그렇다. 문학 동아리 학생을 꾸준히 이끄는 것도 마찬가지이다. 날마다 글의 심지를 돋우며, 글 등잔불을 꺼뜨리지 않고 있다. 이렇게 하는 게 모두 두 스승이 계셨기 때문이다.

 나는 아직 누군가의 스승이 될 자격이 없다. 학생을 사랑한다고 하면서도, 통째 주지 못하고 있다. 조각낸 것을 주는 시늉만 할 뿐. 날마다 글을 쓴다고 하면서도, 글탑 하나 변변하게 올리지 못했다. 스승이라기보다 얄팍한 지식을 풀어 먹고사는 교수다. 잡문이나 쓰는 글보이다.

 스승의 노래를 들어도, 얼굴 붉어지지 않는 날. 그때가 언제쯤일까.

2022. 05. 11.

5부

아픈 이의 부모 맘

"약을 많이 먹었습니다. 태생적으로 고장 난 몸. 더 끌고 갈 수 없어, 그냥 두고 가려고 합니다. 안녕히 계십시오."

매일 글을 쓰면, 페이스북에 올려 다른 사람과 공유한다. 함께 하지 않는 것도 종종 있지만. 이번에 발간한 시조집에 관한 이야기를 페이스북에 올렸다. 글 하나가 눈에 띄었다. 오래전, 우리 학교 모 학과를 다니다가, 다른 학교로 편입한 상민이가 쓴 글이었다.

상민이는 앞을 전혀 보지 못한다. 시각장애를 겪고 있다. 이런 몸으로 건반 악기를 수준급으로 연주한다. 재즈 피아니스트이다. 음악 활동뿐만 아니라, 장애인에 대한 의식을 바꾸는 여러 강의를 활발하게 하고 있다. 몇 해 전에도 명줄을 스스로 끊으려고, 약을 많이 먹은 적이 있다. 여자 친구가 발견하여 다행히 목숨을 건졌다. 상민이는 흰 지팡이 하나로, 세상의 험한 파고를 넘는 게 버거웠을지 모른다.

살다 보면, 숨 쉬는 것이 무거운 짐일 때가 있다. 이것저것 다 내려놓고 숨 쉬는 것조차, 포기해버리고 싶은 생각이 불쑥 난다. 하나님께서는 고난을 감당할 만한 사람에게 주신다고 하셨다. 이 말씀을 받아들일 마음의 공간이 없어 하나님을 원망할 때가 많다. 남보다 잘살고 싶고 행복하기를 바라지만, 뜻 밖에서 이뤄지는 일이 한둘 아니다.

자신이 직면하거나 겪지 않는 일에 대해, 이렇다거나 저렇다고 쉽게 말하면 안 된다. 명줄을 스스로 내려놓은 사람에게 그럴 용기로 견디며, 살아야 하지 않겠냐고 핀잔해서도. "생명이 있는 것은 다 아름답다."라는 말처럼 생명은 소중하고 경이롭다. 생명을 스스로 끊는 것은 어떤 이유로든 환영할 수 없다. 이러할지라도, 어떤 연유로 목숨을 버릴 극단을 택했는지에 대해 배후를 풀어야 한다.

상민이는 자신이 겪고 있는 장애가 늘 짐이었을 것이다. 볼 수 없는 것보다 더 힘든 장애물이 세상엔 더 많았을 터. 장애를 겪는 사람은 장애로 인한 불편함보다, 장애인에 대한 굴절된 사회 인식을 감내하는 것이 더 힘들다. 태어나면서부터 눈이 먼 작은아들을 데리고, 바깥에서 밥 먹은 것이 언제인지 까마득하다. 아들을 바라보는 뭇시선이 아들을 기르는 것보다 힘들다.

녀석은 말문까지 막혀, 아파도 아프다는 말을 할 줄 모른다. 스스로 할 줄 아는 것이 하나 없다. 자신을 때리는 것 빼고는. 사지가 멀쩡한 나도 몸이 아프면, 스스로 할 수 없는 게 있다. 통점에 손이 닿지 않아 파스 한 장 붙일 수 없다. 허리가 아파 옴짝달싹할 수 없을 때, 방바닥을 구슬 같이 구른다. 때로는 느닷없이 가슴이 죄어올 때, 통증의 여진이 멎기를 무기력하게 기다릴 수밖에 없다.

아들은 "엄마! 나 ○○가 아파요."라는 말을 하지 못해, 자신을 북같이 때리는 것일까. "아빠! 나 ○○가 아파요. 병원에 가요."라는 말을 북소리로 내는 것일까. 어떤 날은 상민이처럼 약을 먹고, 영원히 깨어나지 못한 꿈을 꾸고 있지 않을까. 온 숲이 연둣빛으로 일어서는 햇봄, 눈앞이 환한 게 아들에게 미안할 때가 있다. 달 밝은 밤, 달을 따다 아들 눈에 넣어주고 싶을 때도. 이렇게 하여 앞을 볼 수 있다면, 오늘부터 하늘에 오르는 사닥다리를 당장 만들련만.

오늘 들은 풍문이다. 말기 암을 앓는 50대 어머니가 발달장애를 겪고 있는 20대 딸을 죽였다. 딸을 죽이고 나서, 자신도 죽으려고 했다. 불행인지 다행인지 뜻을 이루지 못했다. 자신이 죽고 나면, 딸을 돌볼 사람이 없어 함께 목숨을 끊으려고 한 것이다. 나는 감히 이 어머니를 향해, 비정한 어미라고 돌을 던질 수 없다. 왜 그렇게 했는지, 마음의 색감을 뚫어맞힐 수 있다.

가끔 기도하는 게 있다. 하나님께서 들어주시지 않을 것을 빤히 알면서도. 아들의 먼눈 가운데 하나라도 보이게 하시든가, 데려가 주시든지 해달라고. 우리는 아픔에 대해 이기적인 존재이다. 자신이 앓는 아픔의 문장은 구체적이지만, 다른 사람이 앓는 아픔의 문장은 추상성을 띤다. 아비지만, 앞을 보지 못하는 아들이 얼마나 답답한지 잘 모른다. 보지 못한 아픔의 무게가 얼마나 무거운지, 비중을 헤아릴 길이 없다. 막연하게 상상할 뿐이다.

상민이가 앓는 아픔의 무늬와 무게는 더욱 잘 모른다. 아픔의 절정에 당도한 사람을 위로할 수 있는 말은 실상 없다. 아픔이 하루아침에 자라지 않듯이, 단번에 한 위로로 아픔을 지울 수 없다. 위대한 위로는 음성언어나 문자언어로 비옥하게 하는 것이 아니다. 한동안 진득하게 침묵하면서, 눈물이 가물어지는 것이다. 상민이 소식이 궁금했으나, 알 길이 없었다. 귀갓길, 아중호수가 주변에 있는 산그림자를 말없이 끌어안고 있다. 차를 갓길에 세우고 페이스북을 열었다.

"상민이 엄마입니다. 죄송합니다. 병원에서 지금 안정을 취하고 있습니다. 걱정하게 해서 죄송합니다. 상민이, 금방 일어날 것입니다."

상민아! 오늘 너에게 무슨 일이 있었는지 묻지 않을게. 그래, 일어나야지. 영원히 잠들고 싶었던 꿈을 접고, 풀같이 풀풀 일어나야지. 다시 노래해야지. 절망을 내던지고 희망의 노래를. 또 봐야지. 우리는 눈으로도 볼 수 없지만, 네 마음으로 볼 수 있는 너만의 세상을.

2022. 04. 20.

안부

 숲에서 매미소리가 멈출 줄 모른다. 목소리가 많이 쉬고 지친 것 같다. 이즈음에 이르면, 여름 더위가 한풀 꺾인다. 아침과 저녁으로 부는 바람의 꼬리가 시원하다. 해마다 여름 방학이 되면, 사나흘쯤 휴가를 다녀오리라고 맘먹는다. 막상 방학이 닥치면 휴가는커녕, 방학 이전에 살았던 삶의 궤적을 한 치도 벗어나지 못하고 만다.
 8월 첫 주말이다. 오늘은 다른 계획을 잡지 않고, 글방에 박혀 뭉그적거리기로 했다. 어제 장 봐온 고기를 구워 외밥을 먹고, 음악을 크게 켤 참이다. 음악을 들으며, 외커피를 우아하게 마실 요량이다. 모처럼 잡곡밥을 하려고, 잡곡을 물에 불렸다. 그닥저닥 하다 보니, 오전 시간이 금방 지워졌다. 전기밥솥에 밥을 올렸다. 계란도 두 알 삶았다.
 "교수님!" 문자가 떴다. 모 교회에서 사역하고 있는 ○ 전도사님이 시다. 내 건강을 걱정하셨다. 방학에도 쉬지 않고, 글쓰기 특강 하시느라 고생한다며. 식사를 꼭 대접하고 싶은데, 시간이 여의치 않으면 간식이라도 넣겠다는 것이다. "말씀만으로도 이미 배불렀고, 힘 얻었습니다. 감사합니다."라고 답신했다. 살다 보면, 지갑 속에 듬뿍 든 돈이 힘이 된 게 아니라, 누군가 해준 말 한마디가 힘이 될 때가 있다.

아침 겸 점심을 먹고 음악을 켰다. 커피 향이 곰비임비 퍼졌다. 에어컨 바람에 의지하지 않으려고, 에어컨을 아예 켜지 않았다. '쇼팽'의 〈빗방울 전주곡〉이 빗소리와 함께 흐른다. 세상에서 위대한 음악은 자연이 내는 백색소리이다. 빗소리와 음악이 어우러져, 마음이 시원해지면서 평평하다. 빗소리와 음악이 절묘하게 조화를 이루지 못하면, 빗소리는 듣기 싫은 소음에 불과했을 것이다.

백색소음은 다른 잡소리처럼 일상에 방해되지 않는 소리이다. 바람소리나 파도소리·빗소리나 폭포소리·새소리가 이 소리의 측근 아닐까. 백색소음은 넓은 음폭을 지녀 우리가 들을 때 낯설지 않다. 주변에 있는 소음을 막아줘 집중력을 높인다. 〈빗방울 전주곡〉에서 나는 빗소리는 배경음이다. 강약을 띠며 음악을 뒷받침하는 배경으로 흐른다. 평평한 마음이 보드라워지며 행복해진다.

누군가에게 묻는 안부를 소리 범주에 넣는다면, 백색소음 축에 끼고도 능히 남는다. 코로나가 보이지 않는 담장이 되어 관계를 막고, 상식적 일상이 비상식적인 낯섦으로 자리 잡고 있다. "밥 한번 먹자. 커피 마시자."라는 말이 눈치 보이는 세상이다. 사는 게 급속히 각박해졌다. 우리가 쉬는 숨소리가 거칠어졌고, 우리가 하는 말소리가 높아졌다.

"잘 지내고 있니?", "별일 없으시죠?" 따위 안부는 완전한 문장으로 쓸 필요가 없다. 글쓰기 원칙을 무시하고 비문일지라도, 마음을 간절히 전하면 된다. 이런 문장 부리는 것조차 부담스러우면, 이름만 그냥 불러도 된다. "교수님!", "○○야!" 누군가 이름을 부르는 것은 어떻게 살고 있는지 궁금하다는 것이다. 상대를 까마득히 잊지 않고, 맘속에 품고 있다는 것이다. 이야기를 나누고 싶다며, 마음의 문을 두드리는 것이다.

"형님! 더운데 고생하시죠? 민물장어를 좀 보냈습니다. 넉넉하지 않아 죄송합니다." 광주에 사는 매제가 문자했다. 없는 살림에 어렵게 살면서 부모님을 살뜰히 챙긴다. 재물이 있어야 마음도 쓴다는 말이 상식인 세상이다. 살다 보니, 재물이 있느냐 없느냐가 문제가 아니라, 마음 씀씀이가 관계를 맺는 근본인 것 같다. 선생은 강의실에만 있는 게 아니다. 삶의 현장에 있다. 스승은 자신보다 나이를 더 먹은 사람만이 아니다. 모든 사람과 우주가 참된 스승이다.

"안녕하세요? 교수님! 8월 10일, 화요일에 점심 함께 해주길 부탁드립니다. 교수님 일정이 괜찮으신지요?" 지난주 KBS 방송 〈인간극장〉 '널 위해서라면'에 출연한 명희 학생이 톡했다. 방송을 보고, 그녀의 삶이 얼마나 울퉁불퉁하고 뾰쪽뾰쪽했는지 알았다. 글쓰기 교과목 리포트를 통해 그녀가 살아온 삶의 옹이가 깊고, 험했다는 것을 짐작했다. 누군가의 아픔을 지레짐작한 것만으로는 그 사람이 앓은 아픔을 온전히 이해할 수 없다.

"예지가 잘 성장하고 있네요. 고생하십니다. 힘내시기 바랍니다." 3부 방송을 보고 나서 명희 학생에게 문자했다. 방송을 보는 도중에 터졌던 울음보를 묶지 못하고, 눈물을 쏟았다. 하필 이때 명희 학생이 전화했다. 눈물의 제방이 무너진 터라, 염치와 체면을 가리지 않고 그냥 울었다. "저, 괜찮아요. 교수님 말씀처럼 잘 살 수 있어요." 나를 다독이던 명희 학생도 끝내 울었다. 이런! 울보! 바보 같으니라고.

"금식은 하나님 나라와 의를 추구하는 강력한 갈망이다. 순종이다. 금식이라는 종교적인 행위로 세상을 치유하는 것이 아니다. 불쌍한 사람을 돌보는 것으로 세상을 치유한다. 내일 주일이다. 다른 사람에게 참 자유를 선물하는 주일이 되기를 다짐한다." 서울 다드림교회 김병년 목사님께서 아침마다 보내주시는 말씀 가운데 일부이다. 목사님은 말 목회를 하지 않으시고, 몸 목회를 하신다. 아픔의 맛이 어떠한지 아시므로, 진정으로 아파하실 줄 안다. 내가 사랑한다는 말을 꺼리지 않고 하는 유일한 남자이다.

〈빗방울 전주곡〉이 멎었다. 창밖 하늘이 흐릿하다. 누가 뭐래도 금방 비를 쏟을 것 같다. "교수님! 요즘 학교에 무슨 일 있어요?" 오래전 모 학과를 졸업한 ○○가 문자했다. 무슨 일 있는 곳이 학교뿐이랴. 사람 사는 곳에 무슨 일이 없으면 글이 탄생하겠나. 좋은 일이 있으면 좋은 일 있는 대로, 궂은일이 있으면 궂은일 있는 대로, 흔들리며 사는 거지. 잠시 들리지 않았던 매미 울음소리가 낭자하다. "지금 뭐 해요?"라는 안부로 읽고 듣는다.

"사랑한다는 말보다/ 더 달콤한 말 있다/ 그립다는 말보다/ 더 간절한 말 있다// 지금 뭐 해요?// 어제가 무슨 상관이랴/ 지금 힘드는데/ 내일이 무슨 상관이랴/ 지금 죽겠는데// 지금 뭐 해요?"
(「지금 뭐 해요?」 가운데 일부)

(2021. 08. 07.)

안부의 쓸모

추석이다. 문자와 톡으로 꽤 많은 사람이 안부했다. 안부한 사람 가운데, 정치인이 상당하다. 평소 인사를 나누며 지내는 사람이 있는가 하면, 낯 한 번 본 적 없는 사람이 대부분이다. 추석 명절을 잘 쇠라는 인사 뒤에, 다음 선거 때 잘 봐달라는 선거운동을 하는 것 같다.

다음으로 안부를 많이 물은 사람이 졸업생이다. 나는 특정한 학과에 속해 있지 않아, 속된 말로 골수 제자가 없다. 그저 교양교과목을 수강한 학생이 전부이다. 문안한 제자 가운데, 목회자와 장애를 가진 사람이 많다. 글쓰기 교과목을 가르치면서, 신학과 학생에게 관심을 특별히 기울인다. 목회와 글쓰기는 떼려야 뗄 수 없는 관계이므로.

우리 학교는 장애를 가진 학생이 다른 대학에 비해 많다. 복합 장애를 앓고 있는 아들로 인해, 이들에게 관심을 각별하게 기울인다. 관심이라고 해야 기껏 눈빛 한 번 더 주고, 말 진득하게 들어주는 것밖에 없건만. 기껏 이름 한 번 더 불러주고, 어깨 한 번 툭 쳐준 일뿐이련만. 얼마 전, 사회복지학과를 졸업한 ○○가 보낸 문자가 맘을 울컥하게 했다.

"교수님! 학교 다닐 때 교수님 강의를 들으며, 발표했던 시간이 그립습니다. 발음도 좋지 않고 말도 잘하지 못하는데, 친구들이 모두 제 이야기를 잘 들어주었어요. 교수님은 잘했다고 칭찬해주셨고요. 세상에 태어나서 많은 사람 앞에서 처음 이야기했고, 칭찬을 처음으로 받았어요. 추석 잘 보내시기 바랍니다."

오래전에는 어쭙잖은 붓글씨지만, 화선지에 붓으로 안부 글을 썼다. 작년까지만 해도 명절 인사를 시로 표현하여, 여러 지인에게 보냈다. 올 추석에는 꾀가 난 것인지, 게을러터진 건지. 아예 이런 생각조차 하지 못했다. 누군가에게 건넨 안부가 메아리 없는 산일 때가 있다. 누군가의 안부에 대해 침묵하면, 안부를 건넨 누군가는 피가 밭기 마련이다.

요즘 추석맞이 안부는 대부분 이미지를 써서 한다. 어린아이까지 SNS를 사용하는 시대이다. 손글씨를 써서 안부하는 것이 어색할 지경이다. 이런 때, 난해한 어휘를 길게 늘어뜨려, 안부를 전하는 시가 찬밥 신세를 받을 수밖에. 아예 안부를 건네지 않은 것에 비해 감사할 일이지만, 이미지만 받는 안부는 성의 없는 것 같아 왠지 하잔하다. 이런 안부가 쓸모없다는 것이 아니다.

이른 아침에 전화가 왔다. 우리 학교 문학 동아리 출신 윤유순 작가이다. 추천사를 써 달란다. 윤 작가는 2014년 예순여덟에 입학하여, 2018년 수필가로 등단했다. 올해 시인으로 등단하여 첫 작품집 『누군가를 그리워하며』를 출간하려고 한다. 무엇을 쓸까 고민하기 전에, 먼저 어떻게 살까 고민하는 게 작가의 삶이다. 이런 점에서 작가의 삶은 명사가 아니라, 동사여야 한다.

나는 도사초등학교를 졸업했다. 도사초등학교는 순천만 가는 길목에 있다. 순천만은 초등학교 때, 즐겨 놀러 간 곳이다. 우리 마을에 사는 친구보다 그곳에 사는 친구들과 더 잘 어울렸다. 바다를 맘껏 보며, 갯내를 들이켜는 게 좋았다. 바람 따라 서로의 몸을 비비며 우는 갈대 소리가 오래 서그럭거리며 애잔했다. 별의별 새가 허공에 펼치는 군무에 반해, 꿈속에서 새가 되기도 했다.

순천만인 대대가 고향인 친구 몇이 술잔을 기울이며 전화했다. 민호는 지금도 여전히 순진한 소년이다. 제 것 잘 챙길 줄 모르고, 정이 넘치는 친구이다. 승철이는 철도청에서 은퇴한 뒤, 계열회사에서 계속 일하고 있다. 의리가 바위 같은 친구이다. 승용이는 사업 수완이 좋고 사람과 관계를 잘 맺어 인맥이 넓다. 변함없는 친구이다. 동휘는 경찰로 오래 근무하다 은퇴했다. 유일하게 고향집을 지키고 있는 친구이다.

돌아가며 일일이 통화하다가, 요한이 친구 이야기가 나왔다. 하요한 친구는 일본에서 선교사로 활동한다. 일본에 간 지 20년이 족히 넘었다. 현지에서 신사참배 거부 운동과 한국 역사 바로 알기 운동을 펼치고 있다. 일본 대사관 앞에서 진행한 수요 집회 때, 일본인 목사가 와서 과거 역사에 대해 용서를 바란 일이 있다. 이 일을 하요한 목사가 주도하여 이룬 것이다. 모처럼 하 목사에게 전화하여 안부를 물었다.

　천년 스승 같은 은사님이 계신다. 지금 내가 이 길을 걷는데, 이정표와 같은 역할을 하신 분이다. 은사님은 평소 손에서 책을 내려놓으신 적이 없다. 어쩌다 나태를 부리고 싶을 때, 은사님을 떠올린다. 은사님은 방대한 『임진록』 이본과 아무개와 같은 사람인 민중 설화, 연변족 설화에 이르기까지, 연구물을 독보적으로 내놓으셨다. 문안하려고 전화 드렸는데, 통화하지 못했다.

　인문고전 읽기를 수강하는 간호학과 모 학생이 문자를 보냈다. 리포트를 오늘까지 꼭 내야 하느냐고. 오늘 추석이므로 잘 먹고 잘 놀고, 주말까지 내라고 했다. "감사합니다."라는 말이 날개를 달고 훨훨 난다.

2021. 09. 21.

약속

"교쥬님! 저 다음 주에 학교에 가도 돼요?"

연구실 전화가 적막을 깨트렸다. 교직원이 출근하여 전화하기에 한참 이른 시각이건만. 촉이 민감하게 발동했다. 전화를 받지 않을까 망설이다 수화기를 들었다. 감대로 기진이었다. 기진이는 다섯 해 전쯤 모 학과를 졸업했다. 지적 장애를 겪고 있다.

학교 다니던 시절, 기진이는 내 강의 시간표와 강의실을 나보다 더 훤히 꿰었다. 기진이를 볼 때마다, 커피 사 먹으라며 돈을 조금씩 준 게 뗄 수 없는 끈같이 엮였다. 기진이에게 돈을 주려고, 늘 호주머니에 잔돈 챙기는 것을 잊지 않았다. 어쩌다 잊기라도 하는 날에는 학생에게 빌려서라도 줬다.

어떤 날은 연구실로 찾아왔다. 노크도 하지 않은 채. 이런 날 나는 기진이를 앞혀 놓고, 이런저런 잔소리를 늘여놓았다. "들어올 때 노크 먼저 해라.", "슬리퍼 끌고 다니지 말고, 신발 제대로 신고 다녀라.", "수염 좀 깎고 잘 씻어라." 이런 따위의 잔소리에 녀석은 관심을 보이지 않았다. 내 손만 쳐다보며, 돈을 빨리 주기를 바라는 표정을 지었다.

기진이는 졸업하고 나서도, 한두 해쯤 학교를 줄곧 나왔다. 학교에 무슨 행사가 있는지 재학생보다 더 잘 알았다. 특히, 음식을 나누는 행사는 꼬박꼬박 챙겼다. 이랬던 녀석이 한동안 학교에 얼굴을 보이지 않았다. 어느 날, 뜬금없이 문자를 보냈다. "교수님! 저 삼겹살 먹고 싶어요. 삼겹살 좀 사 주세요." 이 말끝에 "그래 알았다."라고 건성으로 답했다.

기진이는 시도 때도 없이, 전화하거나 문자하여 삼겹살 타령을 했다. 이럴 때마다, 우연치 않게 시간을 낼 수 없었다. 아니, 시간보다 녀석을 만나는 것이 간절하지 않았을지 모른다. 이런저런 핑계를 대며, 녀석의 삼겹살 타령을 한동안 뭉갰다. 내가 연락하기 전에 전화하지 말라며.

누군가를 조건 없이 사랑하는 것. 열매와 가지, 몸통과 밑동, 게다가 뿌리까지 아낌없이 내주는 나무가 되는 것. 내가 결코 할 수 없는 일이다. 나에게 조그마한 이익이라도 될 사람 같았으면, 기진이를 언제든 만났을지 모른다. 말귀가 잘 통하지 않는 아이와 둘이서, 밥을 먹는다는 것이 부담스러웠다. 녀석이 내 강의를 들은 적이 없지만, 나는 이런 선생밖에 안 된다.

작은아들이 중증 복합장애를 오래 겪고 있다. 다른 사람보다 장애인을 잘 이해한다고 여겼는데. 우리 학교에 해마다 장애인이 입학하는 숫자가 늘고 있다. 그동안 아픈 아들같이 여기며, 이들에게 나름대로 관심을 쏟았는데. 요즘 내 이런저런 근력이 쇠한 것을 절감한다. 태생적으로 부족한 몸의 근력이야 그렇다 쳐도, 사랑의 근력이 차츰 줄고 있다.

며칠 전, 강의실에서 두 학생을 혼냈다. 이들은 첫 시간부터 강의에 전혀 집중하지 않았다. 강의실에 앉아 있는 모습이 마치 고문당하는 사람 같았다. 바람 쐬고 들어오라고 했다. 커피 사 줄 테니, 커피를 마시고 오라고 하기도 했다. 이들은 여전히 수업에 집중하지 않았다. 두 사람을 불러내 큰소리로 야단쳤다. "강의 시간에 무슨 생각하느냐?", "이렇게 공부하지 않으려면, 수강을 취소해라." 강의를 마치고 이들을 따로 불러, 부드럽게 잘 이야기했지만.

느닷없이 발동한 이런 힘이 어디에서 솟았는지 스스로 놀랐다. 학생이 강의 시간에 집중하든 말든, 교수는 강의만 하면 된다. 학생이 강의 내용을 이해하든 못하든, 교수는 진도만 나가면 된다. 학생이 따라오든 말든, 결과는 평가를 통해 갈무리하면 되건만. 매주 글쓰기 첨삭에다, 상담까지. 왜 이렇게 꼰대 근성을 버리지 못하는 것일까.

얼마 전, 〈수필 문학〉 시간에 글쓰기 멘토링을 시작했다. 글쓰기 능력을 갖춘 3, 4학년 학생 세 사람이 후배가 쓴 글을 돌봐주는 것이다. 수강생 가운데 장애를 가진 학생이 몇 있다. 이들을 위해 글쓰기 멘토링을 착안했다. 특히, 지적 장애를 가진 학생을 교육하려면, 인내와 사랑의 근력이 풍부해야 한다. 강의실에서 가끔 입버릇같이 한 말이 있다. 진정한 교육은 지식을 전달하기에 앞서 사랑을 먼저 줘야 한다.

부끄럽다. 기진이와 한 약속을 여태 지키지 못했으니. 녀석은 지금까지 삼겹살 타령을 후렴같이 부르고 있건만. 나는 그가 부르는 노래에 귀 기울이지 않았다. 때로는 귀찮게 여기고, 피할 구실을 찾았다. 약속은 시간이나 돈으로 하는 것이 아니다. 마음의 근력, 인내와 사랑으로 하는 것이건만.

햇봄, 아침볕이 파스텔화를 눈부시게 그리고 있다. 눈길 닿는 곳마다 저마다 놓칠 수 없는 풍경이다. 단단하거나 딱딱한 것 하나 없이 죄다 말랑말랑하고 보드랍다. 각지고 울퉁불퉁했던 맘의 귀퉁이가 시나브로 평평하게 닳아졌다. 기진이와 다시 약속했다. 입으로 하지 않고 가슴으로.

"내가 전화 꼭 할게."

2022. 04. 14.

종강

 시간의 신발을 영영 감춰둘 수 없을까. 어제 개강한 것 같은데, 종강이 두어 주 앞으로 다가왔다. 시간은 유독 지름길만 골라 온다. 정이라도 들까 봐 손을 뿌리치고 곧바로 가고 말면서.
 한 학기 동안 여러 학생이 낸 리포트를 개인 기록지에 정리하고 있다. 이번 학기부터 〈인문고전 읽기〉 교과목을 〈고전 읽기〉로 바꿨다. 세 교수가 팀을 이뤄 강의한다. 나는 인문 영역을 맡아 『논어』를 5주에 걸쳐 진행한다. 공자와 제자가 서로 묻고 대답하는 식으로 지혜를 나눴듯이, 수강하는 학생과 주로 질문하고 답하는 방식으로 수업한다.
 〈논리적 사고와 표현〉은 논리적인 글쓰기로써, 문제를 해결하는 글쓰기에 대해 학습한다. 자료를 쉽게 얻을 수 있는 것을 다루지 않고, 삶이나 학교생활과 밀접하게 관련 있는 것을 논제로 삼는다. 조별로 주어진 논제에 대해 토론하고, 개요 짜기를 한 뒤 발표한다. 개요 짜기를 바탕으로 각자 글을 써서 매주 제출하면, 첨삭하여 학생에게 돌려준다. 이러한 과정을 통해 수강생은 읽기와 듣기, 말하기와 쓰기라는 언어활동 전 과정을 경험한다. 나아가 협업하여 문제를 해결하는 공동체 가치를 실현한다.

〈수필 문학〉은 자신이 경험한 것을 바탕으로 문학적인 글쓰기를 한다. 이 과목을 수강하는 학생 가운데, 장애인과 만학도가 많다. 이들을 위해 이른바 '글쓰기 멘토링'을 실시하고 있다. 글을 안정적으로 쓰는 3학년과 4학년 학생 셋을 멘토로 임명하여, 멘티 글쓰기를 지속하여 돕는다. 멘토와 멘티 사이에 신뢰감이 친근감이 생기고, 수업 분위기가 나아졌다. 글쓰기 능력은 향상했다. 서로 위화감을 느끼거나 경쟁심을 앞세우면 불가능했다.

인문학은 사람에 관해 사색하는 학문이다. 사람을 비난하고 아프게 하지 않고, 사람의 마음을 잘 어루만져야 한다. 사람을 아름답게 보는 눈을 가져야 자연이나 우주를 미화할 수 있다. 인문학을 우리 삶과 분리하여 '탈 삶화'하면, 신학과 신앙 사이에서 믿음의 미아가 된 것과 같다. 지식은 인문학과 뜨겁게 사귀어야, 지혜의 꽃을 피운다. 인문학은 우리 내면의 우물을 깊고 맑게 만든다.

대학 교양 교육에 대해 많은 사람이 편견을 갖고 있다. 전공교육을 하기 전 단계의 기초학습으로 여긴다. 전공교육의 아래 것쯤으로 하대하고 냉대한다. 교과부에서 대학 역량진단 평가를 할 때, 교양 영역과 전공 영역 평가 점수 비율이 같다. 이와 달리, 교육현장은 교수나 학생 할 것 없이, 교양에 대한 인식이 천박한 수준이다. 교양 교육은 핵심 역량 기르는 것을 목적으로 삼고, 전공에 관한 교육은 직무 역량 키우는 것을 목적으로 하건만.

어떤 지식이든 체화하거나 삶으로 풀어쓰지 않으면, 박제한 동물에 불과하다. 우리나라 대학 교육은 전반적으로 평가와 실용성을 추구하고 있다. 학생은 교양과목이나 전공과목을 선택할 때, 졸업의 통과의례쯤으로 생각한다. 취업하려면 학점을 잘 받아야 하고, 실용적인 지식을 갖춰야 한다. 문제는 인성을 갖추지 않은 상황에서 학점이나 실용적 지식을 쌓으면, 사회적 부적응아를 만들 개연성이 크다.

인문학적 사고가 부족하면, 공동체 가치를 꾀하기보다 이기적인 사고에 매몰되기 쉽다. 대인관계를 지혜롭게 할 리 없고, 문제를 주도적으로 해결하기 어렵다. 현장에서 학생을 가르치다 보면, 대학 교육을 교과부의 평가 기준에 맞춰서 해야 할 때가 있다. 어떤 영역은 교과부 평가 기준이 교육의 질을 향상하는 자양분이 된다. 어떤 영역은 대학의 자율성과 다양성을 막는 장애가 되기도 한다.

여러 학생에게 학점의 노예가 되지 말라고, 절박하게 다그친다. 오로지 학점을 따는데 목숨을 걸다시피 한 학생이 여럿 있다. 폭넓고 통섭적으로 공부하지 않으면, 삶에서 지식을 적절하게 적용할 수 없다. 나아가 학문의 지평을 확장하기 어렵다. 학생은 자신이 수강한 교과목과 관련해, 자신의 능력이 미치지 못한 것이 무엇인지 깨달아야 한다. 나아가 학습한 것을 잊지 않도록 지속하여, 응용하고 활용해야 한다. 대표적인 사례로 글쓰기를 들 수 있다.

공자는 『논어』 '술이' 편에서 이렇게 고백했다. "인격을 수양하지 못한 것, 배운 것을 익히지 못한 것, 옳은 것을 듣고 실천하지 못한 것, 잘못을 고치지 못한 것, 이것이 내가 하는 걱정이다." 나같이 인격적으로 궁핍한 사람이 쓴 글은 깊이가 낮고 향기가 나지 않는다. 얄팍한 지식을 밑천 삼아 교수라는 탈을 쓰고, 애면글면 가르치고 있다. 부끄러울 수밖에. 말을 앞세우고 감정을 쉽게 쏟아낸다. 그릇된 습관이 한둘 아니건만, 떼어내지 못하고 그림자같이 데리고 산다.

배우는 방법은 세 가지가 있다고 한다. 보고 배우는 것, 듣고 배우는 것, 가르치며 배우는 것이다. 고백하건대, 강의실에서 어쭙잖게 글쓰기를 가르치면서 학생에게 배우는 것이 많다. 학생이 쓴 리포트마다, 살아온 삶의 내력이 물줄기같이 흐른다. 저마다, 이런저런 아픔을 옹이같이 새기고 있다. 절망 가운데 웅크리고 있다가, 대부분 학교를 마지막으로 선택했다. 배움을 통해 삶의 숨통을 트려고 학교에 온 것이다.

〈수필 문학〉을 수강하는 학생 가운데, 의료 사고로 시력을 잃은 학생이 있다. 이순을 훌쩍 넘긴 나이에 몸이 아파도 절대 결석하지 않는다. 학교 오는 것이 너무 즐겁고 행복하단다. 내가 어찌 잠시 잠깐이나마 배우는 것을 게을리할 수 있으랴. 요즘, 수필과 연애하며 살고 있다고 하니. 공자의 말씀을 다시 귀 기울여 듣는다.

"배우고 때때로 익히면 또한 기쁘지 않으랴"

2022. 06. 04.

첫마음

"뭐 해요?"

잠결에 전화를 받았다. 잠자리에 맘먹고 들면, 손전화 숨통을 막아 놓는다. 아마 놓친 것 같다. 전화를 받자마자, "지금 몇 시냐?"라고 물었다. 12시 20분이라는 말끝에, "이렇게 늦은 시간에 무슨 일이냐?"라고 짜증을 약간 섞었다. 상대가 막 웃었다. 밤이 아니라, 대낮이라고 하면서. 요즘 걸핏하면 피곤하다. 쉬려는 요량으로 잠시 누워 있다, 긴 잠이 될 때가 흔하다.

일어나 아침과 점심을 둥쳐 먹었다. 〈수필 문학〉 강의를 듣는 수강생이 낸 리포트를 꺼냈다. 날이 갈수록 강단에 서는 것이 힘겹다. 무엇보다 내 열정의 온도가 낮아진 탓이 가장 크다. 잇대어 내 체력이 점차 쇠잔한 것이다. 하나를 덧대면 말귀를 알아듣지 못한 학생이 많다.

누구나 첫마음을 품으면 설레고 즐겁다. 첫마음은 관심과 사랑, 열정의 근린쯤 아닐까. 수강 신청할 때가 되면, 내가 강의할 교과목을 몇 사람쯤 신청했는지 궁금해했건만. 글쓰기와 관련한 교과목을 수강한 학생이 200명 남짓 되어도 힘든 줄 모르고 매주 첨삭했건만. 잘 따라오지 못한 학생은 연구실에서 1:1로 만나 글쓰기에 관해 상담했건만. 돌이켜보면, 학생과 글쓰기 상담을 하면서, 학생의 마음을 깊고 넓게 이해할 수 있었다. 내 강의가 없는 시간에 학생과 시간을 맞춰 상담하려면, 시간 잡는 것부터 녹록지 않다.

게다가 스무 해 이상, 단 한 번 건너뛰지 않고 방학 때마다 글쓰기 특강을 해왔으니. 허리가 무너져 응급실에 가서 주사를 맞고도 즐겁게 강의했건만. 내 첫마음의 옆구리가 이제 시나브로 닳고 있다. 이번 학기에 개설한 〈수필 문학〉은 내심 폐강되기를 바랐다. 학생이 낸 리포트를 첨삭하고 상담하는 것이 부담스러웠으므로. 감출 일 없이 이제 꾀가 났다. 학생과 상담할 시간에 집안일 더 보고, 피곤에 찌든 몸 좀 쉬는 게 낫겠다 싶은 셈이다.

신입생을 모집하는 게 해가 갈수록 어렵다. 벚꽃 피는 순서대로 대학이 문을 닫는다는 소문이 풍문이 아니다. 모래 속에 숨은 사금파리같이 점차 현실적으로 드러나고 있다. 내가 몸담은 남녘에 있는 학교도 신입생 모집 기간이 되면 비상이 걸린다. 교직원이 입시 기도회를 통해 하나님께 지혜를 구하고, 개인적인 인맥을 깊숙이 파고들기도 한다.

우리 학교는 특정한 학과에 속한 학생을 빼면, 만학도와 장애인이 많다. 이런저런 사정으로 공부할 때를 놓쳤거나, 신체적인 장애를 가진 학생이 상당하다. 게다가 마음에 박힌 옹이 때문에 평생 구긴 마음을 펴지 못하고 사는 학생도. 첫마음의 빛깔이 변색되지 않았을 때, 이들을 얼마나 눈여겨보고 귀여겨들었던가. 이런 학생을 불편하게 대하는 교수를 뒷담에서 교육자로서 자질이 없다고 얼마나 흉봤던가.

  누군가 앓는 아픔을 눈여겨보고 귀여겨들으려면, 긍정적인 힘을 늘 충전해야 한다. 첫마음을 품고 있을 때는 나보다 학생을 먼저 생각했다. 노부모님이나 장애를 앓는 아들보다 학생이 우선이었다. 학생을 가르친다고 여기지 않고, 사랑하고 관심을 쏟는다고 생각했다. 가르치겠다고 하면 일방적이고 수직적인 관계가 되었으므로. 요즘 사람이 악어같이 보인다. 당최 믿을 수가 없다. 이들 가운데 다수가 명색이 하나님을 믿는 사람이다. 이들보다 더 무서운 사람이 바로 나 자신이다. 하나님을 사모하는 첫마음을 잃고 동그마니 있으므로.

  이번 주에 학생이 낸 리포트 대부분이 글귀를 알아듣지 못하고 쓴 게 많다. 당장 글쓰기에 대해 상담해야 하는데, 연구실로 부를 마음이 생기지 않는다. 제대로 쓰든 말든, 쓴 결과에 따라 성적 처리하고 말까 하는 생각이 빠른 걸음으로 왔다. 『논어』에서 공자가 한 말이 떠올랐다. "남이 자신을 알아주지 못할까 걱정하지 말고, 내가 남을 제대로 알지 못함을 걱정해야 한다."

  한편으로는 그랬다. 내가 이렇게 학생을 위해 헌신하는데, 많은 사람이 알아주겠지. 그동안 알아주는 사람보다 불편하게 여기는 사람이 더 많았다. 심지어 교양은 쉽고 재미있게 가르쳐야 한단다. 학생이 졸업하는 데, 힘들게 하면 안 된다고 생각하는 교수가 많다. 첫마음을 품을 때는 오직 학생을 위한다는 열정이 다른 것을 덮고도 남았다. 지금 생각하면, 다른 사람 말마따나 "바보 같은 짓"을 하는 것은 아닌지, 생각이 헷갈리고 흔들린다.

모 학생이 리포트를 보내면서, 쪽 글을 덧댔다. "주말 평안히 보내고 계신지요? 교수님께 인사 올립니다. 부족한 제 글을 교수님께 보내드립니다. 갈피를 잡지 못하는 제 글에 피드백을 가감 없이 부탁드리겠습니다. 기대하는 마음과 두려운 마음을 안고 화요일 아침에 뵙겠습니다. 감사합니다."

빛바랜 첫마음을 맥연히 되돌리는 것은 쉽지 않다. 이러할지라도, 흔들리는 마음을 다잡으려고 한다. 비바람이 멎자 덜컹거리던 창문이 고요해졌다. 내 첫마음을 뒤흔드는 비바람이 그치고 나면, 글의 미로에서 헤매는 이름을 하나씩 부르리라.

창문에 몽실몽실 모인 햇살이 눈부시다.

2022. 03. 26.

어머니의 입맛

 가을은 온 듯 만 듯 왔다가, 간 듯 만 듯 가버린다. 긴 가을 가뭄 끝에 비가 온종일 댓바람으로 내린다. 단풍은 더 무르들고, 낙엽은 더 수북하게 내려앉는다. 그제 부모님을 모시고 마을 인근에 있는 보건소에 들렀다. 독감 예방 주사를 맞으러. 평소 주말에도 연구실에 들러, 글쓰기 교과목 수강생이 쓴 리포트를 들여다본다. 이번 주에는 학교에 나가지 못했다. 온몸이 푹 가라앉아, 글방에서 종일 자다 깨기를 되풀이했다. 주일까지도 이런 일이 지속하였다.
 주사를 맞은 후유증이거나 비 몸살일 성싶다. 입맛마저 나뭇잎처럼 툭 떨어졌다. 끼니가 되었는데도, 당기는 게 당최 없다. 부모님 몸 상태가 궁금하여 전화 드렸다. 어머니께서 저녁을 집에 들러 먹으라고 하셨다. 유채 나물과 겉절이를 해놓으시겠다며, 몇 차례 다짐을 받으셨다. 혼자 밥을 먹는 외밥이 대세이다. 홀로 먹는 밥은 찰기가 없고,

잇몸이 아릴 정도로 까칠까칠하다. 이런저런 속사정으로 인해, 오랜 세월 외밥을 먹었다. 외밥은 때로 눈칫밥이고 돌밥이지만, 외법이 잉태한 글이 꽤 많다.

귀갓길, 비에 젖은 단풍의 속살이 감쪽같이 핏빛이다. 새벽부터 지상에 발을 들여놓기 시작한 비의 보행이 멈출 줄 모르고 팔팔하다. 가을비는 겨울을 몇 걸음 앞당겨 불러놓고, 젖을 물은 아이처럼 뚝 그치기 마련. 기상대도 이 비 그치고 나면, 날씨가 추워진다고 예감했다. 마을 입구에 이르렀다. 어머니께서 언제 오느냐며 전화하셨다. 나물이나 겉절이 무칠 시간을 가늠하시려는 요량이다. 유채 나물이나 겉절이는 무치자마자 먹어야 맛있다. 그렇지 않으면 풋내가 나고, 물이 생겨 맛의 깊이가 얕아진다.

우리 집 텃밭에 유채가 한창 푸릇푸릇 자란다. 제법 넓은 땅을 차지하고 크지만, 다 우리 것이 아니다. 부모님께서 이 집 저 집 가리지 않고 나눠주신다. 택배 기사나 전기 계량기를 검침하는 사람까지 일일이 챙겨 보낸다. 유채는 날씨에 따라 한두 번 뜯어먹고 놔두면, 이듬해 봄에 다시 자란다. 눈 속에서 얼고 녹기를 반복하여, 제 몸을 담금질한다. 이렇게 자란 유채는 이른 봄 별미이다. 맛이 고소하고 식감이 뛰어나다. 나물이나 겉절이를 해서 먹으면, 시들시들해진 봄 입맛을 오롯이 세울 수 있다.

현관문을 열고 들어섰다. 참기름 냄새가 의기소침해진 입맛을 고소하게 일으켰다. 어머니께서 나물을 무치시는 자세는 자음의 변형된 모습이다. ㅅ 字 허리를 겨우 일으켜, 어설프게 ㄱ 字를 만드셨으니.

식탁에 올려놓은 유채 나물에 기름기가 반지르르했다. 겉절이까지 커다란 양푼에 무쳐 내어놓으셨다. "오늘따라 나물과 겉절이가 유독 맛이 있다. 뭔 일이단가?" 나물과 겉절이를 한입 드신 아버지 말씀에 참기름 기운이 자르르 흘렀다. 혀 밑에 침이 돌면서, 한풀 꺾였던 식욕의 심지에 불이 붙었다.

큰 그릇에 유채 나물과 겉절이를 넣고, 고추장을 한술 얹었다. 이른바 유채 비빔밥인 셈이다. 여기에 유채 된장국을 곁들여, 밥 한 그릇을 다 비우던 참이었다. "아들 온다고 해서 참기름 듬뿍 넣고 신경 많이 썼다. 잘 된 것만 골라 무쳤으니, 많이 먹어라. 농약을 했을까. 비료를 했을까. 웬만한 고기반찬보다 나으니, 맛으로 먹지 말고 건강식으로 여기고 먹어라. 많이 먹고 몸 실해져 아프지 마라."

예순 고개를 넘었는데도, 나는 아직 철들 줄 모른 철痴이다. 글 쓸 힘밖에 없는 힘痴이다. 무시로 허리가 무너져 내리는 허리痴이다. 이런 아들이 어머니는 내내 안쓰러우신 게다. "아이! 더 먹어라. 잘 먹어야 그나마 기운 차린다. 집안일 보랴. 늙은 우리 병원 데리고 다니랴. 학교 일 보랴. 몸이 열 개라도 못해볼 텐데. 몸이라도 성해야지. 없는 찬이지만, 잘 먹어야 한다."

어머니는 유채 나물과 겉절이를 내게 연신 밀어놓으시곤 눈치를 살피셨다. 보다 못한 아내가 나서서 갈무리했다. "제가 글방에 가서 먹으라고 좀 챙겨줄게요. 어머니 진지 드세요." 이 말끝에 아버지께서 한마디 거드셨다. "오! 아들 온다고 하니까 맛이 좋아졌구나." 실은 어느 날부터, 어머니께서 만드신 반찬이 예전 같지 않다. 많이 짜거나 턱없이 싱겁다. 그만큼 어머니 입맛도 세월의 무게에 짓눌리어 자꾸 왜소해진 게다.

  오늘 먹은 나물 역시 싱겁고 겉절이는 짰다. 이런 사실을 내색하지 않고 맛있게 먹었다. 어머니는 한기 품은 가을비를 고스란히 맞으시며, 잘 자란 것만 골라 나물과 겉절이를 무치셨다. 어머니 마음이사 결코 싱겁거나 짜지 않았을 터. 밥 먹고 나서 물 한 사발 냉큼 마시면, 옛일처럼 지워지고 말 터. 된트림 몇 번 하고 나면, 그만이고 말 터.

  싱거운 유채 나물과 제법 짠 겉절이를 가지고 글방으로 나서는 길, 가을비가 당최 멎을 줄 모르고, 큰소리로 실없이 울먹거린다.

2020. 11. 03.

꼬막

 주말이다. 일찍 일어나야겠다고 여러 차례 다짐했다. 웬걸, 미뤄둔 빨랫감처럼 맘 한구석으로 여러 차례 욱여넣었다. 끊어질 듯한 잠의 끈을 이엄이엄 애써 이었다. 어젯밤, 거의 날을 새우다시피 했다. 새로 산 커피를 몇 잔 향기 좋게 내려 먹은 데다, 쓰던 글을 완성하느라 새벽녘에야 잠들었다.

 눈을 뜨니, 정오를 훌쩍 지났다. 세월은 누추하게 오거나, 알량하게 가지 않는다. 잠든 사이, 어제가 가고 오늘이 왔다. 시간은 평생 늙을 줄 모르고 청춘이다. 한소끔 잔 잠이 영 다디달다. 이 통에, 예제서 전화한 흔적이 있고, 쓴 글을 봐달라는 메일도 몇 통 있다. 박사 논문을 쓰고 나서, 수필 쓰기에 몰입한 한 지인은 요즘 글 쓰는 일에 미쳤다고 고백했다. 모 선생은 글쓰기가 고행이지만, 즐기고 싶다고 했다. 무슨 일이든 간절하고, 절박해야 깊이 빠져들 수 있다.

움푹 파인 생각은 곯은 배처럼 허전하기 마련. 지난주, 같은 학과 모 교수님과 남부시장에 들러 점심으로 순댓국을 한 그릇 비웠다. 오는 길에 생미역을 사서 작업실에서 삶아 초장에 찍어 먹었다. 미끈하게 목으로 넘어가는 미역과 달리, 속은 꽉 낀 옷을 입은 것처럼 내내 불편했다. 이맘때, 아버지께서 즐겨 찾으시는 것 가운데 하나가 생미역이다.

라면을 잘박하게 끓여 먹고, 진동걸음으로 모래내시장에 갔다. 정부가 얼마 전, 코로나에 대한 조치로 바짝 죈 거리 두기의 고삐를 좀 느슨하게 풀었다. 게다가, 겨울답지 않게 볕까지 포근했다. 이런 분위기와 주말이 겹쳐, 시장통이 발 디딜 틈 없을 정도로 사람으로 넘쳤다. 대형할인마트에서 본 장은 패키지로 떠난 관광 같다. 재래시장에서 본 장은 설레게 떠난 여행과 같다.

자주 다니는 미로 같은 시장통 고샅을 지나, 차를 주차장에 뒀다. 족발과 생미역·그야말로 옛날 과자·귤·바나나와 우유를 샀다. 과자 집 아주머니가 거스름돈과 부모님 안부를 함께 건넸다. 재래시장은 단골집을 꼭 만들어둬야 한다. 이래야 제대로 된 것을 살 수 있다. 덤으로 한두 개 더 얹혀 받을 수 있다. 재래시장에서는 말을 차지게 해야 한다. 노상에서 물건을 파는 사람에게 입김을 호호 불어 건네는 말 한마디는, 친밀감을 오래 붙잡아 둔다.

산 게 별로 없는데, 시장 본 짐은 늘 무겁다. 비닐봉지를 주저리주저리 들고 주차장으로 향하다, 어물전 앞에 이르렀다. 좀체 흩어질 줄 모르고, 여러 사람이 타원형으로 밀착해 있었다. 틈을 간신히 뚫고 들어갔다. 견고하리라 믿었던 대형이 힘없이 허물어졌다. 개펄에서 갓 건진 것 같은 피꼬막을 제법 큰 바구니에 고봉으로 담아 만 원에 팔았다.

앞에 있던 어르신이 무거워 못 가져가겠다고 하셨다. 동작의 가속도를 붙여 내 몫으로 챙겼다. 고향이 남쪽 갯가 이웃쯤에 있다. 향수는 계절에 따라 음식을 목차 없이 떠올리게 한다. 부모님은 식탁에서 종종 고향에서 드신 음식에 대한 기억을 맛깔스럽게 꺼내 말씀으로 드신다. 이럴 때마다 부모님 모시고, 고향 한 번 다녀오겠다는 바람을 각주로 달았을 뿐. 요즘 나오는 꼬막은 살이 푸둥푸둥하게 올라 맛이 절정이다. 무거워 피꼬막을 못 가져가겠다고 하신 어르신 말씀이 엉두덜거린 게 아니었다. 주차장으로 가는 길이 차와 사람으로 뒤엉켜, 시장 본 짐이 더 무거웠다.

"아이! 혹시 6시 내 고향 봤냐? 아버지가 텔레비전에서 나온 꼬막을 보고 먹고 싶다고 하셨는데."

만 원어치라는 것을 신뢰한 식구가 아무도 없었다. 어머니와 아내 사이에서 가장보다 외교관 역할을 해야 할 때가 많다. 이래야 고부간에 생기기 쉬운 식은태 같은 금을 메울 수 있다. 어머니는 내심 만 원 이상 주고 샀으리라고 가늠하고 계실지 모른다. 팔이 아파 손을 잘 쓰지 못한 어머니와 훈용이랑 날밤을 새운 아내를 대신해 꼬막을 손질했다. 어머니 지도를 조곤조곤 받으면서. 꼬막을 물에 담가 모래나 펄을 빼고 껍데기를 수세미로 깨끔히 씻었다. 꼬막은 약한 불에 올려놓고 이리저리 굴리며, 싸목싸목 삶아야 한다. 입술을 살포시 빌릴 때 건지면, 육즙이 풍부하고 부드럽다.

서울에서 전도사 사역하는 큰아들만 빠졌다. 날밤을 새우고 잠든 훈용이는 잠과 관계없이 숫제 식탁에서 예외이다. 껍데기를 벗길 때마다, 속이 꽉 차고 살이 통통한 꼬막이 피를 머금고 있었다. 잘 삶았다는 얘기다. 오랜만에 부모님과 아내와 내가 식탁 의자를 주성분을 갖춘 완전한 문장 쓰듯이 채웠다. "아! 맛있다. 모처럼 꼬막다운 꼬막 맛본다." 아버지께서 연신 감탄사를 굴리셨다. "이 정도면 여수나 벌교 가서 먹어도 몇만 원 되겠다." 어머니는 바람 솔솔 드나드는 아들 지갑 사정을 걱정하시는 눈치였다.

뒷집 신부님 댁에도 몇 개 갖다 드렸다. 꼬막은 삶이 춥다는 핑계를 대며 움츠러들지 않고, 제 속을 탱글탱글하게 채운다. 추위를 제 삶의 절정으로 삼는다. 날씨가 차디차다. 코로나로 인해 우리 삶의 계절은 겨울 진행형이다. 행복의 조건은 결코 돈만이 아니다. 행복의 시제 역시 어떻게 맘먹고 사느냐에 따라, 현재 진행형이 된다.

작업실로 나오는 길, 혀끝이 간간 달콤하다. 휑한 겨울밤 풍경이 통통하게 오지면서.

2021. 01. 24.

명의

 가을은 단풍으로 절경을 빚다가, 낙엽으로 대단원을 내린다. 낙엽이 땅에 수북이 쌓이기 시작한다. 바람 꼬리가 날카롭다. 한기의 끝은 더 뾰쪽뾰쪽하다. 일주일 전부터, 어머니께서 목이 편찮다고 하셨다. 목감기라고 여기고, 인근 약국에서 약을 지어드렸다. 코로나 기세가 어느 정도 잠잠해졌지만, 병원에 모시고 가는 게 흔쾌하지 않았다. 체온이 정상이고 가래가 끓지 않은 것도 병원에 가는 것을 서두르지 않은 한 이유였다.

 일주일 이상 약을 드셨다. 차도가 없어, 오늘 어머니를 모시고 병원에 들렀다. 같은 교회에 출석하는 권사님께서 모 이비인후과를 추천해주셨다. 환자 대부분이 어머니처럼 연로한 사람이었다. 10여 분 기다리다 진료실로 들어갔다. 어머니 바로 앞에 진료받는 환자는 어머니와 연배가 비슷해 보였다. 진료실 의자에 앉기까지 "아이고!"라는 쇠잔한 감탄사를 대여섯 번 연이어 달으셨다.

의사 선생님이 "많이 힘드세요? 지금 뭐가 가장 불편하세요? 라고 물었다. 곧바로 끝말잇기를 하는 기세로 말 보따리를 풀었다. "우리 서방은 이날까지 평생 내 속만 썩었어요. 돈 한 푼 제대로 벌어다 줬나. 한량처럼 지내면서 건강하기라도 했나. 새끼를 여섯이나 낳기만 했지, 아빠 노릇이라곤 한 게 하나도 없어요. 아휴! 말년에 곱게라도 가지. 내가 이런 일 저런 일 다 해서 조금 모아놓은 돈 병원 생활 몇 년 하면서 다 까먹었어요."

"고생 많으셨네요. 아! 소리를 길게 내봐요." 의사 선생님이 목 상태를 확인하자마자, 이야기를 이엄이엄 다시 잇댔다. "우리 막내아들이 또 짐이에요. 무슨 사업한답시고 형과 누나들 돈 긁어모아 다 날려먹었어요. 이놈이 저 혼자 죽고 말 것이지, 피붙이들 다 못살게 해놓았으니. 그래도 다른 새끼들이 엄마 병들면 안 되니, 속 끓이지 말라고 돌아가면서 전화해줘요."

"자, 이번에는 이~ 하면서 입을 벌려보세요." 의사 선생님과 간호사가 '이~'를 선창하며, 환자 목구멍 평수를 넓히려고 안간힘을 썼다. "자, 입을 물로 한 번 씻고 편안히 숨을 쉬세요. 혹시 좋은 일은 없으세요?" 이 말이 떨어지자마자, 곧바로 말을 꺼냈다. "있지요. 우리 셋째 딸이 삼례 사는데, 얼마 전에 셋째를 보았어요. 어미가 뭐라도 해먹이고 싶어서, 이것저것 만들어 갖다 주느라고 좀 바빠요. 딸은 나 힘들다고 그렇게 하지 말라고 하는데."

"아휴! 딸이 애국자시네요. 요즘 세상에 아이를 셋이나 낳고. 어머니는 지금 역류성 인후통입니다. 밥 먹고 바로 눕지 마시고, 두세 시간 있다가 눕도록 하세요. 밀가루 음식 · 기름진 음식 · 신 과일 · 지방이 많은 고기를 당분간 드시면 안 됩니다. 자칫 감기로 알고 감기약을 먹거나 생강차를 드시는데, 커피나 차(茶)도 마시지 마세요. 이것을 잘 지키며 약을 드시면 좋아집니다. 걱정할 병이 아닙니다."

"정말 감사합니다. 의사 선생님! 내가 쓸데없는 소리를 너무 많이 했네요. 다른 병원에 가서 이렇게 했으면 혼났을 텐데. 그나저나 선생님께 속에 꼭꼭 누르고 있던 것을 꺼내고 나니, 속이 좀 후련하네요. 걱정할 병이 아니라고 하니까, 마음도 편하고요." 그분 말(言) 색이 화색과 더불어, 넉넉하게 화평했다.

어머니 차례가 되어 진료 의자에 앉으셨다. 어머니는 의사 선생님이 묻는 말에 짧은 문장으로 답하셨다. 더 보태지도 않고 덜어내지도 않은 되질을 에누리 없이 하시듯. 어머니 역시 앞 환자처럼 역류성 인후통이라고 했다. 이것도 모르고 감기약만 지어다 드렸으니. 어머니는 웬만하면 병원 가시는 것을 꺼리신다. 만날 시간의 시소를 타며 뒤뚱뒤뚱 사는 아들에게 짐이 되지 않으시려는 요량으로.

어머니도 내가 없었다면, 의사 선생님에게 이런저런 속사정의 끈을 풀어놓으셨을까. 장애가 있는 아들에다 손자까지. 과거완료로 끝난 아픔은 까마득히 지워졌다가 소낙비처럼 불쑥 찾아와, 이내 망각의 늪으로 빠진다. 문제는 지금도 여전히 떨어지지 않고, 붙어 다니는 현재 진행형의 아픔이다. 현재 진행형의 아픔을 함께 앓는 어머니와 나는 아픔의 동업자이다. 어머니는 아픔을 하나님께 주로 풀어놓지만,

나는 글로 주로 풀고 있을 뿐.

　귀갓길, 차 시동을 걸고 어머니께 안전벨트를 채워드렸다. 몸이 얼마나 왜소해지셨는지, 몸과 벨트 사이가 탄력을 잃은 고무줄 같다. "참 의사 선생님이 명의다. 환자가 하는 말 조곤조곤 다 들어주면서, 맘을 편케 해주니. 저런 의사 선생님 만나기 힘들다. 유 권사님이 이 병원 저 병원 다녀도 낫지 않았는데, 저 의사 선생님을 만나 나았다고 하더라." 혼잣말처럼 하신 어머니 말씀에 감동이 우릿하게 끓었다. 누군가 이야기를 귀여겨들어주려면, 마음의 텃밭을 넓혀야 하고 볕을 잘 들여야 한다. 명의는 어떤 분야에 특출한 의술을 가진 의사이다. 환자 마음을 잘 헤아려주는 의사가 진정한 명의이다.

　어머니는 지금 목보다 마음이 더 편찮으실지 모른다. 늘 "하나님은 제 마음을 잘 아시지요?"라는 문장을 주기도문처럼 달고 사시는 어머니.

2020. 10. 24.

소리

 주일 예배를 마쳤다. 남부시장에서 순댓국을 먹고 연구실로 곧장 향했다. 글방에 있으면 눕고 싶고, 하릴없이 낮잠이 오기 때문이다. 긴장의 끈을 너무 놓아버리면, 몸이 오히려 나른해진다. 주일, 학교는 그야말로 인기척 하나 없었다. 게다가 개미 숨소리조차 들리지 않았다.
 아침부터 좋은 소리를 들었다. 학교 문학 동아리 〈어두문학〉에서 열심히 글을 써온 모 학생이 에세이문예를 통해 수필가로 등단했다. 그녀는 집안 형편 때문에 제때 대학에 가지 못하고, 뒤늦게 우리 학교에 입학했다. 지인에게 우리 학교를 소개받았다. 우리 학교에 입학하면 글쓰기를 체계적으로 학습할 수 있다는 말을 듣고 결심한 것이다. 그녀가 살아온 여정을 그린 「회전교차로」가 당선 작품이 되었다.
 손전화기가 울렸다. '아버지'라고 문자가 떴다. 아버지 아니면, 어머니일 것이다. 가끔 아내가 아버지 손전화기로 전화할 때가 있다. 아내는 손전화기가 없다. 밤낮이 거의 바뀐 훈용이가 잠들 때, 급한 일이 있으면 아버지 손전화기로 전화한다. 훈용이가 잠들면, 모든 식구가 세상에 있는 소리를 틀어막느라 정신없다. 발소리·문소리·수도꼭지 여닫는 소리·전화 받는 소리 따위에다, 밖에서 나는 소리까지.

 잠든 훈용이에게 바람 소리나 집 옆에 있는 산에서 들리는 새소리는 소음이다. 느닷없이 지나가는 비행기 소리. 화심소류지 인근에 있는 들깨 밭에 농약 치러 가느라, 안 씨 어르신이 끌고 가는 경운기 소리. 윗마을 누군가 집에 물건을 배달하고 우수관 뚜껑을 밟고 가는 택배차 바퀴 소리. 뜬금없이 나타나 "현관문이나 방충망 고치세요."라는 말을 수십 번 되풀이하는 업자 방송 소리 까지. 이런 소리는 최악의 소음이다.

 아파트에 살면, 관리소에서 집을 관리해준다. 전원에서는 직접 해야 한다. 기계痴에다 힘痴인 나는 무엇 하나 잘 고치지 못한다. 망치질 하나 제대로 하지 못한다. 아버지의 손재주는 명품이다. 변기·선풍기·농기구·문·수도·전기·잔디 깎는 기계 따위를 잘 손보신다. 게다가 정원에 있는 많은 나무를 관리하시는 폼이 정원사 못지않다. 문제는 이런 일도 훈용이가 잠들면 일절 할 수 없다.

 손전화기에 '아버지'라고 문자가 떴다. 마음이 조마조마해졌다. 부모님께서 몸이 늘 편찮으시므로, 마음 한쪽에 불안이 도사리고 있다. "아이! 방앗간에 가서 기름을 좀 짜야 쓰것는디, 시간이 좀 어떠냐?" 어머니께서 전화하셨다. 추석이 다가와 참기름을 짜서, 인사할 데 쓰시려는 요량이시다. 참기름은 돈으로 치면, 몇 푼 되지 않는다. 어머니는 텃밭에서 직접 기른 참깨와 들깨로 짠 기름이라 정성으로 치면, 그만한 게 없다고 여기신다. 내일 아침 일찍 들르겠다고 말씀드렸다.

어머니께서 "알았다."라고 하시며 끊으신 전화기에 어머니 목소리가 아직 따시게 남아 있다. "너 바쁜데. 미안하다. 신세 진 사람 많을 텐데. 일일이 선물하려면 그걸 어떻게 감당하겠느냐? 집에서 기른 것으로 짠 기름으로 인사 치러야지. 사람이 감사하는 마음을 잊으면 안 된다." 유모차에 의지하지 않으면, 어머니는 허리를 세울 수 없다. 명절이 다가올라치면, 이런 허리를 끌고 방앗간으로 가신다.

모든 것은 소리를 어지간히 품고 있다. 참기름 속에는 땡볕 타는 소리와 빗소리, 멧비둘기 쫓는 어머니 목소리, 꽉 찬 속이 저절로 터지는 소리, 작대기로 깨알 터는 소리, 키질하시며 몰아쉬는 아버지 숨소리가 살고 있다. 나무 책상은 바람소리와 새소리, 계곡 물소리와 잎이 돋고 지는 소리를 안고 있다. 톱질하는 소리와 대패 소리, 못을 박는 망치소리와 페인트칠하는 붓 소리가 숨어 있다.

말을 잘못하면 잔소리가 된다. 상대를 배려하지 않고, 필요 이상으로 참견하거나 꾸중하는 말은 잔소리이다. 쓸데없이, 자질구레하게 말을 늘여놓아도 마찬가지다. 조언은 말로 거둘거나 깨우쳐 도움을 주는 것이다. 모든 소리는 귀를 통해 듣지만, 마음이 소리를 정화하고 다스린다. 나는 주로 산책하면서 우주나 자연, 사물이 내는 소리를 귀보다 마음을 통해 듣는다.

살다 보면, 다른 사람에 대해 흉볼 때가 있다. 흉의 근원을 따라 종착지에 이르면, 놀랍게도 나 자신일 때가 많다. 우리 귀는 신체적으로 연약하게 생겼고 아주 얇다. 우리는 들어야 할 소리와 그냥 스쳐 보내야 할 소리를 구별하지 못하고 쓸어 담고 산다. 험담은 잘든 칼날보다 무서운 흉기이다. 이 흉기를 가슴에 품고 살면, 삶이 온전할 리 없다. 마음의 용광로에 넣고 녹여 없애야 한다.

  우리는 가끔 좋은 소리를 찾아 소리 여행을 떠나야 한다. 세상에 떠도는 뾰쪽한 소리를 차단하며. 심장을 저리게 하거나 오감을 깨우는 클래식 음악을 즐겨 들으며. 사람 가운데서 빠져나와 자연이 들려주는 소리에 귀 기울이며. 내면 깊이 있는 자신과 진지하게 대화하며. 오늘 예배 때 봉독 한 말씀을 다시 꺼내 귀여겨듣는다.

"너희가 자기를 위하여 공의를 심고, 인애를 거두라. 너희 묵은 땅을 기경하라. 지금이 곧 여호와를 찾을 때니, 마침내 여호와께서 오사, 공의를 비처럼 너희에게 내리시리라." (호세아 10:12)

아프지 않으세요?

"소망의 집이죠? ○○ 씨 형인데 ○○ 씨 좀 부탁합니다."
"잠깐만요. 바꿔드리겠습니다."

 수화기 속으로, 모 복지관에 모여 사는 온갖 소리가 고스란히 들려왔다. 직원이 누군가를 부르는 소리, 무엇인가를 하지 말라고 타이르는 소리, 누군가 다급히 발을 옮기는 발걸음소리까지. 문 여는 소리 끝에 동생 목소리가 들려왔다.

"아부지!"
"아빠 아니고 형이야. 잘 있었어?"
"예"

'예'라고 대답한 목소리가 아버지라고 부를 때와 달리, 풀이 한참 죽었다. 동생은 모래재 너머 커피 한두 잔 마실 정도 된 곳의 복지관에서 생활한다. 코로나가 아니면, 한 달에 한 번 외출하여 집에서 사나흘 쉬었다, 복지관으로 다시 간다. 나이 쉰이 넘었다. 간단한 단어 외에 문장을 아예 부릴 줄 모른다. 어렸을 때 앓은 경기를 제때 치료하지 못해, 몸에 있는 문이 다 닫혀버렸다. 말문에다 머릿문까지.

"잘 있었어?"

여러 차례 물었지만, 동생은 아무 말도 하지 않았다. 동생은 심간이 편하게 잘 있었을 리 없다. 부모님이 그립고 하루에도 몇 번씩 집에 오고 싶었을 것이다. 의사 표시를 제대로 하지 못한 터라, 뼈저리게 외롭고 견디기 힘들었을 것이다.

"잘 지내고 있어. 코로나가 물러가고 날씨 따뜻해지면 형이 데리러 갈게."

동생이 먼저 전화를 끊었다. 동생은 코로나가 무엇인지 알 리 없다. 날씨가 따뜻해진다는 말귀는 알아듣는 편이다. 어쩌면 데리러 간다는 말만 가슴 깊이 집어넣고, 볕 좋은 날마다 양지에서 기다릴지 모른다. 말뚝처럼 서서. 괜한 말을 했나 싶어 전화한 것을 후회했다. 눈의 처마에 빗물이 든다.

코로나가 물러설 기미를 보이지 않으면서, 동생을 못 본 지 두 해가 넘었다. 집에서 어쩌다 고기반찬을 먹는 날, 어머니 목이 유난히 턱턱 소리를 낸다. 이 소리는 아주 미세하다. 귀로 들을 수 없지만, 눈으로 들을 수 있다. 잇몸으로 고기를 드시는 탓도 있지만, 동생이 생각나신 게 분명하다.

"하루빨리 코로나가 물러가야 할 텐데. 요놈 때문에 ○○이가 집에 오지도 못하고. 어머니 가위로 잘라드릴까요?"

어머니 목에서 나는 탁탁 소리가 차츰 얇아졌다. 같은 아픔을 안고 사는 어머니와 나는 아픔의 동업자이다. 동업은 부자 사이에도 하지 말라고 했던가. 이러한데도, 우리 모자는 아픔의 동업자이니. 어머니와 나는 아픔을 감당할 능력자 부류에 속한다. 하나님 말씀대로라면. 하나님께서 감당할만한 사람에게 아픔을 주신다고 하셨으니.

살다 보면, 이 말씀이 너무 야속할 때가 많다. 전지전능하신 분께서 사람을 잘못 알아보신 게 아닌가 싶다. 아프다는 말은 한두 번으로 끝내야 한다. 이 말을 자주 하면 대부분 아픔을 싫어한 게 아니라, 사람을 싫어한다. 아픔에 대해 멋모르던 시절. 내 처지가 이러해서 어쩔 수 없다고 하면, 처지는 무시하고 어쩔 수 없다는 것에 서운해하기 일쑤였다. 사람이므로 그럴 수 있다고 여기면서도, 나는 덤으로 서운했다.

아픔은 아파본 사람이 절실히 이해한다. 아니, 아파본 사람도 아픔을 제대로 정독하지 못하고, 오독할 때가 많다. 동생에게 간혹 전화한 이유가 있다. 누구보다도 어머니께서 기뻐하시기 때문이다. 당신이 직접 전화한 것보다 형인 내가 전화한 것을 더 좋아하신다. 늙은이가 자꾸 전화하면, 젊은 직원이 귀찮아한다는 것이다. 내가 하면 그런 생각을 하지 않을 것으로 견고하게 믿고 계신다.

나는 누군가 앓는 아픔을 잘 이해하려고 한다. 아픔의 쪽수를 여러 번 넘긴다. 아픔을 형식 단락으로 나눈 뒤, 아픔 찾기 원칙을 적용한다. 주요한 아픔이 무엇인지 중심 아픔을 찾는다. 이런저런 아픔을 한마디로 일반화하기도 한다. 누군가 앓는 아픔을 긍정과 희망으로 바꾸어 본다. 꼬인 아픔을 다시 구성하기도 한다. 자신이 잘 모르는 세계를 한눈에 알아차리는 것은 힘들다. 아픔 역시 두껍고 난해한 책과 같다.

이삼일 사이에 부음을 두 번 받았다. 모두 부모님께서 별세하셨다. 한 곳은 영정 사진 앞에 국화 한 송이 놓고, 기도하고 돌아왔다. 다른 곳은 계좌번호에 부의금 몇 푼 보내고 가지 못했다. 이것만으로 가족을 잃은 아픔을 감히 지울 수 있으랴. 아픔은 아무런 인기척 하나 없이 낙엽 지듯이 떨어진다. 느닷없이 찾아와서 뜬금없이 눌러앉은 손처럼 낯설다.

하루가 천년 같은 사람이 있다. 상길이 할머니는 올해 여든여섯이다. 수의를 만들어 생계를 잇고 있다. 여든아홉 살인 할아버지가 세상을 뜬 날 입히려던 옷을 둘째 아들에게 입혔다. 어느 날, 느닷없이 일어난 교통사고로 나뭇잎처럼 지고 말았다. 이날 이후, 술을 마시지 않으면, 잠이 따라오지 않았다. 적적한 어둠을 안주 삼아, 죽은 아들을 술잔에 묻고서야 쪽잠을 잤다.

　아픔은 불쑥불쑥 웃자란다. 우리는 아픔에 대해 주식을 일정 부분 갖고 있다. 이 주식은 깡통이 되지 않는다. 아픔을 경영하며 천생 살아야 한다. 가까운 이에게 하룻날 한 번쯤 문안해야 한다. "안녕하세요?"라는 말 대신, "아프지 않으세요?"라고 물어야 한다.

　몇 마리 새가 울며 겨울 허공을 부산하게 걷고 있다. 울음 좀 내려놓고 삶이 퍼르퍼르 가벼워지기를.

2021. 02. 07.

6부

화산의 짐꾼

　화산은 중국 5 岳 가운데 하나이다. 높이가 2,437m에 달한다. 험악한 바위산으로 조양봉(동봉, 2,090m), 낙안봉(남봉, 2160m), 연화봉(서봉, 2,080m), 운대봉(북봉, 1,614m), 옥녀봉이 우뚝 솟아 있다. 험준한 산길과 가파른 계단, 철 난간이 허공에 걸려 있는 듯 위험하다. 아슬아슬한 곳을 지나 정상에 이르면, 위하평원을 한눈에 바라볼 수 있다.
　이곳에 짐을 져 올리며 사는 짐꾼이 있다. 맨몸으로 오르는 것도 아찔하고 휘청거릴 판이다. 60킬로쯤 되는 짐을 지고 올라야 한다. 하루에 한 번으로 끝내는 것이 아니라, 보통 두서 번 정도 오른다. 정상에서 장사하는 사람이 팔 물건을 나르거나, 공사 현장에서 필요한 자재를 주로 나른다. 한마디로 길품을 팔고 산다. 이 정도 짐을 지고 받은 품삯은 한 번에 만 원꼴이다. 이들 가운데, 부부가 함께 짐꾼인 사람이 있다. 40년 이상 된 60대도 있다.

짐꾼은 대부분 가진 것 없이 태어난 사람이다. 식솔 명줄이 이들 어깨에 달려 있다. 관절이 내려앉고 뼈가 물렁거려도 산을 등질 수 없다. 짐꾼 가운데 몸이 성한 사람이 거의 없다. 밤새 통증을 베고 앓아누웠다 새벽이 되면, 짐보다 통증을 먼저 짊어지고 집을 나선다. 산에 올라본 사람은 잘 안다. 오르고 넘어야 할 대상이 산이 아니라, 자신이라는 것을.

화산의 짐꾼은 등산을 여가나 건강을 위해 하지 않는다. 어깨에 짊어진 짐이 단순한 물건이 아니다. 가족의 심장이자 혈관이다. 이들은 삶의 비중이 다른 사람보다 무거워 힘겨울 뿐이라고 애써 선웃음을 짓는다. 다른 사람이 숨을 낮고 고르게 쉬며 살 때, 자신은 거세고 묵직하게 호흡할 뿐이라고. 꼬깃꼬깃해진 어깨를 반질잔질하게 편다. 이들은 높은 바위산에 있는 셀 수 없이 많은 계단을 오르면서도, 산을 절대 원망하지 않는다. 오히려 산이 자신뿐만 아니라, 온 가족을 먹여 살려주는 은인이라고 여긴다.

따지고 보면, 장자의 족보에 들지 못한 대부분 사람은 화산의 짐꾼일지 모른다. 너나 할 것 없다. 무거운 짐을 지고 화산을 올라야 먹고 살 수 있는 부류이다. 삶이 자긋자긋하여 산이 바라보기 좋은 풍경일 수 없다. 장자이거나 눈물 흘릴 일 없는 축에 끼어 사는 사람. 아니면, 삶이 평지를 걷는 것처럼 따분해질 때, 기분 좀 바꿀 요량으로 훌쩍 오르는 곳일 수도 있다.

삶의 여정이 화산보다 높다랗고 험준한 사람이 있다. 삶의 무게가 화산을 오르는 짐꾼보다 무거운 사람이 있다. 화산은 우리가 사는 생의 지도에서 반드시 오르고 넘어야 할 고난이다. 돌아갈 수 없고 외면할 수 없는 숙명이다. 지루하거나 이해할 수 없다는 까닭을 대며, 그냥 넘겨버릴 책의 쪽수가 아니다. 화산의 짐꾼에게 철학적 질문은 우문에 불과하다. 살려고 사는지, 존재하려고 사는지 따위의.

 나는 매일 화산 아닌 痛山을 오르내린다. 이 산 높이를 측량하면 대충 해발 구천 미터가 족히 넘을 것이다. 이 산은 나와 우리 식구 삶의 지도에만 존재한다. 다른 사람은 아무도 모른다.

"華山은 험준하고 높은 바위산이다 / 이 산에 짐 나르며 식솔 먹이는 짐꾼이 있다/ 이들에게 짐은 무게가 아니라 삶이다/ 내가 올라야 할 산은 痛山이다/ 華山보다 험악하고 높다란 산이다/ 떨칠 수 없는 아픔 메고 오르는 짐꾼이다/ 심장 짓누르고 숨길 쥐어짜는 통각 살아나면/ 아득히 눈먼 아들을 흥얼거린다/ 잠시 쉬는 것조차 목 활활 불타면/ 풋 냄새 팔팔 끓는 시를 마신다/ 여태 나를 살게 한 건 통째로 痛山이다/ 씻을 때래야 잠시 벗어둔 속옷처럼/ 痛山은 다시 껴입고 올라야 할 차림이다/ 불길 속에서도 홀로 뒤돌아설 수 없고/ 물살 위에서도 손 놓을 수 없는 끝내 연인이다."

(「痛山」 전문)

 이 詩를 본 친구가 제목을 「隱山」으로 바꾸라고 했다. 그래! 꼭꼭 숨겨두고 혈혈孑孑 고독하게 오르라는 산. 그래! 내 삶의 지도에만 표시해두고, 아무도 몰래 홀로 울멍울멍 오르내리라는 산. 이 산을 오르다

가슴이 풍선처럼 터질 것 같으면, 눈먼 아들을 떠올린다. 이 산을 오르다, 그냥 되돌아오고 싶은 마음이 솟구치면 詩를 생각한다. 이 산은 생의 일기와 상관없이, 어차피 껴입고 나서야 할 옷매무새이다. 어떤 상황에서도 내던질 수 없는 연인이다.

몇 해 전, 유명한 모 산악인이 산에 오르는 까닭을 산이 자신을 부르기 때문이라고 했다. 사명보다 강렬한 것이 소명이다. 누군가로 인해 어떤 일을 하게 된 까닭이 사명이다. 누군가 불러 스스로 무슨 일을 선택한 것은 소명이다. 고난이나 시련이 나에게 불쑥 찾아온 것이다. 내가 고난이나 시련을 불쑥 찾아간 게 아니다. 자신에게 닥친 고난이나 시련을 달가워할 사람은 없다. 오히려 원망하고 탓할 뿐.

우리는 저마다 어차피 올라야 할 산, 넘지 않으면 안 될 화산 하나씩을 안고 산다. 이 산을 원망의 대상으로 탓하면 탓할수록, 짊어진 짐의 무게가 더욱 완강해진다. 감히 소명으로 여기고 오를라치면, 버거움의 길이가 토막토막 잘려나갈 것이다. 아픔의 비중이 알알이 쏟아져, 종종걸음으로 마침내 가벼워질 것이다.

내 앞에 버티고 있는 痛山을 오르려고, 신발 끈을 동여맨다. 이 산을 오르며, 흐르는 땀방울이나 고통과 타협할 수 없다. 오르다 멈추고 멈추다 다시 오르다 보면, 어느 날 정상 어느 곳엔가. 비바람을 견딘 솔같이 삼가 우뚝 서 있을 터.

2020. 12. 08.

청명한 표정

주말 오후 하늘이 높푸르다. 이런 날은 낡은 날개라도 있으면 좋겠다 싶다. 허공을 한 바퀴쯤 비행하면, 몸 구석구석에 있는 통증이 먼지처럼 날아갈 것 같다. 그동안 쓴 글을 반복하여 수선하다, 신발을 신었다. 얼마 전, 맘 크게 먹고 산 운동화이다. 발이 편해 산책할 때뿐만 아니라, 외출할 때도 즐겨 신는다.

한옥마을로 향했다. 전주 사람이 된 지 꽤 오래되었는데도, 몇 차례 들르지 못했다. 사람이 많이 몰리는 주말에 굳이 한옥마을을 택한 것은 사람에 대해 느낀 허기 때문일 것. 한옥마을은 글방에서 아득한 거리에 있지 않다. 그렇다고, 엎디면 코 닿을 곳도 아니다.

한여름 낮에 비하면 불볕은 아니지만, 고추를 바짝 말릴 정도로 볕이 뜨겁다. 그간, 비가 오락가락한 날이 많았다. 볕이 유독 고슬고슬하다. 길가에 늘어선 가로수가 늘어뜨린 그림자를 밟고 걸었다. 운전하며 오갈 때는 그냥 원경이었다. 걸으면서 속속들이 보니, 죄다 근경이다. 몇 해 전까지만 해도 사람이 북적북적했던 음식점이 전기설비 사무실로 바뀌었다. 빈 점포도 여럿 생겼다.

　꽃집 앞에 내놓은 꽃마다, 낯빛이 일제히 청명하다. 꽃이 아름다운 것은 피어 있기 때문이다. '피다'라는 말속에는 웃음이나 미소를 얼굴에 나타낸다는 뜻이 살고 있다. 꽃은 홀로 피어나지 않는다. 함께 모여서 핀다. 웃음으로 치면 크고 환하게 웃는 함박웃음이다. "웃는 얼굴에 침 못 뱉는다."라고 했던가. 꽃은 우리 마음을 열어젖히고 기분 좋게 한다.

　한옥마을 입구부터 사람 천지다. 발 디딜 틈이 없을 정도다. 코로나 상황과 무관하게 다른 세상 같다. 대부분 남녀가 한복으로 단장한 모습을 사진에 담느라 분주하다. 표정이 일제히 밝고 청명하다. 사람의 물결에 기대어 한참 흐르다가, 한갓진 곳에 있는 최명희 문학관으로 갔다. 먹고 입고 마시는 점포가 즐비한 곳에 비하면 적막 산중이다.

　최명희 문학관에서 교동 미술관 쪽으로 가는 샛길, 짧지만 정겹다. 샛길은 직선을 마다하고 적당히 꺾여 있다. 이 길을 걸으며, 예술은 지름길이 없다는 것을 잠시 깨닫는다. 젊은 남녀가 셀카폰 앞에서 빚은 표정이 청명하다 못해 눈부시다. 어느 시인은 젊음이 곧 장식이라고 했다. 젊음은 목걸이나 귀걸이와 같은 것으로 장식하지 않아도 예쁘다. 젊다는 것 자체로 아름답다는 것이다.

　오늘은 하늘을 비롯하여 한옥마을을 찾는 사람 표정이 일일이 청명하다. 살다 보면, 부부가 싸울 일이 생긴다. 우리 부부가 싸우는 일

가운데, 대부분은 훈용이 때문이다. 어느 집에서는 지극히 평범하고, 사소한 일상이 어느 집에서는 가파른 절벽일 수 있다. 중증 복합장애를 가진 사람이 있는 가정은 먹고 씻고 문 여닫는 소리 따위가 모두 첩첩 산이다.

훈용이의 긴 장애에 부성이 무너질 때가 있다. 가끔 장애아를 둔 부모가 자식을 죽였다거나, 함께 죽음을 선택했다는 소식을 듣는다. 많은 사람이 이런 행위에 대해 욕하고 손가락질한다. 나는 이들을 욕하거나 손가락질할 힘이 차마 없다. 하나님께 훈용이를 나보다 일주일 먼저 데려가 달라는 기도를 줄곧 하고 있으니. 훈용이 문제로 아내와 다툰 날은 하루 내내 우울하고 괴롭다. 학교 가는 길이 울퉁불퉁하고, 살맛이 내달아 도망친다.

학교에 이르면 차에서 곧장 내리지 않고, 룸미러를 보며 표정을 애써 고친다. 흐린 표정을 청명하게 화장한다. 불편하고 힘든 것을 내색하고, 사람을 마주치면 상대가 유쾌할 리 없다. 행여, 장애를 앓는 아들로 인해 표정이 어둡고 축 처져 있다는 말에 말뚝을 박으려고. 어떤 때는 표정을 수선하다 눈물을 펑펑 쏟는다. 눈물은 소낙비같이 뜬금없이 내린다. 한때, 학교에서 나는 울보로 통했다. 예배를 드릴 때마다 거의 울기 때문이다.

주변 사람에게 집안일에 대해 잘 말하지 않으려고 한다. 개인적인 사정이 어떤 관계에서, 사적 관계에 호소하는 오류로 작동하므로. 아니면, 동정이나 연민에 호소하는 오류에 빠지므로. 살다 보면, 어쩔 수 없이 이런 이야기를 내키지 않지만, 해야 할 때가 있다. 자신이 앓은 아픔이 아니면, 어떤 아픔에 관해 우리는 아픔의 문밖에 사는 사람이다. 상대가 앓는 아픔을 온전히 이해하기 어렵다.

 커피가 당겨 카페에 들렀다. 카페도 사람이 넘친다. 그냥 나올까 하다 줄까지 서서 커피를 시켰다. 저마다 낯빛이 청명하고, 주고받는 말 표정이 화사하다. 왁자지껄한 젊은이들 틈에 끼어, 뜨거운 커피를 마주했다. 오래 식혀가며 한 모금씩 잘게 삼켰다. 어제 쓴 시를 보며, 시어를 한두 개 고쳤다. '또 솟는'을 '샘솟는'으로 '살 돋는'을 '자라는'으로. 짧은 시의 표정이 한결 청명하다.

"퍼내도/ 샘솟는/ 우물물// 잘라도/ 자라는/ 우듬지"
(「그리움」 전문)

2021. 09. 12.

지금 바로

 우중충한 하늘이 하품을 크게 한다. 무엇인가 곧 쏟아낼 것 같다. 풍문에 따르면, 며칠 전 서울엔 첫눈다운 눈이 내렸다. 전라도엔 아직 눈이 화끈하게 내렸다는 말을 듣지 못했다. 어느 때 어떻게 내리느냐에 따라, 첫눈은 서설瑞雪이 되기도 하고 망설亡雪이 되기도 한다.
 『30대에 하지 않으면 후회하는 것들』(코스기 토시야, 홍익출판사)이란 책은 30대에 도전해야 할 것을 15가지로 정리하고 있다. 인생에서 도전해야 할 때가 어찌 30대뿐이고, 15가지뿐이겠는가. 지나치고 나서야 후회하는 일이 이 정도뿐이겠는가. 철들 겨를 없이 나이만 꼬박꼬박 먹다 보니, 이순의 고개를 훌쩍 넘고 말았다.
 팔순 중반 고개에 당도한 아버지 등은 더 굽었고, ㄱ 字 형상인 어머니 허리는 이제 ㅅ 字로 변형되었다. 아버지 귀는 멀찍해져, 말귀를 잘 알아듣지 못하신다. 어머니 눈은 더욱더 흐릿해져, 사람을 잘 읽지 못하신다. 날이면 날마다, 시답지 않은 글을 쓴답시고, 글방에 박혀 지내는 시간이 늘었다.

　이른 새벽, 아버지 휴대폰이 울렸다. 포장하지 않은 길을 달리는 수레처럼 가슴이 덜컹거렸다. 노부모를 둔 자식 마음이 다 이러고도 남을 것이다. 자정부터 아버지께서 열이 높다는 소식을 전하시는 어머니 목소리가 두엄자리같이 내려앉았다. 코로나가 다시 기승을 부린다. 맘 놓고 병원 가는 것이 여의치 않다. 날이 밝아 약국에 들러 약을 짓고, 죽집에서 죽을 사서 집에 들렀다.

　누워 계시는 아버지 모습이 마른 장작개비 같았다. 아버지 곁에서 밤을 꼬박 새웠을 어머니 역시, 별반 다르지 않았다. 살다 보면, 뜻대로 되지 않는 게 너무 많다. 열 한 해 전, 부모님과 한 지붕 아래 둥지를 틀었다. 부모님께 날마다 맛있는 찬을 해드리고 싶었다. 이곳저곳 모시고 다니며, 실컷 구경시켜 드리겠다고 맘먹었다. 맘은 늘 풍성하게 먹었지만, 실제는 맘먹은 것보다 몇 배 빈한했다.

　'언제'라는 부사는 '시점'과 인연을 각별하게 맺고 있다. '시점'은 시의적절해야 한다. 어떤 일이든, 이른바 '타이밍'을 잘 맞춰야 한다. 때를 놓쳐 일을 그르치거나, 기회를 잃을 수 있다. 내 나이에 부모님이 살아계신 사람이 흔치 않다. 여러 지인이 부모님 살아계실 때, 잘 모시라는 말을 자주 한다. 부모님이 살아계셨을 때, 잘해드리지 못한 것에 대한 회한을 깊이 담고 있다.

　지금까지 출간한 시집 다섯 권 가운데, 사랑과 그리움을 노래한 戀詩 모음집이 두 권에 이른다. 셋째 시집 『내 맘 어딘가의 그대에게』와

다섯째 시집 『그대 강같이 흘러줄 이 있는가』이다. 내 시의 집家에 戀情의 언어를 많이 길러왔다. 봄날 피운 첫 꽃, 가문 여름날 처마 끝에 흐르는 첫 빗물, 가을날 단풍으로 물든 첫 나뭇잎, 겨울에 내린 첫눈을 숨구멍 막히게 사랑했다. 심지어 배꼽을 환히 드러낸 겨울 저수지를 보고, 깊은 우물 같은 연정을 느꼈다.

"배꼽 환히 드러내고 누워있는 아중저수지/ 누군 자살한 사람 찾으려고 물 뺐다 하고/ 누군 목교 보수공사 때문이라 못 박는데/ 지극히 그리워하다 속 터져본 사람은 알지/ 그리움 장대처럼 길어지면 바짝바짝 가물다/ 마른 저수지 맨바닥처럼 쓸쓸해진단 것을/ 사랑으로 뼈 간절히 태워 본 사람은 알지/ 사랑은 활활 번지는 불길로 애간장 녹이다/ 마른 저수지 맨바닥처럼 쩍쩍 갈라진단 것을/ 벗기면 벗길수록 거듭 뒤집어쓰는 누명/ 사랑은 밑동까지 샅샅이 뒤지고 파헤쳐도/ 당신께로만 기울어 흐르는 물줄기인 것을"

(「누명」 전문)

이뿐이랴. 마른 억새의 춤사위에 가슴이 팔팔 끓었다. 짝지어 나는 새무리를 보고, 가슴 먹먹해지기도 했다. 아침 해는 동녘에서 솟지 않았다. 오지처럼 쉬 도달할 수 없는 곳에서 떴다. 석양은 서쪽으로 넘어가지 않고, 가물거리는 먼 풍경 같은 곳에서 지워졌다. 오지 같고 먼 풍경 같은 곳은 그리움이 사는 마을이다. 사랑하는 詩가 온전하게 잘 있는 곳이다.

詩는 그리움과 사랑의 결정체이다. 그리움과 사랑은 詩의 자궁이다. 어떤 대상을 그리워하거나, 사랑하지 않고는 詩가 될 수 없다. 연정을 품어야 한다. 길바닥에 뒹구는 돌멩이에서, 청명한 하늘에 핀 별꽃에 이르기까지. 이런 일이 일상이 되어 글을 빚은 지 오래되었다. 이와 달리, 부모님께 사랑한다는 말을 별로 하지 못했다. 돈을 들이고 시간을 축내는 일도 아닌데도.

흐릿한 겨울 날씨는 짧은 해를 서둘러 앞당긴다. 연구실을 나섰다. 냉기를 품은 밤바람이 순식간에 뾰쪽하게 달라붙었다. 집에 전화했다. 어머니께서 받으셨다. "어머니! 사랑해요." 멋쩍은 목소리로 어머니께서 고맙다고 하셨다. 아버지를 바꿔 달라고 했다. "아버지! 사랑합니다." 아버지 역시 고맙다고 하셨다. 날마다 이 말을 부모님께 일기 쓰듯이 하려고 한다.

미루지 말고 지금 바로 해야 할 일, 의외로 멀리 있지 않다. 집 한 채 짓는 일처럼 시간 들일 일 아니다. 은행에서 대출받는 것처럼 까다롭지 않다. 지금 바로 하지 않으면, 나중에 후회하고야 말 일 참 많다

눈앞에 노란 신호등이 켜있다.

2020. 12. 28.

하나님 말씀은 성경에만 살지 않는다

 읽는 대상은 책만 일컫는 것이 아니다. 우리가 눈으로 보는 것은 물론, 눈에 보이지 않는 것까지 읽을거리에 속한다. 집안 형편으로 인해, 시장 보는 일을 내가 거의 도맡아 한다. 대부분 대형할인점에 가서 물건을 사지만, 재래시장에 들러야 할 때도 있다. 재래시장에 가면 노점상이 많다. 이곳에서 장사하는 사람 열 명 가운데, 여덟아홉은 나이가 많은 어르신이다. 파는 물건은 대부분 농수산물이다. 재래시장에 정이 넘친다고 하지만, 냉정하게 읽으면 삶의 애환이 깊이 서려 있다.
 텔레비전을 보지 않은 지 까마득하게 오래되었다. 이른바 대박을 터뜨렸다는 인기 드라마 제목은커녕, 요즘 뜨는 연예인 이름조차 모르고 산다. 세상 돌아가는 것은 인터넷에 있는 기사를 통해, 눈요기하는 정도이다. 살다 보면, 잘 모르는 사람일지언정, 그들이 사는 모습을 읽고 싶을 때가 있다. 이럴 때, 즐겨 보는 것이 모 방송국에서 방영한 〈인간극장〉이다. 텔레비전을 보지 않아 방송한 날 보지 못하고, 지나간 것을 유튜브를 통해 읽는다.

얼마 전, 〈인간극장〉에서 쉰다섯 조영창 씨를 만났다. 그는 뇌병변 장애를 앓아 말문이 삐걱거리고, 걸음걸이가 한쪽으로 쏠린 짐짝 실은 수레와 같다. 열세 살 현미와 열두 살 현정이와 함께 토끼굴 같은 집에서 산다. 영창 씨는 손재주가 남달리 뛰어나다. 공사 현장에서 잡일을 하거나, 고장 난 물건을 수리하여 번 돈으로 살림한다. 십 년 전, 베트남에서 시집온 아내가 집을 나가버렸다. 셋째로 태어난 아들이 두 달만에 알 수 없는 까닭으로 숨을 거둔 게 사단의 씨앗이 되었다.

이 식구가 주로 먹고사는 건 눈물과 사랑이다. 두 딸이 얼마나 의젓하고 생각의 우물이 깊은지, 아빠의 친구 같다. 다 닳아 떨어진 현정이 실내화를 보고 영창 씨 맘이 너덜너덜하게 찢어진다. 현정이는 새 신발을 사달라고, 아빠에게 차마 말하지 못했다. 가난과 아픔을 빼놓고 새끼에게 다 주고 싶은 것이 부모 마음이다. 예고 없이 아동센터에 들른 아빠 때문에 맘이 상했다. 현미는 아빠를 부끄러워한 것에 대해 곧 후회한다. 그동안 모은 용돈으로 아빠에게 지팡이를 선물한다.

"친구들이 아빠를 보고 흉볼까 걱정했어요. 아빠께 상처를 드려 죄송해요. 아빠! 사랑해요."

이 가족의 일상을 읽으며, 눈에서 소낙비가 하염없이 쏟아져 내렸

하나님 말씀은 성경에만 살지 않는다

다. 서울 모 교회에서 전도사로 사역하고 있는 큰아들은 어렸을 때부터 철이 일찍 들었다. 녀석은 중증 복합 장애를 앓는 작은아들 때문에 상대적으로 관심을 덜 받고 자랐다. 어느 집이든, 아픈 사람이 그 집의 시계이다. 앓은 사람을 중심으로 시간이 흐르기 때문이다.

영창 씨네 집은 장애를 앓는 본인이 가장이며 시계이다. 장애로 인해 세상에서 살기 힘들 것이므로, 아버지께서 공업고등학교로 보내 기술을 익히게 하였다. 영창 씨를 받아 준 회사는 한 군데도 없었다. 몸에 밴 기술을 부려 생계를 근근이 잇고 있다. 문제는 일거리가 많지 않다는 것이다. 영창 씨가 나이를 많이 먹고 장애를 앓은 탓이다. 두 딸에 대한 애정이 지극하고 염려가 태산 같다. 눈물을 자주 쏟지만, 낯빛이 거룩할 정도로 순수하고 열정이 넘친다.

사시와 약시를 앓는 두 딸이 건강하게 자라는 것이 꿈이다. 큰딸 현미는 그림을 잘 그린다. 아빠 몰래 논*을 쓴 여자를 가끔 그린다. 엄마에 대한 그리움을 그림으로 표현한 것이다. 현미는 미술 교사가 되어 아빠를 도와드리는 게 꿈이다. 작은딸 현정이는 간호사를 꿈꾸고 있다. 늘 앓고 사는 아빠를 보면서, 간호사가 되려는 꿈밖에 생각한 게 없다. 꿈은 의지의 근력을 통해 꿀 수 있지만, 자신이 처한 환경의 탯줄을 자르고 태어나기도 한다.

눈물을 곧잘 쏟는 영창 씨와 달리, 두 딸은 잘 울지 않는다. 자신이 울면 눈물이 많은 아빠 마음이 아프리라고 생각하기 때문에. 어린아이는 울면서 성장한다고 했던가. 세상에는 울 겨를 없이 어른이 된 아이가 많다. 현미와 현정이 마음을 읽으며, 눈물의 둑이 계속 무너져 내렸다. 어깨가 흔들리고 가슴이 찢어질 듯이 아프게 통곡했다. 우리는 다른 사람이 앓는 아픔에 진심으로 공감하지 못한다. 자신이 겪지 않았고, 자신과 관련된 일이 아니면 공감지수가 떨어진다.

"아빠! 울지 마세요. 아빠가 울면 우리 마음이 아파요. 다른 사람은 몰라도, 우리 눈에는 아빠가 장애인으로 보이지 않아요."

어린 두 딸이 장애를 가진 아빠에게 건넨 말이다. 시편 몇 편에 있는 말씀을 읽는 것보다 마음이 울컥했다. 잠언 몇 장에 있는 말씀을 보는 것보다 눈물이 앞을 가렸다.

하나님 말씀은 성경에만 거주하지 않는다. 이 땅 곳곳에 작은 예수를 보내 생생한 음성으로 사랑을 퍼뜨리신다.

*논: 베트남 사람이 쓰는 모자

2022. 01. 17.

요강에 핀 꽃

열한 해 전, 전원에 집을 지었다. 한 지붕 밑에서 부모님과 함께 살려고. 부모님께서 고향 순천에서 이사하셨다. 잊지 않고 챙기신 것 가운데 하나가 놋요강이다. 할머니께서 오래 쓰신 것이다. 그동안 창고 깊숙이 넣어두고, 식구대로 까마득히 존재를 잊고 지냈다. 정원 곳곳에 핀 소국이 마을 이장네 꿀벌을 일제히 불러 모으던 날, 어머니께서 놋요강을 어느 겨를에 꺼내셨다.

놋요강이 이곳까지 오기까지 사연이 순탄하지 않다. 옛 물건을 끌어모으는 사람이 마을을 몇 차례 들락거렸다. 놋요강을 비롯해 맷돌과 화로·인두와 다듬이·항아리와 가마솥 따위를 헐값에 싹쓸이하다시피 했다. 돈이 절박했던 어머니께서 아버지 몰래 놋요강을 그만 팔아버렸다. 아버지께서 뒤늦게 아시고, 여럿 날 수소문한 끝에 요강을 용케 되찾으셨다.

어머니께서 수돗가에서 지푸라기로 만든 수세미에 재를 묻혀 요강을 한참 닦으셨다. 아버지께서 몸도 좋지 않은 사람이 쓸데없이 요강을 뭐 하러 닦느냐고 핀잔을 주셨다. 아내 역시 아버지와 마찬가지였다. 그렇게 하실 시간에 쉬시라며 만류했다. 어머니는 아랑곳하지 않으시고, 요강에 수세미 질을 멎지 않으셨다. 놋녹을 벗은 요강이 맑은 볕에 해맑게 반짝거렸다.

무엇이든 잘 쓰지 않으면 녹슬기 마련이고, 자주 쓰면 손때가 끼기 일쑤이다. 녹슬면 썩기 쉽다. 손때가 묻으면, 정감 있고 예스럽다. 생각의 집 문은 자주 써야, 돌쩌귀가 길들어 문이 잘 여닫힌다. 글 쓰는 것도 마찬가지다. 단 몇 줄이라도 빠뜨리지 않고 날마다 써야, 글 문이 삐거덕거리지 않는다. 글 문손잡이에 손때가 많이 낄수록 이웃이 즐겨 찾는다.

골동품은 오래되고 예술적 가치가 높은 것을 일컫는다. 오래되었다고 다 골동품이 아니다. 예술적 가치는 일정한 분야에 속한 전문가가 판단할 몫이다. 골동품이 지닌 예술적 가치를 흔히 돈으로 결정한다. 골동품에 대한 개념을 정의한 말 가운데, 종차 일부를 나름대로 고쳐 쓴다. 예술적 가치를 삶의 가치나 추억의 가치로 은밀하게.

어머니는 지금 할머니보다 더 많은 세월을 사셨다. 어린시절, 날마다 보았다. 어머니께서 아침 일찍 할머니 방에서 요강을 들고 나와 잿간에 버리신 것을. 요강을 보리 씻은 물로 한 번 헹군 다음, 마을 우물에서 떠온 물로 다시 씻으셨다. 우물은 집에서 꽤 멀리 떨어진 곳에 있었다. 물을 떠 나르는 것이 일인 시절이었다. 당연히 쌀밥을 먹기 힘든 때라, 쌀뜨물은 국을 끓일 때나 썼다. 보리 씻은 물은 돼지에게 주거나, 머리 감을 때 썼다. 보리 씻은 물이 요강을 닦는 세척제였던 셈이다.

어머니는 없는 집에 맏며느리로 들어와, 시집살이를 단단히 하셨다. 강 건너에 있는 논배미를 혼자 짓느라, 발이 퉁퉁 부르텄다. 할아버지께서 치매에 걸려 4년 반을 기억의 강을 왔다 갔다 하셨다. 할아버지는 4년 남짓 당신의 변을 방 벽에다 벽화처럼 그리셨다. 이 모든 수발을 어머니께서 몸소 하셨다. 모 관청에서 어머니께 효부상을 주었다. 어머니는 과분하다며 한사코 부끄러워하셨다. 할아버지께서 숨을 놓으셨을 때, 어머니께서 가장 많이 우셨다.

어머니께서 텃밭 한쪽에 피어 있는 해바라기 가운데, 얼굴이 작은 몇 송이를 꺾으셨다. 게다가 아름드리로 핀 소국을 색깔에 따라 솎으셨다. 이들을 맑게 닦은 놋요강에 꽂으신 뒤, 거실 탁자에 올려놓으셨다. 거실이 한결 환했다. 할머니 오줌을 받아냈던 요강이 우아하게 꽃병으로 옷을 갈아입은 것이다. 쓸데없이 요강을 뭐 하러 닦느냐며, 핀잔을 준 아버지께서 "보기 좋다."라는 말씀을 몇 차례 하셨다.

아내는 꽤 넓은 텃밭에 무엇이 자라고 있는지 잘 모른다. 널찍한 정원에 무슨 꽃이 피고 지는지 모르고, 그냥 지나칠 때가 많다. 일주일 가운데 유일하게 아내가 바깥에 나가는 날은 주일에 예배드리러 가는 것이다. 이때 피고 지는 꽃을 눈요기하는 정도이다. 코로나의 광기가 잦아들지 않으면서, 훈용이를 데리고 교회 가는 것마저 발이 묶인 지 오래되었다.

아내는 꽃을 무척 좋아한다. 꽃꽂이 강사 자격증을 갖고 있을 정도로 꽃에 대한 식견도 넓다. 훈용이가 어렸을 때는 교회에서 꽃꽂이 봉사를 많이 했다. 이랬던 사람이 눈이 먼데다, 중증 복합장애를 앓는 훈용이를 스물다섯 해 기르면서 꽃과 멀어졌다. 짬이 나면 우선 달게 자고 싶다고 하니, 무슨 꽃인들 눈에 들어와 앉으랴.

2층에서 내려온 아내가 꽃을 보았다. 아내 표정이 모처럼 화사해지면서 아이처럼 어찌할 줄 몰랐다. 아내가 어머니께 여쭈는 한마디 말이 가을볕보다 온온했다.

"어머니! 저녁 뭐 해 먹을까요?"

2021. 08. 26.

예보

아침 하늘이 온통 울상이다. 밤새 아버지와 어머니는 "아이고"를 선소리와 뒷소리로 합쳐 내셨을 터. 두 분께서 앓으시는 비 몸살을 어느 순간, 나도 복사하여 그대로 물려받았다. 강의 첫 시간부터 삭신이 욱신거린다. 뼈는 뼈끼리 부딪쳐 묵은 소리로 울고, 근육은 허물허물 무너져내린다.

강의할 때마다, 신명이 난다. 내 안 어딘가에 근원을 알 수 없는 힘의 수원지가 있다. 가문 날 풀잎같이 몸이 시들했다가 막상 강의를 시작하면, 새 깃털처럼 가벼워진다. 강의실에 들어서기 전, 열 번 가운데 아홉 번은 대개 설렌다. 여행을 떠나기 전날 밤처럼. 학생과 주고받을 눈빛 언어를 생각하면 심장이 마구 뛴다.

〈고전 읽기〉 시간에 『논어』를 통해 공자와 그의 제자를 여럿 만난다. 공자는 제자를 '사우師友'라고 일컬었다. 일방적으로 "~해야 한다."라고 직설하지 않고, "~해야 하지 않겠느냐?"라고 우회한다. 스승과 제자가 서로 묻고 대답한다. 소통하면서 사람과 우주와 자연을 품는 지혜를 깨닫는다.

「학이 편」에 나오는 말 가운데 하나이다. "집에 들어가면 부모님께 효도하고, 나가서는 어른을 공경해야 한다. 말과 행동을 삼가고 신의를 지켜야 한다. 널리 사람을 사랑하되, 어진 사람과 가까이 지내야 한다. 이렇게 하고 남은 힘이 있으면, 글을 배워야 한다." 이 말을 학습하고서, 학생들에게 부모님께 전화하라고 했다.

학생 가운데 한둘은 부모님이 이 세상에 부재하였다. 몇몇은 한 부모님만 계셨다. 모 학생은 앓아누워 계신 시어머니께 전화드렸다. 어떤 학생은 아버지께 처음으로 사랑한다고 고백했다. 살다 보면, 넉넉한 그림자 같은 존재가 있다. 평수가 가장 널찍한 그림자는 부모님일 터. 나는 아직 부모님의 넉넉한 그림자 밑에 살고 있다. 부모님은 팔순 중반의 고갯길을 넘으시며, 몸이 성한 곳이 별로 없다. 두 분은 내게 한 편의 시와 같다. 이번에 발간한 시조집『몸詩』에 실은「텃밭」이란 작품이다.

"집 앞에 딸린 땅을 그대로 묵혀두면/ / 눈 달린 사람마다 뒤에서 흉본다며/ 눈으로 쟁기질 벌써 여러 차례 하셨소// 이번만 하시겠다 다짐만 여러 차례/ 홍매화 낯 붉히자 서둘러 텃밭으로/ 묵직한 숨결 소리가 예년보다 낮았소// 기역 字 아부지 등 시옷 字 엄니 허리/ 아부지 앞장서고 엄니가 따릅니다/ 텃밭의 풋고추대만 속절없이 꼿꼿소"

세월은 야속하게도 늙을 줄 모르고 청춘이다. 날 한밤 샐 때마다, 어머니 허리를 땅으로 너 꺾어 놓는다. 아버지 등을 땅으로 디 주저앉힌다. 이렇게 하다, 어느 날 제비꽃으로 팔랑팔랑 피워낼지 모른다. 두 분 귓문의 돌쩌귀는 날이 갈수록 삐걱댄다. 여쭙는 문장의 말 고리는 엇박자를 이룬다. 세상에 뛰어난 대목수가 있다고 한들, 부모님의 삐걱거리는 귓문을 어찌 고칠 수 있으랴.

텃밭이 꽤 넓다. 부모님은 집에 딸린 땅을 묵히면, 눈 달린 사람마다 뒤에서 흉본다고 그러신다. 해마다, 올해만 짓고 그만두시겠다고 하시건만. 아직 그만둘 뜻이 없으시다. 해마다, 농협에 퇴비와 농약을 꼬박꼬박 신청하신다. 이런저런 내 잔소리에 서너 해 전부터 고추 농사를 접으셨다. 300포기 이상했던 김장도 몇 해 전에 그만두셨다. 내 눈에 텃밭은 노동의 현장으로 보이지만, 부모님은 마치 놀이터같이 여기신다. 밤새 끙끙 앓으시다가도, 텃밭에서 흙을 만지시면 우선해지신다. 나 역시 강의실에서 학생을 만나는 순간, 아픈 것을 희미하게 잊는다.

우리는 저마다 삶의 텃밭이 있다. 시절에 따라 텃밭에 이런저런 푸성귀를 심는다. 텃밭에서 기르는 것 가운데, 사다 먹으면 싸고 편리한 게 많다. 텃밭에서 느끼는 행복은 돈의 잣대로 가늠할 수 없다. 경작에 대한 즐거움은 몸을 세우고 마음을 평탄하게 골라준다. 나는 하룻날도 건너뛰지 않고, 삶의 텃밭에서 글을 경작하는 글 농부이다. 내가 지은 글이 고봉밥이 되지 않아도 즐겁고 행복하다.

늦은 오후, 강의를 마치고 나자 온몸이 젖은 이불 빨래처럼 무거웠다. 연구실에 이르러 커피를 탔다. 잠시 쉬었다 먹겠다는 요량으로, 소파에 몸을 맡겼다. 한기를 뾰쪽하게 느끼는 순간, 허기가 빈곤하게 뒤따라 왔다. 눈을 떴다. 내 거처가 헷갈리며 정신이 막연해졌다. 잠시 후, 책장에 있는 책이 줄지어 눈으로 들어왔다. 적막과 서로 한통속으로 결속된 어둠이 견고하게 버티고 있었다. 커피는 이미 저체온 상태가 된 지 오래였다. 한 시간 남짓 잠든 것 같다.

"뚝 뚝 뚝"

우산을 챙겨 연구실을 나섰다. 욱신거렸던 삭신이 평화스러워졌다. 뼈의 울음도 눈물을 닦으며 멎었다. 실금갔던 글밭이 촉촉해지면서.

2022. 04. 29.

홀로 있게 하소서

차오를 대로 올랐던 팔월 한가위 달이 차츰 이지러지고 있다. 풀벌레 울음소리가 가슴을 깊다랗게 후빈다. 사람에 따라 계절의 영향을 쉽게 받는다. 봄을 타는 사람이 있는가 하면, 가을을 타는 사람이 있다. 나는 사계를 다 탄다. 우스갯소리 같이 들릴지 모르지만, 숨길 수 없는 사실이다.

사계절 가운데, 별스럽게 가을을 많이 탄다. 어디론가 불쑥 떠나고 싶거나, 사소한 일에도 울컥 눈물이 솟는다. 오늘 강의가 없는 데다, 문학 동아리 모임을 학생끼리 하는 날이다. 집안일과 볼일을 몰아서 했다. 아침 일찍 어머니를 미장원에 모셔다드렸다. 한사코 동네 집사님과 시내버스로 함께 가시겠다는 것을 우격다짐하여 막았다. 시내처럼 버스가 자주 오가지 않는다. ㅅ 字로 꺾인 어머니 허리가 언제 내려앉을지 몰라, 맘이 늘 아슬아슬하다.

"한밤 샐 때마다/ 어머니 허리/ 땅으로 푹 꺼집디다// 저러다/ 저러다/ 어느 날// 땅 밑으로 내려앉아/ 앉은뱅이 꽃으로/ 살풋 피어날랑가요"

(「어머니 허리」 전문)

집에 들렀다. 잠이 덜 깬 훈용이를 데리고 병원에 갔다. 오래전 앓은 중이염이 아물 줄 모른다. 아파도 아프다고 말할 줄 모르는 그 속이 아리다. 주차할 곳이 없어 병원 주위를 몇 차례 돌았다. 한참 만에 차를 겨우 세웠다. 명절 끝, 주말 전날이라 그런지 병원이 사람으로 넘쳤다. 훈용이 상태로는 1시간 이상 기다렸다 진료를 받을 수 없어 그냥 나왔다. 스물다섯 살에 잠덧하는 영원한 아이이므로. 처형 집에 아내와 훈용이를 데려다주고, 내 약을 타러 병원에 들렀다.

이곳도 사람으로 차고 넘쳤다. 외밥 먹는 것을 안쓰럽게 여긴 모 교수님께서 점심을 어떻게 하겠느냐고 전화하셨다. 점심때가 한참 남았다고 생각했는데 12시라고 했다. 시계를 보니 아닌 게 아니라, 딱 정오였다. 오전이란 세월이 칠팔 월 막대 아이스크림같이 녹아내렸다.

병원에서 나와 교수님과 점심을 함께 먹고, 기막힌 카페에 들렀다. 한적한 곳에 있으면서 커피값이 상상 밖이다. "싼 것이 비지떡"이란 말을 감히 끌어다 쓸 수 없는 곳이다. 착한 가게를 넘어 여운이 오래 남는 카페이다. 커피가 나오자마자, 어머니께서 머리를 다 하셨다고 연락하셨다. 커피를 그냥 들고 미장원으로 갔다.

요즘 부모님께서 당최 입맛이 없으시다. 식당에서 소머리국밥을 샀다. 집에 들러 늦은 점심을 부모님께 차려드렸다. 아버지께서 이가 아프다고 하시며, 물조차 마시지 못하셨다. 설거지를 마치고 아버지를 모시고 치과에 갔다. 오늘 사람이란 사람은 병원에 모두 온 것 같다. 1시간 이상 기다렸다 진료를 마치고 나왔다. 많이 기울어진 햇볕이 걸린 가로수 정수리마다 노릇노릇했다.

아버지를 집에 모셔다드리고 글방으로 나가는 길, 저녁노을이 눈물겹게 활활 타올랐다. 차를 갓길에 세우고 노을 밑에 섰다. 고즈넉하게 불어오는 물바람이 싫지 않게 찼다. 글방에서 옷을 갈아입고, 처형 집에 있는 아내와 훈용이를 데리러 갔다. 은퇴하면 택시를 운전하며, 글을 쓰겠다던 다짐이 뿌리째 흔들렸다. 온몸이 노곤해지면서 자꾸 눈이 감겼다. 다시 귀갓길, 시내를 벗어나 외곽 길만 골라 운전했다.

글방으로 다시 나가는 길, 〈글쓰기 전략〉을 수강하는 모 학생이 문자했다. "교수님! 동영상 강의를 듣다가 교수님께서 낭송해주신 시를 잘 들었습니다. 시가 너무 좋아 시집을 사려고 합니다. 어떻게 해야 할까요?" 빨강 신호등 앞에서 "뭐가 좋았어요?"라고 물었다. "혼잣말로 다시는 보지 않겠노라／ 하염없이 결단한 이름에게 문안하라."(「문안하라」 가운데 일부) 」 시만 이렇게 썼지, 그 사람에게 아직 문안하지 못했다. 아니 맞닥뜨릴 때마다 바람처럼 스쳐 보냈다.

오늘은 산책하는 것을 쉴까 하고, 생각을 여러 번 굴렸다. 몸 곳곳에 숨죽이고 있던 통점이 일제히 깨어났다. 통증은 통증으로 다스려야 한다. 걷다 보면, 어느 순간 발바닥이 아프고 무릎이 싸해진다. 이쯤 되면, 다른 곳에 있는 통증을 잠시나마 잊는다. 늦은 밤 산책길, 사람은 몇 보이지 않고, 달빛만 접속어로 연결된 만연체이다. 달빛의 파도에 몸을 싣고, 홀로 흐르고 흐른다. 그토록 견고했던 고독은 다 어디로 갔을까.

우리는 저마다, 삶을 경영하는 경영자이다. 고독도 혼자 경영해야 한다. 고독을 잘 다스리면 절대고독이 된다. 혼자 떨어져 있는 것이 외롭고 힘들다면, 고독한 상태에 불과하다. 섬은 뭍과 떨어져 있지만, 징징대지 않고 오롯이 서 있다. 파도를 다스릴 줄 알뿐 아니라, 어떻게 견뎌야 하는지 오래 연습하고 있다. 혼자 있어야 할 이유를 아는 것이 절대고독이다.

홀로, 숨을 평평히 고른다.

2021. 09. 25.

흐르다

　시월 중순, 뜬금없이 한파주의보가 내렸다. 이후 가을비가 찔금찔금 오더니, 날씨가 쌀쌀해졌다. 때 이른 추위가 물러가고 비가 멎자, 달 볼살이 오지게 올랐다. 달빛이 사방에 길을 골고루 내며 흐른다. 달빛의 강은 본류만 존재할 뿐, 지류 따위가 없다. 사람이 많이 모여 사는 숨 막히는 곳이든, 풀잎끼리 입 맞추고 사는 한갓진 곳이든, 흐르다 젖는다.

　달빛 밑에서, 우듬지에 달린 감이 홍시가 되고, 나뭇잎은 낮에 품은 볕의 온기에 달빛을 덧입힌다. 뒷산이 풍경으로 돈다. 앞산이 속살을 보일 듯이 드러내고도, 부끄러운 기색이 없다. 초저녁잠에 들었다 깬 어느 누군가의 등 굽은 어머니가 명절 때도 보지 못한 새끼들을 그린다. 벽에 걸어둔 아들 결혼식 사진이 창을 넘고 흘러온 달빛에 돋보인다. 사진을 함께 찍었던 남편은 지금 먼 산에 잠들어 있다. 누군가의 어머니 눈에 눈물이 흐른다. 부재는 아픔을 데려 오고, 아픔은 그리움의 손을 잡고 흐른다.

바람이 분다. 어느 역에서 출발했는지 모를 바람은 달빛같이 사방에 궤도를 만들고 달린다. 바람의 역에는 바람 열차가 출발하는 시간과 도착하는 시간을 알리는 시간표가 없다. 승객 한 사람도 없다. 바람의 기관사는 승객이 없어도 구시렁대지 않고, 그저 흐르고 흐른다. 제가 가야 할 길을 단념하지 않는다. 길을 가다 너무 무료하면, 어느 집 양철 대문을 한 번 소리 나게 친다. 길바닥에 배꼽을 붙이고 있는 비닐봉지를 허공으로 걷어 올린다.

뿐이랴. 뒤에 모여서 소곤소곤한 누군가의 이야기를 맘속에 묻어두지 못하고, 여기저기 퍼트리기도 한다. 가을을 심하게 타는 어느 뉘는 바람의 열차에 올라, 어디론가 흐르고 싶은 마음을 먹는다. 어느 뉘는 바람이라도 좀 쐬지 않으면, 중심이 무너질 것 같아, 바람에 흔들리고 싶어 한다. 이러할지라도, 바람은 사는 것은 어차피 흐르는 것이라며, 멎지 말고 흘러 삶에 젖으라고 한다.

물은 흘러야 산다. 물을 막으면 물이 시름시름 죽는다. 한때 4대 강 사업이라는 명목으로 강을 감옥으로 만들었다. 물이 죽으면, 물의 장례만 치르는 것이 아니다. 물을 집으로 삼고 사는 생명까지 널리 부고해야 한다. 흐른다는 것은 자연의 순리에 순종하는 것이다. 물이 흐르지 않는 땅은 죽는다. 죽은 땅에는 풀씨 하나 잠들지 않는다. 풀잎을 품으로 여기고 사는 나비 한 마리 나는 일 없다.

물길은 자연이다. 물길은 물이 오랫동안 흐르면서 생각하여 낸 길이다. 사람이 짜낸 생각으로 물길을 막거나 바꾸면, 언젠가 탈이 난다. 물의 생각은 흐름에 있고, 사람의 생각은 가둠이나 멈춤에 있다. 예부터 물을 잘 다스리지 못한 민족은 단명했다. 물이 제 길을 따라 흐를 때 강이 되고, 강은 생명을 품는 어미가 된다. 강을 젖줄같이 여기고 사람이 사는 마을을 이룬다.

 사람이 사는 마을을 눈여겨보면, 앓지 않는 사람이 거의 없다. 아픔을 오래 껴안고 있으면, 깊은 상처가 된다. 상처가 깊으면, 사소한 바람에도 쉽게 뒤집히기 마련이다. 누군가 자신에게 다리를 놓고 건너오는 것이 불안하고, 누군가에게로 흘러가는 것이 두렵다. 상처를 무늬로 만들면 좋으련만, 상처를 더 긁어 부스럼을 만들기 십상이다. 흐르는 것이라고 다 좋은 것은 아니다. 아픔의 모서리를 잘 깎지 않은 채 누군가에게로 흐르면, 아픔이 아픔을 낳는다. 상처는 본디 흘려보낸 사람은 잘 지워버리지만, 떠안은 사람은 두고두고 역사같이 기억한다.

 아픔은 오래 품지 말고, 홀로 흘려보내야 한다. 날마다 글의 강에 아픔의 종이배를 띄워 보낸다. 오늘 지인 몇 사람과 점심을 먹으며, 우울한 얘기를 들었다. 모 지인의 지인이 스스로 명줄을 놓았다는. 우리는 자살한 사람에 대해 나름대로 댓글을 많이 단다. 남은 가족은 어떻게 살라며 그렇게 무책임할 수 있느냐. 허망하게 명줄을 놓은 까닭이 무엇이냐. 죽을 만한 용기로 견디고 살면 되지 않겠느냐. 용기는 산 사람만이 쓸 수 있는 어휘이다. 스스로 죽음을 택한 사람은 적어도 그 순간에 절망할 수밖에 없었을 것이다.

해가 짧아지는 것만큼, 그리움이 길어지는 시절이다. 나무·단풍·억새·갈대·바람·햇볕·당신이란 명사가 단단해지고 있다. 참 환하게·눈부시게·눈물겹게·오래란 부사가 친밀하게 어울린다. 서 있다·물들다·지다·내려앉다란 동사가 쉴 새 없이 생동한다. 붉다·맑다·따습다·짧다라는 형용사가 향기로워진다.

그리움의 시제는 현재이다. 그리웠다는 마치 옛이야기같이 돌아눕고, 그리울 것이다는 너무 아득하여 눈앞에 없는 것처럼 들린다. 그립고 그리운 것은 지금 당장이다. 그리움의 공법은 흐르는 것이다. 그리워하는 것은 누군가를 향해 그에게로 지금 흘러가는 것이다. 그에게로 가서 그에게 젖어들다, 그에게서 마르는 것이다. 그리움의 품사는 명사가 아니라, 누군가에게로 흐르는 동사이다. 누군가에게로 흐르면서도, 늘 목마른 형용사이다.

사랑도 마찬가지이다. 누군가에게로 흘러 그의 가슴을 촉촉이 하는 것이다. 그에게로 가서, 그의 아픔을 덮어주는 것이다. 그에게로 흘러 그의 결핍을 채우고, 그의 색깔로 차츰 물드는 것이다.

사람 사는 마을 근린, 달빛이 좀체 떠날 줄 모르고, 강같이 흐르고 있다. 달빛 아래 있는 것마다, 명명백백하게 풍경이다.

2021. 10. 19.

잘 산다는 것

글방에 간이 옷장이 하나 있다. 이른바 '비키니 옷장'이라 일컫는 것이다. 작년에 인터넷을 통해 샀다. 오래가지 못하고 한쪽으로 기울어졌다. 폴대를 연결하는 고리가 부서지는 바람에, 옷 무게를 감당하지 못한 것이다. 철사 옷걸이를 풀어 대충 묶어두었다.

목재로 된 작은 옷장을 살까 여러 차례 고민하다, 그냥 비키니 옷장을 쓰기로 맘먹었다. 살림하는 방이 아닌 데다, 하릴없이 짐만 하나 늘리는 것 같아 단념했다. 삐딱하게 기울어진 옷장을 볼 때마다, 신경이 계속 쓰인다. 언제 쓰러질지 모른다는 생각이 괜스레 염려를 불러오기도 한다. 기울어졌을망정, 쓰러지지 않아 쓸 맘이 생겼다.

날마다 산책하는 길목 곳곳에, 마른 억새가 있다. 모질게 부는 바람 앞에서 억새는 바람의 강도와 비례한 각도로 기울어진다. 바람이 지나고 나면, 이내 다시 우뚝 일어선다. 바람은 하룻날도 잠들지 않고,

수시로 불어닥친다. 이때마다 억새는 바람의 속력에 맞춰 춤을 춘다. 억새가 추는 춤은 화려하지 않지만, 부드럽고 탄력성이 뛰어나다. 쓰러지지 않으려는 생존의 몸부림일지 모른다.

　언덕 위에 작은 깃발이 있다. 측량한 것을 표시한 것인성싶다. 바람이 지나는 방향으로 깃발이 펄럭거린다. 펄럭이는 것은 흔들린다는 말의 동성동본쯤 된다. 바람 앞에서 흔들리지 않으면, 찢어지거나 쓰러지기 마련이다. '바람 불어 좋은 날'은 영화 제목에서나 썼을 역설적인 문장이다. 바람도 바람 나름이다. 어떤 대상을 흔들어 재끼고, 넘어뜨릴 정도의 바람은 아예 불지 않아야 한다. 이 땅에 발 딛고 사는 사람 대부분이 바라는 기도이다.

　한데, 어쩌랴. 우리 생애, 바람 잠잠한 날이 별로 없으니. 살다 보면, 뜻밖에 바람이 등을 떠밀 때가 있다. 이때, 우리가 앓는 아픔이나 외로움이 웃자란다. 아픔은 온전히 자신의 소유물이다. 자신이 앓는 아픔에 대해 누군가 위로해주고, 격려해 줄 수 있다. 대신 앓아줄 수는 없다. 우리는 앓는 사람의 통증을 눈치채지 못하고, 넉넉하게 이해하지 못한다. 누군가 앓는 해풍 같은 아픔 앞에서 방풍림이 오롯이 될 수 없다. 파도 같은 아픔 앞에서 방파제로 오도카니 서 있을 수 없다.

　전라선 고속열차가 바람을 가르며 남쪽으로 달린다. 승객마다 열차에 몸을 맡긴 속사정이 있을 터. 양지 같은 온온한 사연을 터뜨리고 싶은 사람이 있을 터. 짊어진 아픔을 속으로 혼자 눌러 삼킨 사람도 있을 터. 우리는 아픔에 대한 주식을 일정 부분 갖고 산다. 이 땅에 발 딛고 사는 동안, 우리는 누구나 아픔을 경영하는 경영자이다. 아픔은 누군가와 동업할 수 없으므로 자영해야 한다.

코로나 백신 3차를 접종하고 나서 많이 힘들다. 뜬금없이 전화하여 쪽 안부를 줄곧 묻던 아들은 전화 한 번 하지 않는다. 통점에 파스를 붙이려고 했으나, 손이 닿지 않아 어쩔 수 없다. 급히 해야 할 집안일이 생겨, 통증을 감추고 동분서주할 수밖에 없다. 아픔은 어차피 혼자 딛고 일어서야 한다. 여태 살아오면서 예측하지 못한 바람을 얼마나 많이 맞이했던가. 억세게 부는 바람 앞에 굴복하지 않으려고 몸부림쳤지만, 흔들리고 기울어졌던 날이 얼마나 많았던가.

뒤돌아보면, 흔들리고 기울어졌지만 쓰러지지 않았다. 흔들리고 기울어졌던 기억은 사실 아프다. 너무 아파서 맘속에 옹이로 깊이 박혀 있다. 나무는 제 몸을 톱질하거나, 대패로 깎으면 옹이를 드러낸다. 잘 자리잡은 옹이는 흉터가 되지 않고, 아름다운 무늬가 된다. 옹이는 상처 입은 나무에 생긴다. 옹이가 예쁠수록 나무가 받은 상처가 크다. 옹이가 있는 나무는 단단하여 버팀목으로 주로 쓴다.

바람에 흔들리는 삶을 바라는 이가 있으랴. 우리 삶의 언덕에는 어차피 바람이 불기 마련. 바람 앞에서 흔들리고 기울어지는 것은 자연의 섭리이다. 바람을 탓하며 투덜거리기에는 세월이 너무 쏜살같이 달아난다. 산다는 것은 수없이 흔들리고 기울어지는 것이다. 흔들리고 기울어지면서 버티는 것이다. 버티다 마침내 아름다워지는 것이다. 미리 절망하거나 나약해지지 않고, 오히려 단단해지는 것이다.

잘 산다는 기준은 사람에 따라 각자 다르다. 잘 산다는 것은 재물을 넉넉히 가지고 살거나, 탈 없이 화목하게 지내는 것을 일컫는다. 우리 삶은 사전에 사는 어휘로 다 표현할 수 없다. 잘 사는 것은 끊임없이 불어대는 바람에 흔들리고 기울어지되, 곧바로 꼿꼿이 일어서는 것이다. 가진 게 넉넉하지 않으면 어쩌랴. 살다 보면 설상가상 탈나는 게 우리 삶이다. 화목이 유리그릇처럼 깨지는 게 사람과 맺은 관계이다.

아무리 거센 태풍일지라도, 한 해 몇 차례 오고 만다. 우리 삶의 언덕에 부는 바람도 만날 용쓰는 것은 아니다. 요렇게 추운 겨울도 기침 몇 번 하고 언 손가락 몇 번 꺾다 보면, 지나가고 만다. 커피에 넣은 설탕같이 녹아서, 마침내 달콤해진다.

바람을 맞이하는 자세와 몸짓을 보드랍게 한다. 흔들릴지언정 쓰러지지 않게, 기울어질지언정 꺾이지 않게.

2022. 01. 07.

지금, 이 자리

 학교에서 글방에 이르렀다. 피곤함이 누 떼처럼 몰려왔다. 방학인 요즘 가장 피곤한 날이 오늘이다. 오후 2시부터 시작한 글쓰기 특강을 5시에 끝냈다. 연구실에서 숨을 잠시 평평하게 고르다, 글방에 오면 만사 제쳐두고 눕고 싶다. 잠깐 누워 쉰다고 하다, 잠든 날이 종종 있다. 이런 날, 폭우가 내리거나 폭설이 내려도 좀체 거르지 않은 밤 산책을 가끔 빼먹는다.
 경험은 학습의 통로로 확고하게 안내한다.
 오늘은 저녁을 먹자마자, 곧바로 산책에 나섰다. 욕심내지 않고, 30분만 걷겠다고 다짐했다. 바위같이 무겁던 몸이 30여 분 걷자 서서히 풀렸다. 걷다 보니 1시간 30분 정도 걸었다. 밤 산책이 내 일상의 목차로 자리 잡은 지 오래되었다. 산책은 단순히 바람을 쐬거나, 기분을 바꾸려는 보행이 아니다. 요즘 한 걸음을 떼도 바르게 걸으려고 애쓴다.

 습관은 그릇된 것일망정, 편리하다고 여긴다. 오래 익혀왔으므로. 무슨 습관이든 그릇된 것은 언젠가 탈이 나기 마련이다. 자세를 바로 하여 걸으려고 하자, 처음에는 힘들었다. 한동안 몸으로 익히자 자연스러워졌다. 글은 머리로만 쓰는 것이 아니라, 발과 눈으로 쓴다. 필기구로 쓰는 글이 있는가 하면, 몸붓으로 쓴 글도 있다.

 글쓰기는 삶이다. 잘 살아야 좋은 글을 쓸 수 있다. 글쓰기 강의를 하면서, 거의 빠뜨리지 않고 하는 말이다. 이 말을 즐겨 부르는 노래 후렴구처럼 학생 앞에서 하는 것이 내심 두렵고 무섭다. 날마다 어쭙잖은 글 몇 줄 쓰고, 교만 부리는 것은 아닌지. 정말 잘살고 있기나 한 것인지. 밤길을 걸으면서 나 자신을 여러 차례 물끄러미 바라본다. 이런 바라봄이 흐트러진 생각을 가지런히 한다. 기울어진 의지의 중심을 잡아 준다.

 방학 특강 글쓰기에 40여 명이 신청했다. 5주 차에 이르자, 참석하는 사람이 25명쯤 된다. 열정을 쏟는 사람을 보면, 시간을 더 내고 싶은 마음이 간절하다. 다음 학기에 강의할 여섯 과목 가운데, 이론 강의가 두 과목이다. 리포트를 첨삭할 시간이 다른 학기보다 여유 있을 것 같다. 이번 특강에 참여한 학생 가운데, 강의를 더 듣기 원하면 개학해도 시간을 내려고 한다. 오늘 공지했다. 신청자가 열 명이 넘으면 시간을 내겠다고. 해마다 이렇게 했지만, 실제로 강의한 적은 없다. 열정과 다짐은 시시때때로 변덕을 부린다. 아마 이번에도 그냥 넘어가지 않을까 싶다.

일주일 전쯤 존경하는 지인 교수님께서 해외에서 문자를 보내셨다. 교도소에서 치유하는 글쓰기 강의를 하며, 봉사할 생각이 없느냐고 여쭈셨다. 내가 그 일을 하기에 딱 맞겠다고 생각하여 권하신 것이다. 오래전부터 뜻하던 것이라, 곧바로 하겠다고 말씀드렸다. 법무부에 강사로 등록하는 절차는 다른 지인 교수님께서 도와주셨다. 코로나가 진정되면 바로 하기로 했다.

세상이 아무리 흉흉하다지만, 볕 좋은 양지가 있기 마련. 우리 둘레에 아무도 없다고 여겨, 말뚝처럼 외로워한다. 우리 주위에는 그림자라도 있기 마련. 밤에 핀 꽃은 외로워 그림자를 곁에 둔다. 선한 일을 하려고 마음먹으면, 뜻을 같이할 사람이 모인다. 무슨 일이든 진정성 있게 해야 한다. 진실하지 않으면, 감추려고 하는 것이 금방 드러난다.

우리 한 사람 한 사람은 단순히 한 개인이 아니다. 저마다 공적인 존재이다. 하나님께서는 우리에게 이런저런 재능을 주셨다. 게다가 차별하지 않으시고, 누구에게나 시간을 날마다 똑같이 선물하신다. 이렇게 사랑받고 있는데도, 만날 궁하다고 익숙하게 불평한다. 서로 사랑하며 살아야 하는데, 흉보고 미워하는 일에 시간을 쏟는다.

길 위에 설 때마다 비워야 가볍다는 것을 깨닫는다. 밥을 양껏 먹고 걸으면, 몸이 무겁고 둔해진다. 생각으로 머릿속을 너무 많이 채우면, 사고가 뒤얽힌다. 간절함은 궁한 데서 나오고, 비울 때 비로소 아름다워진다. 여태 어떤 일을 하든지, 내 의지와 결의가 빚은 것이라고 자부해왔다. 너무 어리석고 교만한 덫에 걸려 빠져나오지 못했다. 부족하지만, 부족한 그대로 나를 쓰시려고, 하나님께서 '지금, 이 자리'에 부르신 것이 분명하건만.

  내가 왜 강의실에 있어야 하는지. 글쓰기를 감히 큰소리로 가르치고 있는지. 많고 많은 곳 가운데 하필 교도소로 가라고 하시는지. 이 시각 피곤한 몸을 일으키시어, 걷게 하시는지. 연유를 새삼 또 깨닫는다. 우리가 꾸는 꿈은 너무 아득하여, 멀고 험할 수 있다. '지금 이 자리에' 왜 있으라 하시는지, 귀여겨들어야 한다. 바라는 꿈은 '지금, 이 자리' 근린에 있다.

  산책을 마치고 땀으로 젖은 몸을 씻는다. 나름대로 붙잡고 있는 소명감이 늙지 않기를 애써 다독인다. 눈꺼풀이 무겁디무겁다. 소금을 먹은 듯이 갈증이 계속 난다. 목마를 때 마시는 물맛은 어떤 음식보다 맛이 있다. '지금, 이 자리'가 이토록 평안할 수가. 잠이 폭신폭신하게 곧 올 것 같다.

  솔찬히 된 하루가 싸목싸목 지면서.

2021. 08. 03.

■ 이 책에 나오는 낯익지 않은 어휘 ■

가동그라지다 : 가다가 넘어져 구르다
각단지다 : 사람의 성질이나 태도가 단호하거나 확실하다
개염 : 시새움하여 탐내는 마음
구순하다 : 서로 사이가 좋아 화목하다
그루잠 : 잠시 깨었다 다시 드는 잠
깔축없다 : 조금도 부족하거나 남는 것이 없다
깨단하다 : 어떤 실마리로 인해 바로 깨닫다
꽃멀미 : 꽃의 아름다움이나 향기에 취해 어지럽다
꾀꾀로 : 가끔 틈을 타서
나달거리다 : 여러 가닥 늘어져 흔들리다
나풋나풋 : 가볍게 움직이다
낭창하다 : 밝고 구김살이 없다
늡늡하다 : 마음이 너그럽고 활달하다
단댓바람 : 곧장
단춤 : 몸을 살짝살짝 흔들면서 추는 춤
당최 : 처음부터 도무지
눈정 : 보고 느끼는 정분
데데거리다 : 더듬거리다
동그마니 : 홀가분하게, 외따로 떨어져

둔전거리다 : 어리둥절하게 휘둘러보다
댓바람 : 단번에
들크무레하다 : 훈훈하고 맛이 진하다
뜨악하다 : 마음에 선뜻 내키지 않다
맥연하다 : 지나는 결에 잠깐 나타나다
멈둘레꽃 : 민들레꽃
모기작모기작 : 우물쭈물 굼뜨게 움직이다
물꽃 : 하얗게 거품을 일으키는 물결
뭉뭉하다 : 연기 따위가 자욱하다
민틋하다 : 평평하다
바투 : 두 사물 사이가 꽤 가깝게
발서슴하다 : 쉬지 않고 두루 돌아다니다
배질배질 : 물기가 적어 보송보송하다
복닥거리다 : 뒤섞이어 수선스럽게 뒤끓다
본숭만숭 : 보고도 못 본 체하다
사늑하다 : 아늑한 느낌이 들다
사붓사붓 : 소리 나지 않을 정도로 가볍게 걷는 소리
사붉다 : 아주 붉다
살난스럽다 : 마음이 어지럽다
싸목싸목 : '천천히'를 뜻하는 전라도 말
삿갓구름 : 외딴 산봉우리에 걸려 있는 삿갓 모양의 구름
서그럭거리다 : 갈대 따위가 가볍게 소리 나다
선웃음 : 꾸미어 웃는 웃음
솔찬히 : 꽤 많이

숙지근하다 : 불꽃같이 맹렬한 형세가 줄다
아그데아그데 : 열매가 잇딜아 매달리다
아모리지다 : 졸아들거나 오므라지게 하다
아슴아슴하다 : 흐릿하다
애면글면 : 온갖 힘을 다해
얼비치다 : 눈에 아른거리게 비치다
엉두덜거리다 : 불만이나 원망 따위를 혼잣말로 중얼거리다
울프다 : 울고 싶다
입안엣소리 : 입속말
오릇하다 : 모자람이 없다
오지다 : 허술한 데가 없이 매우 야무지고 실속이 있다
옴씹다 : 자꾸 되씹다
외밥 : 혼자 먹는 밥. 이른바 '혼밥'의 다른 말로 저자가 만듦
우렷하다 : 모양이나 빛깔이 희미하면서도 명료하다
우릿하다 : 감동을 진하게 느끼다
울프다 : 울고 싶다
왜장질 : 맞대어 말하지 않고 큰소리치다
잉큼잉큼 : 가슴이 빨리 뛰다
자굿자굿하다 : 몹시 괴롭다
자울자울 : 머리를 숙였다 들었다 하며 졸다
자크르하다 : 딱 알맞게 좋다
작작하다(綽綽) : 빡빡하지 않고 넉넉하다
잔즐거리다 : 입가에 웃음을 약간 띠며 웃다
짬매다 : '동이다'를 뜻하는 전라도 말

저뭇해지다 : 날이 저물어 어둑해지다
조붓조붓 : 작은 것이 여럿 좁다랗게 모여 있다
조붓하다 : 조금 좁은 듯하다
졸졸붓 : 만년필
지물지물하다 : 비가 내릴 듯이 구질구질하다
질편하다 : 평평하고 탁 트여 넓다
지청구 : 까닭 없이 남을 탓하는 것
진동걸음 : 매우 빠르게 서둘러 걷는 걸음
즐빗이 : 늘어선 모양이 빗살같이 정연하게
초근하다 : 매우 촉촉하다
초롬하다 : 가지런하고 곱다
톳나무 : 큰 나무
톺아보다 : 샅샅이 훑어가며 살피다
콩케팥케 : 사물이 뒤죽박죽되다
쾌분잡하다 : 꽤 북적거려 어수선하다
팔라당팔라당 : 바람에 날리어 자꾸 나부끼다
퍼르퍼르 : 가벼운 물체가 가볍게 날리다
푸등푸등하다 : 통통하게 살찌다
하잔하다 : 주위 따위가 텅 빈 것 같이 외롭고 쓸쓸하다
허복지다 : 탐스럽고 부드럽다
헛물켜다 : 이루어지지 않을 일을 두고 꼭 될 것으로 생각하여 헛되이
　　　　　노력하다
회동그랗다 : 매우 놀라거나 두려워서 크게 뜨여 아주 동그랗다

최재선 수필집

경전

인쇄 2022년 11월 27일
발행 2022년 11월 30일

지은이 최재선
발행인 서정환
펴낸곳 수필과비평사
주소 서울시 종로구 삼일대로 32길 36(익선동 30-6 운현신화타워 빌딩) 305호
전화 (02) 3675-3885, (063) 275-4000 · 0484
팩스 (063) 274-3131
이메일 sina321@hanmail.net essay321@hanmail.net
출판등록 제300-2013-133호
인쇄 · 제본 신아출판사

저작권자 ⓒ 2022, 최재선
이 책의 저작권은 저자에게 있습니다. 서면에 의한 저자의 허락없이 내용의 일부를
인용하거나 발췌하는 것을 금합니다.
COPYRIGHT ⓒ 2022, by Choi Jaesun
All rights reserved including the rights of reproduction in whole or in part in any form.
저자와 협의, 인지는 생략합니다.
잘못된 책은 바꿔 드립니다.

ISBN 979-11-5933-438-2 03810

값 16,000원

Printed in KOREA